高等院校会计专业（新准则）通用规划教材

内部控制与评价

Internal Control and Assessment

杨雪 郭欣 赵勍 编著

上海财经大学出版社
SHANGHAI UNIVERSITY OF FINANCE & ECONOMICS PRESS

图书在版编目(CIP)数据

内部控制与评价/杨雪,郭欣,赵勍编著.—上海:上海财经大学出版社,2018.2

高等院校会计专业(新准则)通用规划教材

ISBN 978-7-5642-2917-7/F·2917

Ⅰ.①内… Ⅱ.①杨… ②郭… ③赵… Ⅲ.①企业内部管理-高等学校-教材 Ⅳ.①F270

中国版本图书馆 CIP 数据核字(2017)第 330869 号

□ 责任编辑　吴晓群
□ 封面设计　杨雪婷
□ 电子邮箱　oolivia@163.com
□ 投稿电话　021－65904700

NEIBU KONGZHI YU PINGJIA
内 部 控 制 与 评 价

杨　雪　郭　欣　赵　勍　编著

上海财经大学出版社出版发行
(上海市中山北一路 369 号　邮编 200083)
网　　址:http://www.sufep.com
电子邮箱:webmaster @ sufep.com
全国新华书店经销
上海同济印刷厂有限公司印刷
上海叶大印务发展有限公司装订
2018 年 2 月第 1 版　2018 年 2 月第 1 次印刷

787mm×1092mm　1/16　14.25 印张　365 千字
印数:0 001—2 000　　定价:49.00 元

前　言

2008年6月28日,财政部、证监会、审计署、银监会和保监会五部委联合发布《企业内部控制基本规范》。2010年4月26日,五部委进一步出台"企业内部控制配套指引"。以此为分界点,之前沪深两市上市公司主要以交易所内部控制指引为依据,深市上市公司内部控制自评报告属强制披露,沪市为自愿披露,内部控制鉴证报告均属自愿披露范畴(2006～2010年年度报告工作通知)。按上述基本规范和配套指引的要求,从2011年1月1日起我国一些上市公司的自评报告和鉴证报告均进入强制披露范畴。2011年我国境内外同时上市的68家企业被要求强制披露内部控制自评报告和审计鉴证报告;2012年中央和地方国有控股上市公司也纳入此范畴。经过近十年的发展,我国上市公司对内部控制的认知从无到有,基本掌握了内部控制的原理和方法,取得了显见的进步。

本书由东北师范大学商学院杨雪老师主编。全书从科索委员会(COSO)的《内部控制框架》、我国企业内部控制规范体系的内部控制基础内容出发,着重阐述了内部控制应用,包括管理活动内部控制、业务活动内部控制、信息活动内部控制内容,最后介绍了内部控制评价和内部控制审计,也就是说,全书对内部控制的基本理论、工作程序及操作实务进行了系统化的解释,适合作为高等院校会计、审计专业学生的参考教材,也适合公司高级管理人员、内部控制人员、内部审计人员阅读,还适合财会人员以及其他相关人员阅读。

因时间及资料等条件制约,书中尚有不足之处,敬请各位读者批评、指正。

编　者
2018年2月

目 录

前言/1

第一篇　内部控制基础

第一章　内部控制的基础知识/3
本章要点提示/3
本章内容提要/3
第一节　内部控制框架/3
　关键概念/5
　练习题/6
第二节　我国企业内部控制规范体系/7
　关键概念/11
　本节综合案例/12
　练习题/13

第二篇　内部控制应用

第二章　管理活动内部控制/19
本章要点提示/19
本章内容提要/19
第一节　组织架构/20
　关键概念/23
　本节综合案例/23
　练习题/24
第二节　发展战略/25
　关键概念/30
　本节综合案例/30
　练习题/30
第三节　人力资源/32
　关键概念/34
　本节综合案例/34

　　　　练习题/35
　　第四节　社会责任/36
　　　　关键概念/40
　　　　本节综合案例/40
　　　　练习题/41
　　第五节　企业文化/42
　　　　关键概念/45
　　　　本节综合案例/45
　　　　练习题/45

第三章　业务活动内部控制/47
　　本章要点提示/47
　　本章内容提要/47
　　第一节　资金活动/47
　　　　关键概念/56
　　　　本节综合案例/57
　　　　练习题/58
　　第二节　采购活动/60
　　　　关键概念/67
　　　　本节综合案例/67
　　　　练习题/68
　　第三节　资产管理/69
　　　　关键概念/77
　　　　本节综合案例/77
　　　　练习题/79
　　第四节　销售业务/81
　　　　关键概念/86
　　　　本节综合案例/86
　　　　练习题/87
　　第五节　研究与开发/88
　　　　关键概念/94
　　　　本节综合案例/94
　　　　练习题/95
　　第六节　工程项目/96
　　　　关键概念/103
　　　　本节综合案例/103
　　　　练习题/104
　　第七节　担保业务/106
　　　　关键概念/111
　　　　本节综合案例/112

练习题/112

第八节 业务外包/114

关键概念/118

本节综合案例/118

练习题/118

第九节 财务报告/120

关键概念/126

本节综合案例/126

练习题/127

第十节 全面预算/129

关键概念/134

本节综合案例/134

练习题/135

第十一节 合同管理/137

关键概念/143

本节综合案例/143

练习题/144

第四章 信息活动内部控制/146

本章要点提示/146

本章内容提要/146

第一节 内部信息传递/146

关键概念/150

本节综合案例/150

练习题/150

第二节 信息系统/152

关键概念/157

本节综合案例/157

练习题/159

第三篇 内部控制评审

第五章 内部控制评价与审计/165

本章要点提示/165

本章内容提要/165

第一节 内部控制评价/165

关键概念/175

本节综合案例/175

练习题/178

第二节 内部控制审计/182

关键概念/189
本节综合案例/189
练习题/190

练习题参考答案/193

参考文献/217

第一篇

内部控制基础

本篇内容提要

内部控制是组织运营和管理活动发展到一定阶段的产物,作为组织内部的一种制度安排,内部控制在企业的生存和发展过程中具有重要的作用,有助于提高企业管理水平、防范经营风险、促进可持续发展,实现企业价值最大化的经营目标。

本篇主要介绍内部控制的基础知识,包括科索委员会(COSO)提出的《内部控制框架》和我国企业的内部控制规范体系。

1992年9月,COSO提出的《内部控制——整合框架》(又称《内部控制框架》)是内部控制发展历史上的里程碑,对内部控制做出了权威的定义,明确了内部控制的内容,即内部控制"五要素"。《内部控制框架》自提出以来,在业内广受推崇,成为全世界通行的内部控制权威标准。

2008年5月22日,我国财政部会同证监会、审计署、银监会、保监会联合颁布《企业内部控制基本规范》,2010年4月15日又颁布了18项应用指引、《企业内部控制评价指引》及《内部控制审计指引》的配套指引。内部控制基本规范和配套指引的颁布共同构建了我国企业的内部控制规范体系,是我国内部控制制度发展的里程碑。

第一章 内部控制的基础知识

本章要点提示
了解内部控制的基本发展历程；
掌握《内部控制框架》的基本内容和我国内部控制体系。

本章内容提要
内部控制是组织运营和管理活动发展到一定阶段的产物，作为组织内部的一种制度安排，内部控制对于企业的生存和发展具有重要的作用，有助于提高企业管理水平、防范经营风险、促进可持续发展、实现企业价值最大化的经营目标。本章主要介绍了内部控制的基础知识，包括科索委员会（COSO）提出的《内部控制框架》和我国的内部控制规范体系。

第一节 内部控制框架

本节要点提示
熟悉内部控制的定义；
熟悉内部控制框架的组成要素。

本节内容提要
《内部控制框架》的提出标志着内部控制理论发展到新的阶段，对企业完善和优化内部控制、增强风险防范能力具有十分重要的意义。《内部控制框架》被广泛作为构建和完善内部控制体系的标准，该标准提出的由"三个目标"和"五个要素"组成的内部控制整体框架已得到各行业的企业管理当局、利益相关者、审计人员及专家学者的普遍认可，成为迄今为止最权威的内部控制标准。它是一种较为完整和系统化的关于内部控制的理论，而且其中的许多新的、有价值的观点不断地在实践中找到现实的意义。

一、内部控制的定义

1992年9月，科索委员会提出了《内部控制——整合框架》（1994年进行了增补），又称《内部控制框架》。该框架的提出是内部控制发展历程中一座重要的里程碑，对企业完善和优化内部控制、增强风险防范能力具有十分重要的意义。

《内部控制框架》对内部控制的定义是："内部控制是受企业董事会、管理层和其他人员影响，为经营的效率效果、财务报告的可靠性、相关法规的遵循性等目标的实现而提供合理保证的过程。"

在该框架下，内部控制的定义主要从以下几个方面理解：第一，内部控制是一个"过程"，是一个"发现问题→解决问题→发现新问题→解决新问题"的循环往复的动态过程；第二，内部控制受"人"的因素的影响，它并不仅仅是政策手册和表格，也不仅仅是认为管理人员、内部审计或董事会对内部控制负有责任，而是认为组织中每一个人都对内部控制负有责任并受内部控制的影响；第三，基于内部控制本身的局限性，内部控制只能为企业的管理层和董事会提供合理的保证，而不是绝对的保证；第四，内部控制被用来实现一个或多个彼此独立又相互交叉的目标，包括营运目标、财务报告目标以及合规目标。

二、内部控制框架的组成要素

《内部控制框架》认为，内部控制框架是由控制环境、风险评估、控制活动、信息与沟通、监督五个相互独立而又相互联系的要素组成，它们取决于管理层经营企业的方式，并融入管理过程本身。

（一）控制环境

控制环境是企业的基调、氛围，直接影响企业员工的控制意识。控制环境要素是内部控制的基础，对内部控制的运行以及企业的经营管理产生重要影响。内部控制环境具体包括员工的诚信、职业道德和工作胜任能力，管理层的经营理念和经营风格，董事会或审计委员会的监管和指导力度——企业的权责分配方法，以及人力资源政策等。

（二）风险评估

风险评估是指识别、分析相关风险以实现既定目标，它是风险管理的基础。风险评估包括风险识别与风险分析两个过程。风险识别主要是对企业面临的风险进行正确识别，包括内部风险和外部风险。风险分析则是针对企业面临的风险进行分析评价，包括风险发生概率的判断、损失程度的确定、风险控制机制的建立等方面。

（三）控制活动

控制活动是指有助于管理层决策顺利实施的政策和程序，是针对风险采取的控制措施。控制活动主要包括的内容有职责分离、授权审批、信息处理、实物控制、业绩评价等。

（四）信息与沟通

信息与沟通是指企业经营管理所需的相关信息必须被识别、获得并以一定形式及时传递给需要的人，以帮助人们行使各自的控制和其他职能。信息既包括企业内部产生的信息，也包括与企业经营决策和对外报告相关的外部信息。沟通是指信息在企业内部各层次、各部门，在企业与顾客、供应商、监管者和股东等外部环境之间的流动。

（五）监督

内部控制随着时间、环境而变化，曾经有效的程序可能会失效，因此需要对内部控制进行监督。监督是对内部控制系统有效性进行评估的过程，目的是保证内部控制持续有效。监督可通过两种方式进行：持续性的监督活动和独立的评估。

内部控制五要素之间相互配合和联系，组成一个完整的系统。内部控制五要素之间的关系可以理解为：企业的核心是人，人的诚信、道德价值观和胜任能力构成企业的内部控制环境，这是企业发展的基础。每个企业都有自己的发展目标，为了目标的实现，必须分析影响因素，即进行风险评估。针对风险评估的结果，需要采取相应的内部控制活动来控制和减少风险；同时，与内部控制环境、风险评估和内部控制活动相关的信息应及时被获取和加工整理，并在企业内部传递，这就是信息与沟通。信息与沟通系统围绕在内部控制活动周围，反映企业各项管理活动的运转情况。为了保证内部控制体系的正常运转,还需要对整个内部控制过程进行监督。

三、内部控制框架的发展

《内部控制框架》自提出以来,在国际上受到普遍认可,应用范围十分广泛,已经成为全世界通行的内部控制权威标准,被国际和各国审计准则制定机构、银行及证券监管机构和其他机构所采用。随着经济的发展,国际商业环境与经济形势发生了显著变化,《内部控制框架》也在不断完善。2013年5月,科索委员会发布了修订后的《内部控制——整合框架》。新框架的变化主要有以下几方面:(1)将非财务报告目标纳入内部控制目标;(2)将内部控制五要素的基本概念总结成原则;(3)强调董事会对内部控制的重要作用;(4)考虑了不同商业模式下的内部控制问题;(5)阐述了企业目标设定与内部控制系统之间的关系。

新框架保留了旧框架对内部控制五要素的划分,同时针对这五要素明确提出了17项原则,具体包括:

(一)控制环境

(1)组织承诺将遵守诚信的价值观及道德规范。

(2)董事会独立于管理层,并对内部控制的建立和实施情况进行监督。

(3)管理层在董事会的监督下建立相应的组织结构、报告流程、恰当的授权和职责体系。

(4)吸引、发展和保留具有职业胜任能力且与组织目标相匹配的人才。

(5)为实现组织目标明确个人的内部控制职责。

(二)风险评估

(1)组织能够有效识别和评价与目标实现有关的风险。

(2)识别与目标实现有关的风险并对其进行分析,以便判断如何对这些风险进行管理。

(3)在评估与目标实现有关的风险时,应考虑潜在舞弊风险。

(4)识别与评估对内部控制系统产生重大影响的变化事项。

(三)控制活动

(1)组织选择并且实施控制活动,将与实现目标有关的风险降低到可接受水平。

(2)针对技术选择并且实施一般控制活动,以支持目标的实现。

(3)明确控制预期的政策,并将其转换为具体流程来贯彻控制活动。

(四)信息与沟通

(1)组织获取或者产生并使用相关的、高质量的信息,以支持内部控制系统发挥作用。

(2)在内部沟通相关信息(包括控制目标和职责),以支持内部控制系统发挥作用。

(3)与外部相关各方沟通可能对内部控制功能发挥产生影响的事项。

(五)监控活动

(1)组织选择、推动和执行持续和(或)独立的评估,以确认内部控制各要素是否存在并发挥作用。

(2)对内部控制进行评价,并且及时将发现的内部控制缺陷视缺陷情况报告给负责纠正措施的主体,包括高级管理层、董事会等。

关键概念

《内部控制——整合框架》　　内部控制　　内部控制五要素

练习题

一、单项选择题

1. 科索委员会提出著名的《内部控制——整合框架》是在（　　）发布的,该报告是内部控制发展历程中的一座重要里程碑。
   A. 20 世纪 80 年代　　B. 1992 年　　C. 2002 年　　D. 2004 年

2. （　　）是指主体对所确认的风险采取必要的措施,以保证其目标得以实现的政策和程序。
   A. 控制环境　　B. 风险评估　　C. 控制活动　　D. 信息与沟通

3. 下列各项中,不属于企业风险管理整合框架五要素的是（　　）。
   A. 控制环境　　B. 事项识别　　C. 控制活动　　D. 监控

4. 在《内部控制框架》中,属于其他内部因素根基的是（　　）。
   A. 信息与沟通　　B. 监察　　C. 控制环境　　D. 控制活动

5. 在《内部控制框架》中,控制活动的类别可分为（　　）三个类别。
   A. 经营、财务报告及合规
   B. 经营、信息及合规
   C. 信息、财务报告及监察
   D. 经营、信息及监察

二、多项选择题

1. 下列选项中,属于内部控制系统构成要素的有（　　）。
   A. 控制环境　　B. 风险评估　　C. 控制活动　　D. 信息与沟通
   E. 监控

2. 下列选项中,属于2013 年科索委员会新修订的《内部控制——整合框架》中与旧框架相比发生重大变化的有（　　）。
   A. 关注的商业和经营环境发生了变化
   B. 增加了战略目标和资产安全目标
   C. 扩充了经营目标和报告目标
   D. 将支撑五个要素的基本概念提炼成原则
   E. 针对经营、合规和新增加的非财务报告目标提供了补充的方法和实例

3. 根据企业风险管理整合框架,科索委员会提出的内部控制框架的构成要素包括（　　）。
   A. 内部环境、目标设定
   B. 事项识别、风险评估
   C. 风险应对、控制活动
   D. 信息与沟通、监控
   E. 控制环境、监督

4. 《内部控制——整合框架》提出的目标主要包括（　　）。
   A. 战略目标　　B. 经营目标　　C. 报告目标　　D. 合规目标
   E. 发展目标

三、判断题

1. 《内部控制——整合框架》明确了内部控制的三个目标和五个构成要素,这五个构成要素分别为内部环境、风险评估、控制活动、信息与沟通和监督。（　　）

2. 内部控制的现实意义是有助于企业提升自身管理水平、提高风险防御能力、维护社会公众利益,最终服务于企业价值创造的终极目标。（　　）

3. 2013 年 5 月科索委员会更新了《内部控制——整合框架》(1992),对旧框架的许多重要原则和概念进行了革命性修正。（　　）

4. 在《企业风险管理——整合框架》中,新提出了合规的内部控制目标。（　　）

四、简答题

1. 内部控制框架的组成要素包括哪些内容？
2. 2013 年 5 月，科索委员会发布的《内部控制——整合框架》有哪些变化？

五、案例分析题

建筑节能科技股份有限公司成立于 1998 年，是一家集节能材料研发及生产企业，集节能诊断、方案设计、项目融资、项目实施、后期维护、设计咨询服务于一体的全产业链的专业化节能宜居改造服务的国家级高新技术企业。该公司于 2009 年整体改制为股份有限公司。为完善公司治理、优化股权结构，2010 年 9 月该公司引进了深创投、吉林红土、吉林诺金三家机构投资者。2012 年公司注册资本总额为 3 697.083 1 万元，拟进行内部控制手册编写工作，最初拟定的框架为：第一部分，行政部控制规范及流程；第二部分，人力资源部控制规范及流程；第三部分，采购部控制规范及流程；第四部分，合约部控制规范及流程；第五部分，成本部控制规范及流程；第六部分，工程部控制规范及流程；第七部分，生产中心控制规范及流程；第八部分，能源中心控制规范及流程；第九部分，营销中心控制规范及流程；第十部分，技术中心控制规范及流程；第十一部分，设计部控制规范及流程；第十二部分，基地建设指挥部控制规范及流程；第十三部分，审计部控制规范及流程；第十四部分，财务部控制规范及流程。

【要求】 请根据《内部控制框架》，重新设计该公司的内部控制手册结构。

第二节 我国企业内部控制规范体系

本节要点提示

掌握我国企业内部控制的目标和原则；

熟悉我国企业内部控制规范的框架；

熟悉我国企业内部控制基本规范的主要内容。

本节内容提要

我国企业内部控制规范体系包括基本规范和基本指引，基本指引又分为应用指引、评价指引和审计指引三个方面。整个体系以基本规范为指导，以应用指引、评价指引和审计指引等配套指引为补充，以法律为标准，企业为实施主体，政府监督为保障，社会各方面共同参与，一起构成我国企业内部控制的体系标准。

一、我国企业内部控制规范体系概述

2008 年 5 月 22 日，我国财政部、证监会、审计署、银监会、保监会联合颁布了《企业内部控制基本规范》，2010 年 4 月 15 日又颁布了 18 项应用指引、《企业内部控制评价指引》及《内部控制审计指引》的配套指引。内部控制基本规范和配套指引的颁布共同构建了我国企业的内部控制规范体系，是我国内部控制制度发展的里程碑。基本规范起总领作用；应用指引体现了内部控制的原则和要素，起着主导作用；评价指引是对企业内部控制有效性进行评价的指引；审计指引是注册会计师执行审计业务时的执业准则。四者之间既彼此独立，又互相关联，形成了内部控制的一个有机整体。

二、《企业内部控制基本规范》概述

《企业内部控制基本规范》被称为中国版的《萨班斯法案》，它把内部控制的核心内容概括

为五个目标、五个原则和五个要素,全文有"总则、内部环境、风险评估、控制活动、信息与沟通、内部监督、附则"共七章,是我国第一部全面规范企业内部控制的规章制度,也是我国企业内部控制的总体框架。

《企业内部控制基本规范》明确了内部控制的目标、原则及要素,明确了内部控制的框架结构,是制定应用指引、评价指引、审计指引和内部控制制度的根本依据。

(一)内部控制的目标

(1)合理保证企业经营管理合法合规。经营管理合法合规目标是指内部控制应当合理保证企业的经营活动在国家法律法规的允许范围内,严禁违法经营。

(2)资产安全。资产安全目标是指企业为了防止资产流失,保护资产的安全和完整。企业的各项资产是企业进行生产经营的物质保证。

(3)财务报告及相关信息的真实、完整。财务报告及相关信息的真实、完整目标是指内部控制要合理保证企业提供的财务信息及其他相关信息真实、完整。

(4)提高经营效率和效果。企业的最终目标是获得经济利益,这也是企业的根本目的,而企业获利与否往往取决于经营的效率和效果。

(5)促进企业实现发展战略。促进企业实现发展战略是企业内部控制的最高目标和终极目标。

(二)内部控制的原则

(1)全面性原则:内部控制应当贯穿决策、执行和监督的全过程,包含企业的各项业务和事项。

(2)重要性原则:内部控制应在全面控制的基础上,关注重要业务事项和高风险领域。

(3)制衡性原则:内部控制应在治理结构、机构设置和权责分配、业务流程等方面相互制约和监督,同时兼顾运营效率。

(4)适应性原则:内部控制应与企业的生产规模、业务范围、竞争状况和风险水平等相适应,并根据情况变化及时调整。

(5)成本效益原则:内部控制应权衡成本和效益状况,用适当的成本进行有效控制。

(三)内部控制的要素

(1)内部环境,包括治理结构、机构设置、权责分配、内部审计、人力资源政策、企业文化等。

(2)风险评估,是指企业对于经营过程中存在的风险进行及时识别和合理分析,并提出相应的解决策略。

(3)控制活动,是指企业按照风险评估的结果,通过相应的控制措施,把风险控制在企业可承受的范围内。

(4)信息与沟通,是指企业要及时收集和传递内部和外部与企业内部控制有关的信息,确保与内部和外部进行及时有效的沟通。

(5)内部监督,是指企业对内部控制制度的建立和实施进行监督和评价,发现存在的缺陷和问题并及时进行修订和改正。

三、企业内部控制应用指引

企业内部控制应用指引分为三类,即内部环境类指引、控制活动类指引、控制手段类指引,基本涵盖了企业资金流、实物流、人力流和信息流等各项业务和事项。

(一)内部环境类指引

内部环境类指引是企业实行内部控制的基础,影响着企业全体员工的内部控制意识,决定着全体员工进行控制活动、履行控制责任的态度、认识及行为,包括组织架构、发展战略、人力资源、社会责任和企业文化指引共5项。

组织架构是企业根据国家法律法规、企业章程和自身实际,明确内部机构设置、工作程序、职责权限、人员编制等安排,包括治理结构和内部机构设置。企业要实施发展战略,必须要有科学的组织架构,实行科学决策,建立良性的运行机制。

发展战略是指企业根据对当前情况和未来形势的综合分析和科学预测,制定并实施的发展目标和战略规划。企业如果想要长期持续的发展,关键在于制定和实施适合自身实际和外部环境的发展战略。

人力资源是指企业组织生产经营活动中的各种人员,包括董事、监事、高级管理人员和全体员工。人力资源是企业实现发展战略的智力支持,实现人力资源的合理配置可以全面提升企业核心竞争力。

社会责任是指企业在经营发展过程中应当履行的社会职责和义务,主要包括安全生产、产品质量、环境保护、资源节约、促进就业、员工权益保护等。企业认真履行社会责任,对实现社会和环境的全面协调可持续发展具有重要的促进作用。

企业文化是指企业在生产经营实践中形成的、被企业整体认同并遵守的价值观、经营理念、企业精神及在此基础上形成的行为规范。企业文化是企业的灵魂,贯穿于企业的一切经营管理活动之中,是推动企业持续发展的不竭动力。

(二)控制活动类指引

企业在改进和完善内部环境控制的同时,还要对各项具体业务活动进行相应的控制,因此需要有控制活动类的应用指引。控制活动类指引有9项,即资金活动、采购业务、资产管理、销售业务、研究与开发、工程项目、担保业务、业务外包、财务报告。

资金活动是指企业筹资、投资和资金营运等活动的总称。资金是企业生存和发展的基础,是企业生产经营循环的"血液",决定着企业的竞争能力和可持续发展能力。

采购业务是指购买物资或接受劳务及支付款项等相关活动。采购掌握企业经营活动的物资来源,采购环节出现问题会给企业造成采购物资、资金损失或信用受损等问题。

资产管理是指企业在经营活动中对其各项资产进行有效管理。保证资产安全完整、提高资产使用效率,有利于维持企业正常生产经营。

销售业务是指企业出售商品、提供劳务及收取款项等相关活动。企业应当采取有效控制措施,加强销售、发货、收款等环节的管理,规范销售行为,扩大市场份额,确保销售目标的实现。

研究与开发是指企业为获取新产品、新技术和新工艺等所开展的各种研发活动。企业通过研发新产品和新技术,创造新工艺,能够增强核心竞争力,促进其发展战略的实现。

工程项目是指企业自行或委托其他单位所进行的建造安装活动。因工程项目周期较长,涉及大额资金及物资的流转,与企业发展战略密切相关,所以,企业必须强化对工程的控制和监督。

担保业务是指企业按照公平、自愿、互利的原则向被担保人提供一定形式的担保并依法承担相应法律责任的行为。企业应当严格限制担保业务活动,明确担保的相关事项,规范工作流程和控制措施,防范担保业务风险。

业务外包是指企业利用专业化分工优势,将日常经营中的部分业务委托给其他专业服务机构或组织完成的经营行为。企业应当建立和完善业务外包管理制度,防范外包风险,充分发挥业务外包的优势。

财务报告是企业财务信息对外报告的重要形式之一。财务报告是投资者进行决策的重要依据,也是政府进行经济决策时关注的重要信息来源。

(三)控制手段类指引

控制手段类指引侧重"工具"的性质,一般是对企业的整体业务进行相应的控制或管理。控制类指引有4项,即全面预算、合同管理、内部信息传递和信息系统。

全面预算是企业对一定期间的经营活动、投资活动、财务活动等做出的预算安排。具体而言,就是通过将企业的资金流与实物流和信息流相结合,优化企业的资源配置,提高资金的利用效率。

合同管理是指对企业与自然人、法人及其他组织等平等主体之间设立、变更、终止民事权利义务关系的协议进行管理。合同包括书面合同和口头合同。在市场经济环境下,合同已成为企业最常见的契约形式,现在的市场经济就是合同经济。

内部信息传递是企业内部各管理层之间通过内部报告的形式传递生产经营管理信息的过程。企业应当建立科学的内部信息传递机制,明确内部信息传递的相关内容和要求,促进内部报告的有效利用,充分发挥内部报告的作用。

信息系统是信息内部传递和信息对外报告的技术手段,是企业利用计算机和通信技术,对内部控制进行集成、转化和提升所形成的信息化管理平台。通过信息系统强化内部控制,有利于减少人为因素,提高控制的效率和效果。

四、内部控制评价指引

内部控制评价是指企业董事会或决策机构对内部控制的有效性进行全面评价,形成评价结论,出具评价报告的过程。制定内部控制评价指引的目的是为评价企业内部控制的有效性提供专业指导和规范,是企业内部控制实务中重要的一环。

内部控制评价指引包括评价的原则和组织、评价的内容和标准、评价的程序和方法、缺陷认定和评价报告等。企业要对与实现整体内部控制目标有关的内部环境、风险评估、控制活动、信息与沟通、内部监督等内部控制要素进行系统、全面及有针对性的评价。应用信息系统要对信息系统的有效性进行评价,包括信息系统一般控制评价和应用控制评价。

对于在内部控制评价中发现的问题和缺陷,按来源可分为设计缺陷和执行缺陷,按严重程度可分为一般缺陷、重要缺陷和重大缺陷。解决这些问题,企业可以从定量和定性两个方面考虑:对于财务报告的内部控制缺陷,一般采取定量的方式;对于非财务报告的内部控制缺陷,需要企业根据情况和财务报告内部控制缺陷的认定标准,合理确定定量和定性的认定标准。

五、内部控制审计指引

内部控制审计是指会计师事务所接受委托,对企业特定基准日内部控制设计和运行的有效性进行审计。制定内部控制审计指引的目的是规范注册会计师执行企业内部控制审计业务的程序和内容,为企业提供专业的指导和规范,这样既有利于建立健全企业内部控制体系,又能增强企业财务报告的可靠性。

内部控制审计指引从以下几个方面对内部控制审计业务提出了明确要求或强调说明:

（一）审计责任划分

评价内部控制的有效性是企业董事会的责任，对内部控制的有效性发表审计意见是注册会计师的责任。

（二）审计范围

注册会计师执行内部控制审计工作要获取充分、适当的证据，为发表内部控制审计意见提供合理保证，同时要对财务报告内部控制的有效性发表审计意见，并对内部控制审计过程中识别到的非财务报告内部控制的重大缺陷，在内部控制审计报告中增加"非财务报告内部控制重大缺陷描述段"予以披露。也就是说，注册会计师审计的范围是企业整体内部控制而不限于财务报告内部控制。

（三）整合审计

注册会计师可以单独进行内部控制审计，也可以将内部控制审计与财务报表审计整合进行，但不是说注册会计师可以对同一家企业既做咨询又做审计，为企业内部控制提供咨询的会计师事务所不得同时为同一企业提供内部控制审计服务。

（四）利用被审计单位人员的工作

注册会计师应当对内部审计人员、内部控制评价人员和其他相关人员的专业胜任能力和客观性进行评估，判断这些人员工作的可利用程度，对风险高的控制应当更多地进行亲自测试。注册会计师对发表的审计意见独立承担责任，不因利用相关人员的工作而减轻责任。

（五）审计方法

注册会计师要按照自上而下的方法实施审计工作，作为识别风险、选择拟测试控制的基本思路。

（六）评价控制缺陷

注册会计师评价其所识别出的内部控制缺陷的严重程度，确定这些缺陷单独或组合起来能否构成重大缺陷，主要包括：注册会计师发现董事、监事和高级管理人员舞弊；企业更正已经公布的财务报表；注册会计师发现当期财务报表存在重大错报，而内部控制在运行过程中未能发现该错报；企业审计委员会和内部审计机构对内部控制的监督无效。

（七）出具审计报告

注册会计师出具的审计报告包括财务报告内部控制和非财务报告内部控制。报告格式有四种：标准内部控制审计报告、带强调意见段的无保留意见内部控制审计报告、否定意见内部控制审计报告和无法表示意见审计报告。对非财务报告的内部控制缺陷，注册会计师认为是一般缺陷的，应与企业沟通，提醒企业改进，但不用在内部控制审计报告中说明；认为是重要缺陷的，应当采取书面形式与企业管理层进行沟通，提醒企业改进，但不用在内部控制审计报告中说明；认为是重大缺陷的，应当以书面形式与企业管理层沟通，提醒企业改进，同时在内部控制审计报告中增加非财务报告内部控制重大缺陷描述段，对重大缺陷的性质及其对实现相关控制目标的影响程度进行披露。

关键概念

内部控制基本规范　　内部控制应用指引　　内部控制评价指引　　内部控制审计指引

本节综合案例

A公司是境内外同时上市的公司,根据《企业内部控制基本规范》《企业内部控制配套指引》以及据此修改的《公司内部控制手册》,应于2011年起实施内部控制评价制度。鉴于公司在2008年5月《企业内部控制基本规范》发布后就已经着手建立、完善自身内部控制体系并取得了较好效果,公司决定自2010年开始提前实施内部控制评价制度,并由审计部牵头拟订内部控制评价方案。该方案摘要如下:

1. 内部控制评价的组织领导和职责分工

董事会及其审计委员会负责内部控制评价的领导和监督。经理层负责实施内部控制评价,并对本公司内部控制有效性负全责;审计部具体组织实施内部控制评价工作,拟订评价计划、组成评价工作组、实施现场评价、审定内部控制重大缺陷、草拟内部控制评价报告,及时向董事会、监事会或经理层报告;其他有关业务部门负责组织本部门的内部控制自查工作。

2. 内部控制评价的内容和方法

内部控制评价围绕内部环境、风险评估、控制活动、信息与沟通、内部监督五要素展开。鉴于公司已按《公司法》和公司章程建立了科学规范的组织架构,组织架构相关内容不再纳入企业层面评价范围。同时,本着重要性原则,在实施业务层面评价时,主要评价上海证券交易所重点关注的对外担保、关联交易和信息披露等业务或事项。

在内部控制评价中,可以采用个别访谈、调查问卷、专题讨论、穿行测试、实地查验、抽样和比较分析等方法。考虑到公司现阶段经营压力较大,为了减轻评价工作对正常经营活动的影响,在本次内部控制评价中,仅采用调查问卷和专题讨论法实施测试和评价。

3. 实施现场评价

评价工作组应与被评价单位进行充分沟通,了解被评价单位的基本情况,合理调整已确定的评价范围、检查重点和抽样数量。评价人员要依据《企业内部控制基本规范》及其配套指引和《公司内部控制手册》实施现场检查测试,按要求填写评价工作底稿,记录测试过程及结果,并对发现的内部控制缺陷进行初步认定。现场评价结束后,评价工作组汇总评价人员的工作底稿,形成现场评价报告。现场评价报告无须与被评价单位沟通,只需由评价工作组负责人审核、签字确认后报审计部。审计部应编制内部控制缺陷认定汇总表,对内部控制缺陷进行综合分析和全面复核。

4. 内部控制评价报告

审计部在完成现场评价和缺陷汇总、复核后,负责起草内部控制评价报告。内部控制评价报告应当包括:董事会对内部控制报告真实性的声明、内部控制评价工作的总体概括、内部控制评价的依据、内部控制评价的范围、内部控制评价的程序和方法、内部控制缺陷及其认定情况、内部控制缺陷的整改情况、内部控制有效性的结论等。对于重大缺陷及其整改情况,只进行内部通报,不对外披露。内部控制评价报告经董事会审核后对外披露。

5. 内部控制审计

聘请某具有证券期货业务资格的大型会计师事务所对本公司内部控制有效性进行审计。鉴于本公司在2008年5月《企业内部控制基本规范》发布后就已建立内部控制体系并取得较好效果,内部控制审计自2010年起重点审计本公司内部控制评价的范围、内容、程序和方法等,并出具相关审计意见。

【思考】 根据《企业内部控制基本规范》及其配套指引,逐项判断A公司内部控制评价方案中的1~5项内容是否存在不当之处,若存在请逐项指出不当之处,并逐项简要说明理由。

【案例分析】

1. 第一项工作存在的不当之处

(1)经理层对内部控制有效性负全责。

理由:董事会对建立健全和有效实施内部控制负责。经理层负责组织、领导企业内部控制的日常运行。

(2)审计部审定内部控制重大缺陷。

理由:董事会负责审定内部控制重大缺陷。

2. 第二项工作存在的不当之处

(1)组织架构相关内容不纳入公司层面评价范围。

理由:组织架构是内部环境的重要组成部分,直接影响内部控制的建立健全和有效实施,应当纳入公司层面评价范围;或虽然A公司已经建立科学规范的组织架构,但是还应当对组织架构的运行情况进行评价。

(2)在实施业务层面评价时,主要评价上海证券交易所重点关注的对外担保、关联交易和信息披露等业务。

理由:业务层面的评价应当涵盖公司各种业务和事项或体现全面性原则,而不能仅限于证券交易所关注的少数重点业务事项来展开评价。

(3)为了减轻评价工作对正常经营活动的影响,在本次内部控制评价中,仅采用调查问卷法和专题讨论法实施测试和评价。

理由:评价过程中应按照有利于收集内部控制设计、运行是否有效的证据的原则,充分考虑所收集证据的适当性与充分性,综合运用评价方法;或评价过程中应视被评价对象的具体情况,适当选择个别访谈、调查问卷、专题讨论、穿行测试、实地查验,抽样和比较分析等方法。

3. 第三项工作存在的不当之处

(1)现场评价报告无须与被评价单位沟通。

理由:现场评价报告应向被评价单位通报或与被评价单位沟通。

(2)现场评价报告只需评价工作组负责人审核、签字确认后报审计部。

理由:现场评价报告经评价工作组负责人审核、签字确认后,应由被评价单位相关责任人签字确认后,再提交审计部或内部控制评价部门。

4. 第四项工作存在的不当之处

对于重大缺陷及其整改情况,只进行内部通报,不对外披露。

理由:对于重大缺陷及其整改情况,必须对外披露。

5. 第五项工作存在的不当之处

会计师事务所内部控制审计的重点是审计该公司内部控制评价的范围、内容、程序和方法等。

理由:会计师事务所实施内部控制审计,可以关注、利用上市公司的评价成果,但必须按照《企业内部控制审计指引》的要求,对被审计上市公司内部控制设计与运行的有效性进行独立审计或全面审计,不能因为被审计上市公司实施了内部控制评价就简化审计的程序和内容;或内部控制审计不是对内部控制评价进行审计,而是对特定基准日内部控制设计与运行的有效性进行审计。

练习题

一、单项选择题

1. 内部控制的目标是(   )。

A. 合理保证财务报表是公允合法的

B. 绝对保证财务报表是公允合法的

C. 合理保证经营合规、资产安全、财务报告及相关信息真实完整、经营有效性,促进企业发展

D. 绝对保证经营合规、资产安全、财务报告及相关信息真实完整、经营有效性,促进企业发展

2. 下列各项中,不属于内部环境类指引的是(   )。

A. 组织架构　　　　B. 企业文化　　　　C. 社会责任　　　　D. 信息系统

3. 下列各项中,不是内部控制实施主体的是(   )。

A. 董事会　　　　　B. 监事会　　　　　C. 外部审计机构　　D. 全体员工

4.《企业内部控制——基本规范》中的重要性原则是指(   )。

A. 该事项频繁出现　　　　　　　　　B. 该事项涉及法律法规问题

C. 该事项额度大且涉及高风险领域　　　　D. 该事项影响到关键管理层人员

二、多项选择题

1. 下列关于《企业内部控制基本规范》的说法中,正确的有(　　)。
A. 基本规范要求企业根据国家相关法律法规和企业章程,建立规范的公司治理结构和议事规则,明确股东大会、董事会、监事会和经理层在决策、执行、监督等方面的职责权限
B. 内部控制的目标是合理保证经营合规、资产安全、财务报告及相关信息真实完整、经营有效性,促进企业发展
C. 基本规范要求股份公司对本公司内部控制的有效性进行自我评价,披露年度自我评价报告,但提供的内部控制规范不可以审计
D. 内部控制主要是规范企业"三高"的文件,对一般员工没什么意义

2. 《企业内部控制基本规范》及其具体应用指引由(　　)联合制定。
A. 财政部　　　　B. 证监会　　　　C. 审计署　　　　D. 银监会
E. 保监会

3. 下列关于中央企业实施企业内部控制基本规范体系的要求的说法中,正确的有(　　)。
A. 中央企业应当按照《企业内部控制基本规范》和配套指引的要求,建立规范、完善的内部控制体系
B. 中央企业在开展内部控制自我评价的同时,必须聘请会计师事务所对财务报告内部控制的有效性进行审计并出具审计报告
C. 中央企业应当自2013年起,于每年4月30日前向国资委报送内部控制评价报告,同时抄送派驻本企业的监事会
D. 中央企业应当建立内部控制重大缺陷追究制度,内部控制评价和审计结果要与履职评估成绩或绩效考核相结合

4. 下列各项中,属于控制类指引的有(　　)。
A. 采购业务　　　　B. 业务外包　　　　C. 资金活动　　　　D. 人力资源
E. 合同管理

三、判断题

1. 我国企业内部控制规范的框架体系由《企业内部控制基本规范》《企业内部控制评价指引》和《企业内部控制审计指引》组成。(　　)
2. 《企业内部控制评价指引》是注册会计师执行审计业务时的职业准则。(　　)
3. 应用指引是对企业按照内部控制原则和内部控制五要素建立健全本企业内部控制所提供的指引,在配套指引乃至整个内部控制规范体系中占主体地位。(　　)
4. 组织架构、发展战略、人力资源属于内部环境应用指引内容,而合同管理、内部信息传递和信息系统属于控制业务类应用指引。(　　)

四、简答题

1. 内部控制的目标是什么?
2. 内部控制要素有哪些?
3. 内部环境类指引包含哪些内容,有什么意义?
4. 内部控制评价指引包含哪些内容?
5. 内部控制审计指引包含哪些内容?

五、案例分析题

某国一家公司为提高管理水平和增强风险防范能力,召开了关于内部控制的高层会议,讨论并通过了关

于集团内部控制建设和实施的决议。有关人员的发言如下：

总经理——加强内部控制建设十分重要，可以杜绝财务欺诈、串通舞弊、违法违纪等现象的发生，这是关系到集团可持续发展的重要举措；公司内部控制建设应当抓住重点，尤其要关注控制环境、风险评估、控制活动等内部控制要素。

副总经理——企业生产经营过程中面临着各种各样的风险，这些风险能否被准确识别并得以有效控制，是衡量内部控制质量和效果的重要标准。建议重点关注集团内部各种风险的识别，找出风险控制点，据此设计相应的控制措施，来自集团外部的风险不是内部控制所要解决的问题，可不必过多关注。在内部控制建设与实施过程中，对于那些可能给企业带来重大经济损失的风险事项，应采取一切措施予以回避。

总会计师——集团公司是基于行政划转的原因而组建的，母子公司内部连接纽带脆弱，子公司各行其是的现象比较严重。建议集团公司加强对子公司重大决策权的控制，包括筹资权、对外投资权、对外担保权、重大资本性支出决策权等，对子公司重大决策应当实行集团公司总经理审批制。

人事副总经理——集团公司可以从完善人事选聘和培训政策入手，健全内部控制。建议子公司的总经理和总会计师由集团统一任命，直接对集团公司董事会负责。要注重加强内部控制知识的教育培训，中层以上干部每年必须完成一定学时的内部控制培训任务，其他基层员工应以岗位技能培训为主，没有必要专门组织内部控制培训。

董事长——以上各位的发言我都赞同，最后提三点意见：(1)思想要统一。对集团公司而言，追求的是利润最大化。一切制度安排都要将利润最大化作为唯一目标，包括内部控制。(2)组织要严密。建议由总会计师全权负责建立健全和有效实施集团内部控制，我和总经理全力支持和配合。(3)监督要到位。应当成立履行内部控制监督检查职能的专门机构，直接对集团公司总经理负责，定期或不定期对内部控制执行情况进行检查评价，不断完善集团公司内部控制。

【要求】 从企业内部控制理论和方法角度，指出总经理、副总经理、总会计师、人事副总经理以及董事长在会议发言中的观点有何不当之处并分别简要说明理由。

第二篇

内部控制应用

本篇内容提要

企业内部控制应用指引依据《企业内部控制基本规范》制定，是对企业按照内部控制原则和内部控制五要素建立健全本企业内部控制所提供的指引，在配套指引乃至整个企业的内部控制规范体系中占据主体地位。企业内部控制应用指引分为三大部分，即内部环境类指引、控制业务类指引、控制手段类指引。本篇主要讲述管理活动内部控制、业务活动内部控制及信息活动内部控制三个方面。

管理活动内部控制，主要是对企业内部环境进行控制的行为。内部环境是企业实施内部控制的基础，决定了组织的控制基调，也决定了一个经济组织的内部控制特点和有效性。内部环境主要包括组织架构、发展战略、人力资源、社会责任和企业文化等。

业务活动内部控制，主要是对企业各项具体的业务活动实施的控制，涵盖了企业日常经营和管理的各项活动，实现对企业"资金流"和"实物流"的控制，包括资金活动、采购业务、资产管理、销售业务、研究与开发、工程项目、担保业务、业务外包、财务报告、全面预算、合同管理等具体内容。

信息活动内部控制属于控制手段类指引，侧重"工具"性质，涉及企业整体业务或管理，具体包括内部信息传递和信息系统等内容。

第二章　管理活动内部控制

本章要点提示

了解组织架构、发展战略、人力资源、社会责任、企业文化的概念；
掌握组织架构的相关风险点及方法设计；
掌握发展战略的制定步骤和实施方法；
掌握人力资源的主要风险点及制度设计；
掌握社会责任的内容及控制措施；
掌握企业文化的主要风险点及建设企业文化的关键点。

本章内容提要

管理活动内部控制是企业实行内部控制的基础和目标，影响着企业的内部控制意识，决定着企业进行控制活动、履行控制责任的态度和行为。本章分五节，主要阐述组织架构、发展战略、人力资源、社会责任和企业文化。

组织架构是企业根据国家法律法规、企业章程和自身实际，明确内部机构设置、工作程序、职责权限、人员编制等安排，包括治理结构和内部机构设置。建立科学的组织架构有利于企业通过科学决策，保证运行机制的高效、稳定。

发展战略是指企业根据对当前情况和未来形势的综合分析和科学预测，制定并实施的发展目标和战略规划。制定和实施适合自身实际和外部环境的发展战略是企业长期稳定发展的关键所在。

人力资源是指企业组织生产经营活动中的各种人员，包括董事、监事、高级管理人员和全体员工。人力资源是企业实现发展战略的智力支持，合理配置人力资源有利于企业全面提升核心竞争力。

社会责任是指企业在经营发展过程中应当履行的社会职责和义务，主要包括安全生产、产品质量、环境保护、资源节约、促进就业、员工权益保护等。企业履行社会责任，对自身品牌的建立和对社会的可持续发展都具有重要的促进作用。

企业文化是指企业在生产经营实践中形成的、被企业整体认同并遵守的价值观、经营理念、企业精神及在此基础上形成的行为规范。企业文化贯穿于企业的一切经营管理活动之中，是企业持续发展的灵魂和动力。

第一节 组织架构

本节要点提示

熟悉组织架构的概念及分类；

掌握组织架构存在的主要风险点及设计。

本节内容提要

企业的组织架构是一种决策权的划分体系以及各部门的分工协作体系。现代企业，无论是处于新建、重组改制还是存续状态，要实现发展战略，都必须高度重视组织架构的建立和完善工作。组织架构不合理会严重阻碍企业的正常运作，甚至导致企业经营失败；相反，科学、合理的组织架构能够最大限度地释放企业的能量，使组织更好地发挥协同效应，促进企业建立现代企业制度，强化企业内部控制建设，保障企业的稳定可持续发展。

一、组织架构的概念

根据《企业内部控制应用指引第1号——组织架构》的相关阐述，组织架构是指企业按照国家有关法律法规、股东（大）会决议、企业章程，结合本企业实际，明确董事会/监事会/经理层和企业内部各层级机构设置、职责权限、人员编制、工作程序和相关要求的制度安排，包括治理结构和内部机构设置。组织架构解决的是完善公司治理结构、管理体制和运行机制的问题，指导企业进行组织架构设计和运行，并加强组织架构方面的风险管理控制。

二、组织架构的分类

组织架构分为治理结构和内部机构两个层面。

（一）治理结构

治理结构即企业治理层面的组织架构，它是企业成为可以与外部主体发生各项经济关系的法人所必备的组织基础，具体是指企业根据相关的法律法规，设置不同层次、不同功能的法律实体及其相关的法人治理结构，从而使企业能够在法律许可的框架下拥有特定权利、履行相应义务，以保障各利益相关方的基本权益。

（二）内部机构

内部机构则是企业内部机构层面的组织架构，是指企业根据业务发展需要，分别设置不同层次的管理人员及由各专业人员组成的管理团队，针对各项业务功能行使决策、计划、执行、监督、评价的权力并承担相应的义务，从而为业务顺利开展进而实现企业发展战略提供组织机构的支撑平台。

三、组织架构存在的主要风险点及设计

（一）治理结构存在的主要风险点及设计

1. 治理结构存在的主要风险点

治理结构存在的主要风险点包括公司治理结构形同虚设，缺乏科学决策、良性运行机制和执行力，可能导致企业经营失败，难以实现发展战略，具体表现为：

（1）股东大会是否规范而有效地召开，股东是否可以通过股东大会行使自己的权利。

(2)企业与控股股东是否在资产、财务、人员方面实现相互独立,企业与控股股东的关联交易是否贯彻平等、公开、自愿的原则。

(3)对与控股股东相关的信息是否根据规定及时、完整地披露。

(4)企业是否对中小股东权益采取了必要的保护措施,使中小股东能够与大股东同等条件参加股东大会,获得与大股东一致的信息,并行使相应的权利。

(5)董事会是否独立于经理层和大股东,董事会及其审计委员会中是否有适当数量的独立董事存在且能有效地发挥作用。

(6)董事对于自身的权利和责任是否有明确的认知,并且有足够的知识、经验和时间来勤勉、诚信、尽责地履行职责。

(7)董事会是否能够保证企业建立并实施有效的内部控制,审批企业发展战略和重大决策并定期检查、评价其执行情况,明确设立企业可接受的风险承受度,并督促经理层对内部控制有效性进行监督和评价。

(8)监事会的构成是否能够保证其独立性,监事能力是否与相关领域相匹配。

(9)监事会是否能够规范而有效地运行,监督董事会、经理层正确履行职责并纠正损害企业利益的行为。

(10)对经理层的权力是否存在必要的监督和约束机制。

2. 企业治理结构的设计要求

(1)企业治理结构设计的一般要求

治理结构涉及股东(大)会、董事会、监事会和经理层。企业应当根据国家有关法律法规的规定,按照决策机构、执行机构和监督机构相互独立、权责明确、相互制衡的原则,明确董事会、监事会和经理层的职责权限、任职条件、议事规则和工作程序等。

(2)上市公司治理结构的特殊要求

上市公司治理结构的设计,应当充分反映其"公众性"。具体来说,主要包括以下三个方面:

①建立独立董事制度。上市公司董事会应当设立独立董事,独立董事应独立于所受聘的公司且其主要股东且不得在上市公司担任除独立董事外的其他任何职务;独立董事应按照有关法律法规和公司章程的规定,认真履行职责,维护公司整体利益,尤其要关注中小股东的合法权益不受损害。独立董事应独立履行职责,不受公司主要股东、实际控制人以及其他与上市公司存在利害关系的单位或个人的影响。

②设置董事会专门委员会。上市公司应当根据公司治理的需要,结合本公司经营和管理的实际,设立审计委员会、薪酬与考核委员会、战略决策委员会等。在董事会各专业委员会中,独立董事应当占多数并担任负责人。审计委员会对董事会负责并代表董事会对经理层进行监督,对经理层提供的财务报告和内部控制评价报告进行监督,同时对内部审计和外部审计工作进行监督和指导,审计委员会中至少应有一名独立董事是会计专业人士。薪酬与考核委员会主要负责制定、审查公司董事及经理人员的薪酬政策及方案,对相关人员进行考核。战略决策委员会则主要制定公司的长期发展战略,对公司的重大投资、融资等项目做出决策和监督。

③设立董事会秘书。上市公司应当设立董事会秘书。董事会秘书为上市公司的高级管理人员,直接对董事会负责,并由董事长提名,董事会负责任免。董事会秘书主要负责公司股东大会和董事会会议的筹备,文件保管以及公司股东资料的管理,办理信息披露事务等事宜。

(3)国有独资企业治理结构设计

国有独资企业作为独特的企业群体,其治理结构设计应充分反映其特色,主要体现在以下几个方面:

①国有资产监督管理机构代行股东(大)会职权。国有独资企业不设股东(大)会,由国有资产监督管理机构行使股东(大)会职权。国有独资企业董事会可以根据授权部分行使股东(大)会的职权,决定公司的重大事项,但公司的合并、分立、解散、增加或者减少注册资本和发行公司债券,必须由国有资产监督管理机构决定。

②国有独资企业董事会成员应当包括公司职工代表。董事会成员由国有资产监督管理机构委派;但是,董事会成员中的职工代表由公司职工代表大会选举产生。国有独资企业董事长、副董事长由国有资产监督管理机构从董事会成员中指定产生。

③国有独资企业监事会成员由国有资产监督管理机构委派;但是,监事会成员中的职工代表由公司职工代表大会选举产生。监事会主席由国有资产监督管理机构从监事会成员中指定产生。

④外部董事由国有资产监督管理机构提名推荐,由任职公司以外的人员担任。外部董事在任期内不得在任职企业担任其他职务。外部董事制度对于规范国有独资公司治理结构、提高决策科学性、防范重大风险具有重要意义。

【例2-1】 某公司为了符合上市的要求,成立了董事会和监事会。但在公司的董事中有2/3以上的董事是由公司的大股东和经理层人员兼任。

【分析】 该案例中的公司在组织架构的治理结构方面存在缺陷。公司由于一味地追求规模和绩效,没有意识到治理结构对于公司运作的重要性,很有可能由于公司的会计造假等问题而被取消上市资格。

(二)内部机构存在的主要风险点及设计

1. 内部机构存在的主要风险点

内部机构存在的主要风险点包括内部机构设计不科学,权责分配不合理,可能导致机构重叠、职能交叉或缺失、运行效率低下,具体表现如下:

(1)企业内部组织机构是否考虑经营业务的性质,按照适当集中或分散的管理方式设置。

(2)企业是否对内部组织机构设置、各职能部门的职责权限、组织的运行流程等有明确的书面说明和规定,是否存在关键职能缺位或职能交叉的现象。

(3)企业内部组织机构是否支持发展战略的实施,并根据环境变化及时做出调整。

(4)企业内部组织机构的设计与运行是否适应信息沟通的要求,有利于信息的上传、下达和在各层级、各业务活动间的传递,有利于为员工提供履行职权所需的信息。

(5)关键岗位员工是否对自身权责有明确的认识,有足够的胜任能力去履行权责,是否建立了关键岗位员工轮换制度和强制休假制度。

(6)企业是否对董事、监事、高级管理人员及全体员工的权限有明确的制度规定,对授权情况是否有正式的记录。

(7)企业是否对岗位职责进行了恰当的描述和说明,是否存在不相容职务未分离的情况。

(8)企业是否对权限的设置和履行情况进行了审核和监督,对于越权或权限缺位的行为是否及时予以纠正和处理。

2. 企业内部机构的设计

内部机构的设计是组织架构设计的关键环节,具体要满足以下几个要求:

(1)企业应当按照科学、精简、高效、透明、制衡的原则,综合考虑企业性质、发展战略、文化理念和管理要求等因素,合理设置内部职能机构,明确各机构的职责权限,避免职能交叉、缺失或权责过于集中,形成各司其职、各负其责、相互制约、相互协调的工作机制。

(2)企业应当对各机构的职能进行科学合理的分解,确定具体岗位的名称、职责和工作要求等,明确各个岗位的权限和相互关系。尤其要体现不相容岗位相分离的原则,设立内部牵制机制。

(3)企业应当制定组织结构图、业务流程图、岗(职)位说明书和权限指引等内部管理制度或相关文件,使员工了解和掌握组织架构设计及权责分配情况,正确履行职责。就内部机构设计而言,建立权限指引和授权机制非常重要。有了权限指引,不同层级的员工就知道该如何行使并承担相应责任,有利于事后考核评价。"授权"表明的是,企业各项决策和业务必须由具备适当权限的人员办理,这一权限通过公司章程约定或其他适当方式授予。

企业内部各级员工必须获得相应的授权,才能实施决策或执行业务,严禁越权办理。按照授权对象和形式的不同,授权分为常规授权和特别授权。常规授权一般针对企业日常经营管理过程中发生的程序性和重复性的工作,可以在企业正式颁布的岗(职)位说明书中予以明确,或通过制定专门的权限指引予以明确。特别授权一般是由董事会给经理层或由经理层给内部机构及其员工授予处理某一突发事件(如法律纠纷)、做出某项重大决策、代替上级处理日常工作的临时性权力。

【例2-2】 某国有企业在被并购前的审核中发现存在以下内部组织机构问题:(1)部分职能部门没有明确本职能部门的确切职责权限;(2)职能部门没有随公司的发展进行相应的改进,依然是旧制度下的部门划分;(3)存在不相容职务未分离的情况。

【分析】 从上述案例可见,该企业内部组织机构设计环节存在缺陷、内部设计不合理,导致企业无法协调各部门的运作,使公司整体变成了一个各自为政的群体。

关键概念

组织架构　　治理结构　　内部结构

本节综合案例

某企业在创业初期,出于对成本效益方面的考虑,一直在"重经营、轻管理"的模式下运作,所有事情都由总经理决策,每位员工由总经理直接指挥。所有业务流程均由总经理全程参与,虽然随着企业规模的不断增大,一些组织结构逐渐被分离出来,但各部门仍由总经理一人指挥。

在企业的运营过程中,没有建立规范性的规章制度,大多依据以往惯例办理。由于企业的初期规模较小,没有明确各部门之间的职能权责,虽然在沟通上有了很多的便利,但同时也存在许多利益纠纷和矛盾。

【案例分析】 由上述资料可见,该企业的组织框架实际上存在以下风险:

(1)高度集权。企业的所有决策均由总经理一人决定,具有很大的主观性和依赖性。没有建立合理规范的决策机制和风险防范机制,容易导致企业出现财务漏洞等现象。

(2)治理结构存在缺陷,决策和指挥权集中于总经理一人,缺乏相应的制衡机制,容易出现"一言堂"的现象。

(3)部分职能模糊,职能分配不明确,存在不相容职位没有分离的现象,没有专门的制度文件,都是依据"惯例"行事,会导致员工之间的邀功和推诿,影响企业的经营效率。

针对以上可能存在的风险,可以采取以下措施进行防范:

(1)加强企业的风险防范意识,完善企业的治理结构。设立董事会、监事会、股东会和各级经营管理层,使各部门之间相互监督、相互制约。

(2)建立明确的规章制度,明确各职能部门的职责权限以及各岗位的相互关系,并明确体现出不相容岗位分离的原则。制定详细的组织结构图等相关文件,使企业全体员工充分掌握组织框架,明确自己的责任和义务。

(3)建立多种沟通渠道,增进员工之间的沟通,确保信息传递的及时性。创建企业文化,增强员工的凝聚力以及对企业的归属感,有利于企业实现盈利。

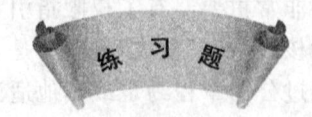

练 习 题

一、单项选择题

1. 企业的组织架构是一种( )体系以及各部门的分工协作体系。
   A. 内部控制　　　　B. 可行性研究　　　　C. 决策权的划分　　　　D. 监督执行
2. 组织架构分为( )两个层面。
   A. 治理结构和内部机构　　　　B. 内部结构和外部结构
   C. 治理结构和防范结构　　　　D. 治理结构和外部结构
3. 在组织框架的内部控制中,上市公司治理结构的设计应当充分反映其"( )"。
   A. 独立性　　　　B. 公众性　　　　C. 重要性　　　　D. 及时性
4. 下列选项中,( )体现了治理机构存在的主要风险点。
   A. 企业内部组织机构是否考虑经营业务的性质
   B. 对与控股股东相关的信息是否根据规定及时完整地披露
   C. 企业内部组织机构是否支持发展战略的实施
   D. 关键岗位员工是否对自身权责有明确的认识
5. ( )的设计是组织架构设计的关键环节。
   A. 治理结构　　　　B. 外部结构　　　　C. 预防机构　　　　D. 内部机构
6. 企业组织架构调整应当充分听取( )的意见。
   A. 董事、监事、高级管理人员、其他员工　　　　B. 政府、监事、高级管理人员、其他员工
   C. 股东、监事、高级管理人员、其他员工　　　　D. 政府、董事、监事、高级管理人员、其他员工

二、多项选择题

1. 组织架构主要解决的核心问题是完善公司( )。
   A. 治理结构　　　　B. 管理体制　　　　C. 人力资源　　　　D. 运行机制
2. 治理结构存在的主要风险点包括( )。
   A. 公司治理结构形同虚设　　　　B. 缺乏科学决策
   C. 缺乏良性运行机制　　　　D. 缺乏执行力
3. 治理结构涉及( )。
   A. 监事会　　　　B. 股东(大)会　　　　C. 董事会　　　　D. 经理层
4. 下列选项中,体现了内部机构存在的主要风险点的有( )。
   A. 企业是否对中小股东权益采取了必要的保护措施
   B. 企业内部组织机构的设计与运行是否适应信息沟通的要求
   C. 企业与控股股东是否在资产、财务、人员方面实现相互独立
   D. 企业是否对岗位职责进行了恰当的描述和说明
5. 上市公司治理结构的设计主要包括的内容有( )。

A. 设置监事会　　　　　　　　　　B. 建立独立董事制度
C. 设置董事会专门委员会　　　　　D. 设立董事会秘书

6. 组织架构设计和运行的主要风险点，从治理结构层面看，包括（　　）。
A. 治理结构形同虚设　　　　　　　B. 内部机构设计不科学
C. 缺乏科学决策、良性运行机制和执行力　　D. 权责分配不合理，职能交叉或缺失

三、判断题

1. 组织架构是指企业按照国家有关法律法规、股东（大）会决议、企业章程，结合本企业实际，明确董事会、监事会、经理层和企业内部各层级机构设置、职责权限、人员编制、工作程序和相关要求的制度安排。（　　）

2. 治理结构是企业根据业务发展需要，分别设置不同层次的管理人员及由各专业人员组成的管理团队，针对各项业务功能行使决策、计划、执行、监督、评价的权力并承担相应的义务，从而为业务顺利开展进而实现企业发展战略提供支撑平台。（　　）

3. 股东大会是否规范而有效地召开，以及股东是否可以通过股东大会行使自己的权利是内部结构的表现。（　　）

4. 监事会的构成是否能够保证其独立性，以及监事能力是否与相关领域相匹配是治理结构的表现。（　　）

5. "授权"表明的是，企业各项决策和业务必须由具备适当权限的人员办理，这一权限通过公司章程约定或其他适当方式授予。（　　）

四、简答题

1. 什么是组织架构？
2. 简要阐述治理结构中存在的主要风险点。
3. 根据内部结构存在的风险做出的设计应包括哪些要求？
4. 企业在组织架构设计与运行中必须关注的风险点是什么？

五、案例分析题

2013年，移动互联网成为大家关注的焦点。S公司根据国家的相应法律条文，积极采取了应对措施，将移动互联网作为企业发展的主要战略之一。于是，S公司推出了包括组织变更、员工内部创业机制、目标计划管理等一系列的新措施。其中一条主线就是强调和倡导员工的自主创新能力、团队的协同能力和自我管理能力；重视以人为本，强化员工的自我管理意识，充分发挥每一位员工的创造力和想象力，来提高员工的工作效率。

【要求】　从上例中，你可以看出哪些是关于组织框架的内部控制措施？如果你是高管，你会怎样优化企业的组织框架？请简要阐述你的做法。

第二节　发展战略

本节要点提示

熟悉发展战略的概念；
掌握发展战略的内外因素；
掌握发展战略的实施。

本节内容提要

企业发展战略是企业发展的蓝图,描绘了企业的发展方向、目标和实施路径,关系着企业的长远发展。只有制定科学、合理的发展战略,企业才有行动的指南。同时,发展战略也为内部控制设定了最高目标:一方面,企业内部控制的最终目标是通过强化风险管理控制来促进企业实现发展战略;另一方面,实现发展战略必须通过建立健全内部控制体系来提供保证。因此,发展战略为企业内部控制指明了方向,内部控制为企业实现发展战略提供了保障。

一、发展战略概述

发展战略是指企业在对当前情况和发展趋势进行综合分析和科学预测的基础上,制定并实施的中长期发展目标与战略规划。企业发展战略是企业战略中的一种,其本质是促进企业的发展,具有整体性、长期性、基本性、计谋性和系统性的特征,是企业战略中的最高战略。任何企业的战略谋划都是从整体出发,着眼于企业的长远发展,谋划最基本的方向问题,关注的是企业的计谋而不是常规思路,然后根据远景目标设立阶段目标,从而形成一个环环相扣的发展战略目标体系。由于可持续发展对企业的意义至关重大,因此企业发展战略在企业战略中占有极其重要的地位,是实现企业发展的纲领和灵魂。

二、发展战略的制定

制定发展战略是企业可持续发展的起点。企业应当根据当前形势和自身情况,结合未来的发展目标和发展规划,制定顺应市场经济趋势的、适合本企业发展的、科学合理的发展战略。发展战略的制定主要包括以下内容:

(一)建立健全发展战略制定机构

企业发展战略的制定属于企业的重大决策,决定着企业的发展前景,因此要予以高度重视,在组织机构设置方面给予大力支持,以保证发展战略的科学、合理。企业可以设立战略委员会,或指定机构负责发展战略管理工作,履行相应职责。企业应当明确相关议事规定,对战略委员会会议的召开程序、表决方式、提案审议、保密要求和会议记录等进行严格约定,保证议事过程透明、决策程序科学民主。

战略委员会的主要职责是对公司长期发展规划和重大投资决策进行研究并提出建议,包括:对公司的长期发展战略、经营目标进行研究并提出建议,对公司涉及的市场战略、产品战略、研发策略、营销策略、人才战略等进行研究并提出建议,对公司重大战略性投资、融资方案进行研究并提出建议,对公司重大资本运作、资产经营项目进行研究并提出建议等。

战略委员会委员包括董事长和其他董事,对董事会负责。主席应当由董事长担任,委员的任职资格和选任程序应当符合相关法律法规和企业章程的规定。战略委员会委员应当具备较强的实践经验和综合素质,熟悉公司的经营运作,了解宏观经济政策,具有敏锐的市场洞察力和判断力等。

(二)综合分析影响发展战略的内外因素

企业内部资源和外部环境是影响发展战略制定的重要因素。企业应当综合考虑各种影响因素,对所处的外部环境和拥有的内部资源进行深入、系统的分析,这样才能制定出科学、合理的发展战略。

1. 分析外部环境

外部环境包括企业所处的宏观环境、行业环境及竞争对手、经营环境等,是决定企业发展战略的重要因素。分析外部环境时应重点关注环境的变化和发展趋势，分析其对企业战略的影响，并对其存在的机遇和风险进行评估。

第一，宏观环境分析。企业的经营管理会受政治环境、经济环境、社会环境、法律环境等外部环境的影响，企业要在充分了解外部经济形势的基础上，抓住有利机遇，避免不利环境的影响。

第二，行业环境及竞争对手分析。企业应当掌握行业的总体发展趋势，分析产业机构与竞争结构的发展方向和趋势，结合行业盈利水平和市场竞争的激烈程度，综合决定企业发展战略的定位、发展战略的重点和竞争优势，制定差异化竞争战略，将自身与竞争对手区别开来，建立和巩固消费市场。

第三，经营环境分析。经营环境分析主要是指对顾客、市场、竞争规则等因素的分析。与宏观环境和行业环境相比，经营环境对企业的影响更为迅速，带来的机遇和风险也更容易应对。

2. 分析内部资源

内部资源包括企业资源、企业能力、核心竞争力等各种有形资源和无形资源。分析内部资源时应重点关注这些资源的优势和劣势，以此判断当前企业所面对的市场形势。

第一，企业资源分析。企业应了解现有资源的数量和利用效率，找出自身资源的优势和劣势，并与主要竞争对手的资源状况进行比较，发展有利于促进企业核心能力和竞争优势的战略性资源。

第二，企业能力分析。企业能力是企业各种有形资源与无形资源的有机结合。企业应当根据现有能力，分析当前在市场中所面对的机遇和风险，不断稳定和拓展市场；同时，积极开发新产品、拓展新领域，深入挖掘企业的潜力。

第三，核心竞争力分析。核心竞争力是指企业所拥有的具有明显竞争优势的资源和能力，如稀缺资源、不可替代资源、持久资源等。企业拥有的核心竞争力资源可以使之在激烈的市场竞争中获得巨大优势。

(三)制定科学的发展战略

发展战略主要分为发展目标和战略规划两个方面。其中，发展目标是企业发展战略的基础，体现了企业未来的发展方向；战略规划是企业为了实现发展目标而制订的具体计划，体现了企业在各个发展阶段的工作目标和实施路径。

第一，制定发展目标。发展目标是企业发展战略的核心，是企业发展的方向，企业应当根据发展目标制定发展战略。制定发展目标的过程中应当突出主业，不断增强核心竞争力，并且发展目标不能过于激进，如果一味追逐市场潮流、盲目扩张、脱离企业实际，必将会导致企业经营失败。

【例2—3】 甲集团的发展经历了实业公司、投资公司、资本集团、战略投资四个阶段：先是涉足股市，积累了发展的原始资本，一年后成立房地产开发公司，两年后又成立农业开发公司进行农牧业开发，五年后向投资行业转型。之后，甲集团先后控股3家上市公司，并进行大规模的企业收购，涉及旅游业、矿业、文化产业、种植业、林业、水电业等众多行业。其后不久，甲集团由于资金链断裂而引发债务危机，所属各上市公司的股价开始狂跌，在短短几个星期内共蒸发了一百多亿元市值，甲集团瞬间崩溃。

【分析】 甲集团崩溃的根本原因是发展目标制定不当，没有突出主业。甲集团制定的发展战略违背了多元化结构产业互补、分散风险、稳健经营的基本原则，尽管规模庞大，但由于投资领域过宽,严重偏离主业,没有形成经营主线,产业优势和财务优势也没有建立,进入的每一个领域都未能实现充足的现金流、低负债率、高效率团队和精细化管理等,盲目实施多元化战略,最终造成企业发展战略的失败。

第二,编制战略规划。确定发展目标后,应当考虑采用什么方法来实现目标,也就是编制战略规划。战略规划应当明确企业发展的阶段性和发展程度,制定每个发展阶段的具体目标和任务以及实现发展目标所需要的实施路径。

【例2-4】 乙公司在充分分析了外部环境和内部条件的基础上,根据宏观政策和自身优势,提出了自己的发展目标是把公司建成控股型、集团化、现代化、国际化的大型企业集团,并根据该目标制定了公司的总体战略规划。第一阶段,利用三年时间进行创业,使战略体系基本确立,运营机制和企业文化基本形成,管理制度进一步完善。第二阶段,利用五年时间使公司进入稳步发展状态,运营机制基本成熟,主业较快发展的同时规模也同步扩大,公司的盈利能力、发展能力、国际竞争力明显增强。第三阶段,进入以主业为主、多元经营、跨国经营的阶段,在把主业做大做强的同时,发展周边产业,形成完整的产业链和规模效应,国际化经营逐步扩大,国际影响力进一步增强,成为世界知名公司。在制定总体规划的同时,还制定了五个有各自目标和措施的具体战略,以此来保障总体发展战略的实施。

【分析】 乙公司制定的总体发展规划明确了公司发展的阶段性和发展程度,制定了每个发展阶段的具体目标和任务以及实现发展目标所需要的实施路径,具有一定的前瞻性和科学性;同时,根据总体规划制定了相应的具体战略规划,对总体战略形成了重要的支撑和保障。

制定发展战略后,应当按照规定程序对发展战略方案进行审议和批准,这一职能一般由董事会负责行使,董事会审议通过,经股东大会批准后即可实施。在审议过程中,董事会应从发展战略的全局性、长期性和可行性方面综合考虑,重点分析发展战略与国家行业发展规划、产业政策、经济结构调整方向是否相符,是否有助于提升核心竞争力,是否客观、全面地预测了商业机遇和风险,是否有相应的资源保障等。如果在审议中发现发展战略方案存在问题,应当责成战略委员会对建议方案进行调整。

三、发展战略的实施

企业发展战略的实施是一个复杂的系统工程,只有保障发展战略的实施,才有可能将发展战略的目标转变为现实。因此,企业应当积极采取相应措施,为发展战略提供相应的人力、物力、财力及制度等相关支持,尽全力将企业发展战略落到实处,保证发展战略的顺利实施。

(一)着力加强对发展战略实施的领导

加强组织领导是促进企业发展战略实施的重要环节。企业管理层作为制定发展战略的直接参与者,掌握着更多的战略信息,对企业发展目标、战略规划和战略实施路径的理解也更加深入、全面,因此应当担任发展战略实施的领导者,在资源配置、优化内部结构、培养企业文化、建设激励制度等方面发挥协调和决策作用,确保发展战略的有效实施。

【例2-5】 A公司在发展过程中,公司领导始终把发展战略作为公司的总体纲领,亲自主导战略的制定和决策,成立由总经理、副总经理、部门负责人组成的战略管理委员会并行使战略管理的最高决策权;同时,成立专门负责发展战略研究和管理的部门,协助战略决策的制定和实施。

【分析】 企业领导者作为制定发展战略的直接参与者,在资源配置、优化内部结构、培养企业文化、建设激励制度等方面发挥着协调和决策作用。领导对发展战略的重视和推动能确保企业发展战略的有效实施。

(二)着力将发展战略分解落实

制定发展战略后,企业应将发展战略具体化并逐步落实。第一,制定年度发展目标,并将发展目标细化到各单位,制订各单位年度工作计划;第二,编制全面预算,确定各业务的经营目标,为各业务配置相应的资源和支持,从生产规模、产销水平、技术创新、品牌建设、社会责任等方面分解和落实企业的发展战略,确保发展战略能有效指导企业的经营管理活动;第三,以年度预算为根本依据,进一步把年度预算细分为季度、月度预算,通过控制分期预算,实现年度预算目标;第四,建立发展战略实施的激励机制,把各单位年度预算目标实施进展纳入绩效考评体系,做到奖惩分明,从而保证发展战略的有效实施。

(三)着力保障发展战略有效实施

战略实施过程是一个系统的有机整体,需要各部门之间的密切配合。为此,企业应当采取有效的保障措施,确保发展战略的贯彻实施。第一,培养企业文化,发挥企业文化的导向和凝聚作用,为发展战略的有效实施提供精神支持。第二,优化调整组织结构。企业要尽快调整企业产业结构,解决发展战略前瞻性和产业结构滞后性之间的矛盾,适应发展战略的要求。第三,整合内外资源。企业在实施发展战略的过程中,要对拥有的资源进行优化配置,调动和分配不同领域的资源来适应发展战略,保证发展战略顺利实施。第四,调整管理方式。在管理体制和管理模式等方面进行变革,由粗放型管理向集约型管理转变,为发展战略的实施提供有力保障。

【例2—6】 B公司为适应战略调整和业务发展,对内部资源进行整合和优化,将管理格局和部门进行重新调整,将决策层和执行层重新设计和分配,增设风险管理部门和审计部门,使优化调整后的组织架构更符合公司的战略定位,发展战略的实施更加顺利。

【分析】 B公司在实施发展战略的过程中,对已有的资源进行优化配置,调动和分配不同领域的资源来适应发展战略,调整后的组织架构更符合公司的战略定位,为发展战略的实施提供了有力保障。

(四)着力做好发展战略宣传培训工作

企业应当做好发展战略的宣传培训工作,为推动发展战略的实施提供思想支撑和行为导向。在企业管理人员中树立战略意识和战略思维,充分发挥领导人员在战略制定与战略实施过程中的带头作用;通过培训、讲座、知识竞赛等方式,把发展战略及落实情况传递到管理层级和员工层面,营造强大的舆论氛围;企业管理层要加强与员工的沟通,使员工充分了解企业的发展目标和具体举措,自觉将发展战略与具体工作结合起来,促进发展战略的有效实施。

(五)对发展战略实施动态调整

企业应当加强对发展战略实施情况的监控,定期收集和分析相关信息,发现明显不符合发展战略要求的状况,应当及时向上级汇报。由于经济形势、行业趋势、产业政策、技术进步或不可抗力等因素,企业需要对发展战略做出调整的,应当按照规定程序,调整优化发展战略或实行战略转型。

【例2—7】 F公司曾把发展目标定为3年内营业收入达到150亿元。可是3年后营业收入还没有达到预定目标的一半,甚至除了主业外其他业务都在亏损。F公司对这种情况做了全面认真的分析,认识到自己对外部环境的评估过于乐观,长远风险估计不足,上一个计划目标定得过高,应当重新评估公司内部环境和外部环境,制定新的发展战略。

【分析】 企业应当加强对发展战略实施情况的监控,定期收集和分析相关信息,根据经济形势、行业趋势、产业政策、技术进步等因素,对发展战略做出优化和调整,必要时还要进行企业战略转型。

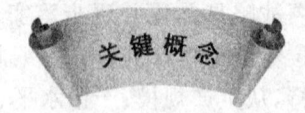

关键概念

发展战略　　发展目标　　战略规划

本节综合案例

九发股份是以食用菌为产业方向的农业产业化国家重点企业,战略目标是行业"龙头"。但是从历年的年度报告中发现,该公司在战略表述上侧重体现"食用菌"这个"龙头",在战略实施过程中却把目标瞄准了行业多元化发展。从报表数据分析得出,2000~2004年是该公司多元化投资蓬勃发展的时期,在这期间,主业发展相对平稳,其他行业涉及生物制药和房地产,到2005年已发展到六个行业,可见行业跨距之大。但是从年度报告中可知,原料基地建设的滞后始终是制约食用菌主业发展的"瓶颈",并且,这个难题直至公司被重组那天仍没有得到解决。自2004年之后,2004~2006年公司提出了成本质量品牌战略,2007~2008年面对严重的财务危机转而寻求行业收缩和重组战略。约10年间,公司发展战略三次"漂移",直接导致公司主业难以持续发展。

【思考】　上述公司的发展历程可以分为哪几个阶段?该公司在战略方面存在什么问题,应当怎样解决?

【案例分析】　根据报告披露可以将该公司的发展历程划分为三个阶段:

第一阶段(1998~2004年),多元扩张期。这一期间主业发展相对稳健,企业资金充裕,经营效益较好,以主业为基础推进多元化发展。

第二阶段(2005~2006年),矛盾突出期。这一期间随着首次募集的资金被多元产业的推进消耗殆尽,公司开始大量举债,资本结构开始发生变化,内部控制开始出现问题。

第三阶段(2007~2008年),产业收缩和财务危机期。长期实施多元化战略耗费了企业有限的经济资源,而这些投资迟迟不能产生效益,导致公司资金流断裂,陷入财务危机。

从该公司的发展历程来看,公司虽然制定了发展战略,却没有很好地实施,事实上是偏离了战略方向,没有真正落实主业产业化战略,盲目进行大规模、多领域的扩张,实施多元化运作。

公司应当在充分分析内部优势和外部环境的基础上,制定合理可行的发展战略。制定发展战略后,公司应将发展战略具体化并逐步落实,将发展目标细化到各业务,确定各业务的经营目标,为各业务配置相应的资源和支持,并采取有效的保障措施,从生产规模、产销水平、技术创新、品牌建设、社会责任等方面分解和落实公司的发展战略,确保发展战略的贯彻实施。

练习题

一、单项选择题

1. 企业应当根据(　　)制订年度工作计划。

A. 发展战略　　　　　B. 全面预算　　　　　C. 管理制度　　　　　D. 以前年度工作计划

2. 企业应当根据(　　)制定战略规划。

A. 企业现实情况　　　　　　　　　　　　　B. 企业发展目标

C. 同业发展前景　　　　　　　　　　　　　D. 社会经济发展趋势

3. 企业将发展战略及其分解落实情况传递到内部各管理层级和全体员工,体现了企业对(　　)的重视。

A. 发展战略有效实施　　　　　　　　　　　B. 发展战略宣传工作

C. 发展战略实施情况监控　　　　　　　　　D. 发展战略变化

4. 企业发展战略实施情况的监控由（　　）组织实施。
　　A. 董事会　　　　　　　B. 股东大会　　　　　C. 战略委员会　　　　D. 企业相关部门
5. 为了实现发展目标而制定的具体规划，表明企业在每个发展阶段的具体目标、工作任务和实施路径，这指的是（　　）。
　　A. 发展目标　　　　　　B. 战略规划　　　　　C. 企业规划　　　　　D. 企业战略

二、多项选择题
1. 企业在进行战略改变时，要注意（　　）。
　　A. 对手的战略　　　　　　　　　　　　　B. 市场的变化
　　C. 企业目标的变化　　　　　　　　　　　D. 企业员工的意愿
2. 战略委员会工作的范围有（　　）。
　　A. 对公司产品战略提出建议　　　　　　　B. 对公司融资方案进行研究
　　C. 对公司营销战略提出建议　　　　　　　D. 考虑公司的长期发展规划
3. 保证发展战略的有效实施要做到（　　）。
　　A. 培养与发展战略相匹配的企业文化　　　B. 优化调整组织结构
　　C. 整合内外部资源　　　　　　　　　　　D. 相应调整管理方式
4. 影响企业发展战略的因素包括（　　）。
　　A. 企业经营环境变化的风险　　　　　　　B. 科学技术发展的风险
　　C. 走向国际化的风险　　　　　　　　　　D. 企业内部发展的风险
5. 企业制定科学、合理的发展战略的重要意义体现在（　　）。
　　A. 发展战略可以为企业找准市场定位　　　B. 发展战略是企业执行层的行动指南
　　C. 发展战略是内部控制的最高目标　　　　D. 没有发展战略，企业就不会成功
6. 企业发展目标是指导企业生产经营活动的准绳。在制定企业发展目标的过程中，（　　）。
　　A. 应当突出主业，这样才能增强企业核心竞争力，才能在行业发展、产业发展中发挥引领和带头作用
　　B. 发展目标不能过于激进，不能盲目追逐市场热点，不能脱离企业实际
　　C. 发展目标不能过于保守，否则会丧失发展机遇和动力
　　D. 发展目标应当组织多方面的专家和有关人员进行研究论证

三、判断题
1. 企业制定与实施发展战略，只要明确战略并稳健执行，就可以避免所有的风险。　　　（　　）
2. 企业的战略规划应当明确发展的阶段性和发展程度，确定各发展阶段的具体目标、工作任务和实施路径。　　　　　　　　　　　　　　　　　　　　　　　　　　　　　　　　　　　　　（　　）
3. 发展战略是企业在对现实状况和未来趋势进行综合分析和科学预测的基础上制定并实施的中长期发展目标与战略规划。　　　　　　　　　　　　　　　　　　　　　　　　　　　　　　　　（　　）
4. 要确保发展战略有效实施，加强组织领导是关键。企业董事会作为发展战略制定的直接参与者，往往比一般员工掌握更多的战略信息，对企业发展目标、战略规划和战略实施路径的理解和体会也更加全面、深刻，应当担当发展战略实施的领导者。　　　　　　　　　　　　　　　　　　　　　　　　　（　　）
5. 企业的发展战略一经实施，就不能调整。　　　　　　　　　　　　　　　　　　　　（　　）

四、简答题
1. 企业制定与实施发展战略应当关注哪些风险？
2. 企业在制定发展目标的过程中，应当考虑哪些影响因素？
3. 企业在实施发展战略时应当如何做好发展战略宣传培训工作？
4. 影响发展战略的内部因素和外部因素都有哪些？

5. 企业应当怎样编制发展规划？

五、案例分析题

张某建立了一家服装公司，几年后在业界小有名气，于是他决定扩大规模，拓展业务，建立分销网络。他制定了一份战略规划书，准备生产一系列高档服装，在高档百货商店和专卖店分销上市；取代对手公司，成为米兰高级服装在中国市场的总代理；把高收入顾客作为主要销售对象，只销售高档服装，放弃目前市场上销量最好的中低端品牌服装。张某把业绩目标定为开业当年销售额8 000万元，这一想法遭到了各部门经理的反对，认为时间太短，没有进行充分的调查和准备，公司生产能力还未核准，无法确定业绩目标。但是张某急于开展新的业务，还是给生产经理下达了每月70 000件产品的指标，结果到了年终，生产部未能完成该项指标。

【要求】 结合材料分析张某的发展战略存在哪些问题。

第三节 人力资源

本节要点提示

了解人力资源的概念；

掌握人力资源的主要风险点；

熟悉人力资源的引进与开发、使用与退出。

本节内容提要

随着社会的发展，企业之间的竞争日趋激烈，在众多竞争性因素中，人力资源日益成为影响企业发展的关键要素。完善的人力资源管理制度和机制是增强企业活力、提升企业核心竞争力的重要基础。企业应根据其组织架构和发展战略，合理配置人力资源，调动全体员工的积极性，为企业创造价值，确保企业战略目标的实现。

一、人力资源的概念

根据《企业内部控制应用指引第3号——人力资源》的阐述，人力资源是指企业组织生产经营活动而任用的各种人员，包括董事、监事、高级管理人员和一般员工，其本质是企业组织中所具有的脑力和体力的总和。

人力资源主要包括高级管理人员、专业技术人员和普通员工。高级管理人员包括决策层和执行层，决策层主要是企业董事会成员和董事长，执行层通常是指经理层。专业技术人员掌握着企业生存与发展的核心技术，普通员工则构成人力资源的主体。

二、人力资源管理的主要风险点

（一）人力资源缺乏或过剩、结构不合理、开发机制不健全

这一风险可能导致企业发展战略难以实现。该风险主要针对企业决策层和执行层的高管人员。在企业发展过程中，应当通过发展战略的制定与实施，不断验证决策层和执行层的工作能力和效率。如果发现重大风险，或对经营不利，应当及时评估决策层和执行层的高管人员是否具备应有的素质和水平。

【例2—8】 某企业众多员工中有一部分员工出现"搭顺风车"的行为，极大地影响了企业的工作效率，同时也导致底层员工怨声载道。

【分析】 我们可以发现该案例中的企业人力资源过剩，企业的管理层没有及时检验企业内部人力资源的工作能力和效率,考核员工是否具有相应的素质和水平,导致企业出现"搭顺风车"的现象,降低了企业的工作效率,影响了企业的发展战略。

(二)人力资源激励约束制度不合理、关键岗位人员管理不完善

这一风险可能导致人才流失、经营效率低下,或关键技术、商业秘密和国家机密泄漏。该风险主要针对企业的专业技术人员,特别是掌握企业核心技术的专业人员。企业对于掌握或涉及产品技术、市场、管理等方面关键技术、知识产权、商业秘密或国家机密的工作岗位的员工,要按照国家有关法律法规并结合企业实际情况,加强管理,建立健全相关规章制度,防止企业的核心技术、商业秘密和国家机密泄漏,给企业带来严重后果。

(三)人力资源退出机制不当

这一风险可能导致法律诉讼或企业声誉受损。该风险侧重于企业辞退员工、解除员工劳动合同等而引发的劳动纠纷。为了避免和减少此类风险,企业应根据发展战略,在遵循国家有关法律法规的基础上,建立健全良好的人力资源退出机制,采取渐进措施执行退出计划。在具体执行过程中,要充分体现人性化,避免双方利益都受到损害。

【例2-9】 某电子企业人事部门招聘了一批员工,其中包括王某。两年后王某被公司辞退,在办理相关手续时,他发现与企业劳务合同相关的条例内容模糊,遂与企业发生了纠纷。最终,王某以企业违反《劳动法》为由将该企业告上法庭。

【分析】 本例中王某由于被辞退而与企业产生劳动纠纷,体现了企业在人力资源管理的退出机制上存在漏洞。企业的人力资源退出机制不当,可能引发劳动纠纷等法律问题,因此,企业必须完善人力资源的退出机制。

三、人力资源的引进与开发制度设计

企业在生产经营的过程中,会面临人力资源引进和开发问题。人力资源作为企业总体资源的组成部分,在保障企业持续健康发展方面发挥着重要作用。因此,企业应依据年度人力资源需求计划,重视人力资源的引进与开发工作。人力资源的引进与开发对象具体包括高级管理人员、专业技术人员和一般员工。

(一)高级管理人员的引进与开发

企业应当制定高级管理人员引进计划,并提交董事会审议通过后实施。董事会在审议高级管理人员引进计划时,应当关注高级管理人员的引进是否符合企业发展战略,是否符合企业当前和长远的需要,是否有明确的岗位设定和能力要求,是否设定了公平、公正、公开的引进方式。企业引进的高管人员必须对企业所处行业及其在行业中的发展定位、优势等有足够的认知,对企业的文化和价值观有充分的认同;同时,必须具有全局性的思维,有对全局性、决定全局的重大事项进行谋划的能力。

(二)专业技术人员的引进与开发

专业技术人员的引进要满足企业当前实际生产经营的需要,既要注重专业人才的专业素质、科研能力,也应注意其道德素质、协作精神以及对企业价值观和文化的认同感;专业技术人员的开发要紧密结合企业技术攻关及新技术、新工艺和新产品开发来开展各种专题培训等继续教育,帮助专业技术人员不断补充、拓宽、深化和更新知识;同时,要建立良好的专业人才激励约束机制。

(三)一般员工的引进与开发

企业应当根据年度人力资源计划和生产经营的实际需要,通过公开招聘的方式引进一般员工。企业要依据国家有关法律法规的要求，引进具有一定专业技能、胜任相应工作岗位的员工，以确保产品和服务质量。另外，企业要根据组织、生产和经营的需要，不断拓展一般员工的知识和技能，加强岗位培训，不断提升一般员工的技能和水平；同时，在工资、福利待遇方面要严格按照国家相关要求办理，为员工营造宽松的工作环境。

四、人力资源的使用与退出制度设计

人力资源的使用与退出是人力资源管理的重要组成部分。良好的人力资源使用机制有利于提高企业员工的积极性，实现企业和员工的"双赢"。企业应当健全人力资源激励约束机制，确保有效利用人力资源；同时还要完善退出机制，促进企业人力资源系统良性循环。

（一）人力资源的使用

企业应当设置科学的业绩考核指标体系，对各级管理人员和全体员工进行严格考核与评价，以此作为确定员工薪酬、职级调整和解除劳动合同等的重要依据。为了充分发挥人才的作用，要创新激励保障机制；完善以"按劳分配为主体、多种分配方式并存"的分配制度，坚持效率优先、兼顾公平，多种生产要素按贡献参与分配。企业要注意发挥绩效考核对调动员工积极性和创造性的引导作用，注重对绩效考核结果的科学运用。

绩效考核要与薪酬相挂钩，要切实做到薪酬安排与员工贡献相协调，既体现效率优先又兼顾公平，杜绝高管人员获得超越其实际贡献的薪酬；同时，要注意发挥企业福利对企业发展的重要促进作用，既吸引企业所需要的员工、降低员工的流动率，又激励员工，提高员工对企业的认可度与忠诚度。

（二）人力资源的退出

实施人力资源退出，可以保证企业人力资源团队的高效和富有活力。通过自愿离职、再次创业、待命停职、提前退休、离岗转岗等途径，可以让不适合企业战略或流程的员工直接或间接地退出，让更优秀的人员充实相应的岗位，实现人力资源的优化配置和战略目标。

人力资源的退出必须以科学的绩效考核机制为前提，同时还需要相关的环境支撑。第一，要在观念上将人员退出机制纳入人力资源管理系统和企业文化，使人力资源退出从计划到操作成为可能，同时获得员工的理解与支持；第二，要建立科学、合理的人力资源退出标准，使人力资源退出机制程序化、公开化，有效消除人力资源退出可能造成的不良影响；第三，人力资源退出要严格按照法律规定操作。

关键概念

人力资源　　人力资源的引进与开发　　人力资源的使用与退出

本节综合案例

2009年，三泰集团内部审计部联合管理咨询公司组成内部控制项目组（简称项目组），依据相关法律和企业规定，对三泰公司人力资源政策进行内部控制设计。

第一，确定主要控制点：员工的聘用和定岗、考评与晋升、薪酬补偿、激励与问责、解聘和离岗限制。

第二，所确定的主要控制点，采取以下控制措施对企业人力资源进行控制：

一是对于关键岗位和紧缺人才的招聘必须有明确的岗位说明，规定相关岗位的资格要求，确保招聘人员

具备应有的胜任能力和职业道德修养;同时,对于岗位职责需要进行详尽的描述,明确岗位的职责和权限,使员工清楚了解自己的工作职责和具体要求。

二是建立以业绩为基础的激励机制,针对不同阶层的员工分别制定相应的考核制度,形成规范的业绩考核评价体系,根据员工完成任务的实际情况进行全面、客观、公正、准确的考核评价,并以此作为确定员工薪酬、奖惩的依据,通过激励、约束机制达到责、权、利的统一,进一步增强公司的市场竞争力。

三是对于违纪违规的行为制定相应的处理规定,对发现的违规行为要及时制止并进行处理,相关职能部门对本职能领域内出现的重大违规事项及处理情况要进行警示教育。

四是制定明确的保密规定,与保密岗位人员签订保密协议,对保密岗位人员离职进行相应的限制,并给予一定的限制补偿。

五是根据企业的总体发展战略,以及每年的实际情况对人力资源相关政策进行调整,使之能够有效地支持公司战略的实施。

练习题

一、单项选择题

1. 以下选项中,不属于高管任用制度的是(　　)。
   A. 高管人员任职亲属回避制度　　　　B. 高管人员任职试用期制度
   C. 高管人员录用管理制度　　　　　　D. 高管人员系统培训制度

2. 企业确定选聘人员后,应签订(　　)。
   A. 职业生涯规划　　　　　　　　　　B. 薪酬福利承诺书
   C. 培训计划　　　　　　　　　　　　D. 劳动合同

3. 根据《企业内部控制应用指引第3号——人力资源》,人力资源是指企业组织生产经营活动而任用的各种人员,包括(　　)。
   A. 股东、监事、高级管理人员和一般员工　　B. 董事、监事、高级管理人员和一般员工
   C. 监事、高级管理人员和一般员工　　　　　D. 董事、高级管理人员和一般员工

4. 人力资源退出机制不当,可能导致法律诉讼或企业声誉受损。这一风险侧重于(　　)。
   A. 企业决策层
   B. 企业辞退员工、解除员工劳动合同等而引发的劳动纠纷
   C. 企业的专业技术人员
   D. 企业执行层的高管人员

5. 对于人力资源的使用方面,为了充分发挥人才的作用,要创新激励保障机制,建立以(　　)为核心的分配激励制度。
   A. 绩效　　　　　B. 阶级　　　　　C. 利益　　　　　D. 工作时长

二、多项选择题

1. 人力资源主要包括(　　)。
   A. 董事　　　　　B. 高级管理人员　　　　C. 专业技术人员　　　　D. 普通员工

2. 决策层主要包括(　　)。
   A. 股东大会　　　B. 董事会成员　　　　　C. 董事长　　　　　　　D. 监事会成员

3. 下列风险中,侧重于企业决策层和执行层高管人员的有(　　)。
   A. 人力资源缺乏或过剩　　　　　　B. 人力资源退出机制不当
   C. 开发机制不健全　　　　　　　　D. 结构不合理

4. 在科学技术日新月异的情况下,要不断更新专业技术人员的知识结构,还需要(　　)。
   A. 紧密结合企业技术攻关及新技术、新工艺和新产品开发

B. 帮助专业技术人员不断补充、拓宽、深化
C. 开展各种专业培训等继续教育
D. 帮助企业员工更新知识

5. 企业应明确各岗位的职责权限、任职要求，遵循（　　）原则，以公开招聘、竞争上岗等方式来选聘优秀人才。

　　A. 以才为先　　　　B. 以德为先　　　　C. 德才兼备　　　　D. 公开、公平、公正

6. 通过（　　）方式可实现不适合企业战略或流程的员工直接或间接地退出，让更优秀的人员充实相应的岗位，实现人力资源的优化配置和战略目标。

　　A. 自愿离职　　　　B. 待命停职　　　　C. 离岗转岗　　　　D. 提前退休

三、判断题

1. 人力资源管理主要包括引进、开发、使用和退出四个方面。（　　）
2. 人力资源主要包括高级管理人员、专业技术人员和普通员工。（　　）
3. 专业技术人员的引进要满足企业当前实际生产经营的需要，只需关注专业人才的专业素质、科研能力即可。（　　）
4. 为体现薪酬对绩效考核的作用，调动高管人员的管理积极性，可以允许高管人员获得超越其实际贡献的薪酬。（　　）
5. 企业选聘人员应当实行岗位回避制度。（　　）

四、简答题

1. 企业的人力资源具体包括哪些人员？
2. 简要描述人力资源管理的三个主要风险。
3. 如何对专业技术人员进行引进与开发？
4. 对于高管人员的引进与开发需要注意哪些问题？
5. 人力资源的绩效考评结果应当着重哪些方面？

五、案例分析题

A公司一直倡导"快乐工作，开心挣钱"的企业文化。在公司的薪酬体系中，公司股东往往身居要职，工资远高于其他员工，而其他员工的工资却低于同行业的平均水平。但实际上，股东很少参与实际工作，也不参与考勤，而其他员工必须考勤，并且加班不计加班费。所以员工很少加班，即使工作繁忙也没有人加班。为了激励员工，公司决定在年底发年终奖，统一标准为500元/人。员工常常抱怨薪酬设置不合理、不健全，部分员工开始陆续离开公司，对公司的生产经营造成很大的影响。

【要求】　根据上述资料，分析A公司哪里出了问题，应如何解决。

第四节　社会责任

本节要点提示

掌握社会责任的内容及其控制措施；
了解社会责任的意义。

本节内容提要

企业作为市场发展的主体，在享受社会提供的发展资源和发展机遇的同时，还要承担相应的社会责任。企业不仅应当追求经济利益，而且要积极履行社会责任，这是企业应尽的义务，

也是企业的光荣使命。企业具备高度的社会责任感,不但会形成良好的企业文化,而且会使企业的社会影响力增强,进一步推动企业内部控制建设,从而形成企业发展的良性循环。

一、社会责任的主要内容

社会责任是指企业在经营发展过程中除了对股东利益负责之外,还要对员工、社会和环境履行的社会职责和义务,主要包括生产安全、产品质量、环境保护、资源节约、促进就业与员工权益保护等。强调企业的社会责任,就是要约束企业在努力创造利润的同时,不要被利益冲昏头脑而做出违背道德甚至法律的行为,更好地维持市场秩序;同时也促使企业能更好地回馈社会,推动市场经济的和谐健康发展。

(一)生产安全

保证生产安全是企业必须遵循的基本原则,是保障劳动者生产过程安全的重要举措。由于我国企业的生产安全意识较为淡薄,很多企业因安全设备落后、生产安全环境差、安全管理不足等众多原因,生产安全事故频发,劳动者的生命安全得不到有效的保障。

企业防范生产安全的管控措施包括:第一,建立健全安全制度和安全管理机构。企业应当根据国家有关生产安全的法律法规,结合企业自身特点,建立健全生产安全的规章制度、操作规范和应急预案,并严格执行,确保责任落实到位。第二,增加生产安全投入和经常性维护管理。及时进行生产安全技术的更新换代,保证生产安全所需的人力、物力、财力能充足、及时地投入。企业还应当进行经常性的设备维护管理,及时发现和解决安全隐患,切实保证生产安全。第三,对员工进行生产安全教育,特殊岗位实行资格认证制度。加强对员工的生产安全培训教育,把安全培训作为企业的一项制度执行,提高员工的生产安全意识,增强员工应对风险的技能。对于有特殊资质要求的岗位,必须持证上岗,严格执行资格认证制度。第四,建立生产安全事故应急预警制度。企业应成立专门的应急部门,预备事故应急预案,及早发现存在的风险,遇到事故按程序快速、有效地处理。

【例2—10】 长春市某爆竹厂接到一份大额订单,客户要求春节前交付。因为时间紧迫,所以该厂人事专员与总经理商量,考虑到交付期以及工作性质,决定临时招收一批没有受过任何安全教育和安全培训的人员务工。在此期间,该厂配药车间工人张某违反安全规范操作,先造成仓库发生小范围爆炸,后因库存的原料和成品数严重超标,直接引发连环爆炸,最终导致二十多人死亡,造成重大安全生产事故。公安、安监等部门介入后经调查发现,张某此前并不是该厂正式员工,也没有相关安全操作资质,是人事专员从当地劳务市场引进的。

【分析】 该爆竹厂引起生产安全事故的原因主要有两个方面:一方面是工人没有严格执行安全规范和操作流程,安全管理不足;另一方面是企业生产安全意识较为淡薄,没有对员工进行安全培训教育就开始生产,最终导致事故的发生。

(二)产品质量

产品质量是企业持久发展的重要因素。产品质量不合格,不仅会降低企业信誉、损失市场,甚至可能引发安全事故,给消费者的生命安全造成严重损害。

企业保证产品质量安全的管控措施包括:第一,建立健全产品质量标准体系。企业应当根据国家有关生产安全的法律法规,结合企业自身特点,建立产品质量标准,为社会提供优质、安全、健康的产品和服务,对社会和公众负责。第二,建立严格的质量控制和检验制度。企业应当在生产销售的各个环节加强对产品质量的检验,未经检验合格或检验不合格的产品禁止从企业流入市场。第三,提高产品售后服务。售后服务是企业与消费者沟通的"桥梁",企业通过优质的售后服务,使企业与消费者的联系更加密切,并且通过消费者的反馈,可以发现产品质量存在的问题,及时采取补救措施并不断改进,从而增强企业信誉,提高客户的忠诚度。

【例2—11】 某家电企业把产品高质量作为企业的根本原则。为保证产品质量,企业建立了统一的管理体系,制定了统一的质量标准,与质量高、信誉好的供应商建立了长期合作关系;建立了质量监察体系,在生产过程中利用科技手段提高产品的科技含量,在生产的各个环节加强对产品质量的检验,增强产品的安全性;持续改善对用户的服务水平,建立与客户的有效沟通机制,努力提高客户满意度。

【分析】 该家电企业在制度方面很好地保证了产品质量。企业建立了完整的产品质量保障体系,制定了统一的产品质量标准,建立了严格的质量控制和检验制度,在生产销售的各个环节都加强对产品质量的检验,同时建立了优质的售后服务体系,为企业产品质量提供了良好的制度保证。

(三)环境保护与资源节约

保护环境和节约资源是我国社会主义现代化建设的重要举措,也是建设资源节约型、环境友好型社会的必然要求。我国的经济发展速度虽然很快,但很大部分是靠牺牲环境、浪费资源为代价换来的。如果不正视环境污染和资源浪费所带来的问题,长此以往,经济发展必将会受到环境和资源的影响及制约。

企业环境保护与资源节约的管控措施包括:第一,转变经济发展方式,发展低碳经济和循环经济。企业应当调整产业结构,加大在环保方面的资金和技术投入,加强节能减排,降低能耗和污染物排放水平,实现清洁生产。加强对废弃物的回收和循环利用,提高资源利用效率,以最小的环境代价来换取最大的经济效益。第二,依靠技术进步和创新,开发利用可再生资源。企业应当提高自主创新能力,依靠技术进步开发可再生资源,保护不可再生资源。第三,建立健全监测考核制度,加强日常监控。企业应当建立环境保护和资源节约监测考核制度,严格落实岗位职责,强化日常的监督管理,发现问题及时解决,遇到重大环境污染事件时,应立即启动应急预案并及时上报。

【例2—12】 某造纸企业以"珍惜资源、保护环境"为经营理念,大力发展节能减排,重视环境保护和安全生产,提高资源利用效率,污染物全部实现达标排放,同时建立和完善环保管理体系,加强环保技术的研发,强化安全、健康、环境的一体化管理。

【分析】 该企业的做法符合可持续发展的理念。企业加大在环保方面的资金和技术投入,降低了能耗和污染物排放水平,加强了节能减排,实现了清洁生产;同时建立和完善环保管理体系,依靠技术进步和创新,提高了资源利用效率,从长远来看是符合国家经济政策和企业长久经济利益的。

(四)促进就业与保护员工合法权益

员工是企业的重要资源,是企业发展的推动者。促进社会就业,保护员工的合法权益既是社会稳定的需要,也是企业长远发展的前提。

企业促进就业和保护员工合法权益的管控措施包括:第一,提供公平的就业机会,转变落后的用人观念,在满足自身发展的情况下,实行公开招聘和公平竞争,尽可能为社会提供更多的就业岗位。第二,建立科学的员工培训和晋升机制。企业应当对员工进行定期培训,增强其知识储备和专业技能;保证每位员工都有公平的晋升机会,通过竞争机制吸引和培养优秀人才。第三,建立科学、合理的薪酬增长机制。企业应当根据企业环境和员工表现等因素,建立科学的薪酬制度和激励机制,充分激发员工的工作热情。员工薪酬和保险应当及时、足额发放和缴纳,不能私自拖欠和克扣。第四,保护员工的身心健康。企业应当在保障员工充分休息、休假的同时,积极开展各类体育活动;定期组织员工进行身体检查,制定员工健康档案等,预防和减少职业危害,保障员工身心健康。

【例2—13】 淘宝网是企业促进就业的一个典范。淘宝网凭借免费开店的零门槛,降低了创业风险,为一大批没有资金、没有经验的创业者提供了很好的创业机会。据统计,淘宝网2009年实现直接就业人数达到上百万人。

【分析】 淘宝网的零门槛政策为所有创业者提供了公平的就业机会,为社会提供了更多的就业岗位,按照"以创业带动就业"的理念,充分促进了社会就业,很好地承担了企业的社会责任。

(五)重视"产、学、研、用"结合

"产、学、研、用"结合历来受到党和政府的高度重视,企业和高校、科研机构在实践中积极探索"产、学、研、用"结合的有效模式和机制,促进了我国产业技术的进步和相关行业的发展,尤其在推动教育改革和应用型人才培养方面起到了重要作用。

企业应当重视"产、学、研、用"结合,把技术创新放在主体地位,把"产、学、研、用"结合的基点放在人才培养方面。要充分运用市场机制,与高校和科研院所积极开展战略合作,实行优势互补,激发科研机构的创新活力。重视和加强与高校和科研机构的人才培养和交流,同时促进应用型人才的培养,加速转化科技成果,把技术创新要素导入企业创造社会财富的过程中,使企业获得持续创新的能力。

(六)支持慈善事业

中华民族具有深厚的慈善文化传统,扶贫济困、乐善好施、安老助孤、帮残助医、支教助学等爱心活动是弘扬中华民族传统美德的重要组成部分。大力推动企业支持社会慈善事业,帮助社会弱势群体,对于调节贫富差距、促进社会公平、充分调动社会资源、构建和谐社会具有重要作用。企业通过捐赠等公益事业能够产生无与伦比的广告效应,既能享受税收优惠,又能提升企业形象和消费者的认可度,提高市场占有率。

企业应当勇于承担社会责任,积极支持慈善事业,帮助社会弱势群体。把参与慈善活动作为开拓产品和服务的潜在市场,将慈善行为与企业发展目标有机结合起来,不断提高自身参与社会慈善活动的积极性,用实际行动履行企业对社会的责任和义务。

【例2—14】 某汽车公司积极参与社会公益活动,参与慈善拍卖;四川地震时积极捐出大量现金和物资支持灾区救援;通过建立公益基金,在贫困地区建立希望小学,同时招募高校学生到贫困地区支教。该公司的这些慈善行为受到了广泛好评,也为公司起到了很好的宣传效果。

【分析】 该公司大力支持社会慈善事业,帮助社会弱势群体,通过积极参与公益事业,承担应尽的社会责任,能够产生很好的广告效应,既能享受税收优惠,又能提升公司形象和消费者的认可度。

二、履行社会责任的意义

(一)企业创造财富的本质要求

企业通过创造财富,以缴纳税收、股东分红、发放工资等方式,为国家、股东和员工做出了贡献,这在本质上也属于履行社会责任。只要企业是合法合理地创造利润,就都是在履行社会责任。

（二）增加企业经济效益，提升企业形象

企业形象是指社会对企业的认可程度，企业形象的提高能很好地促进企业经济效益的增长。若想真正提升形象，企业必须切实履行社会责任。如果一个企业把履行社会责任作为发展战略的重要部分，在切实履行社会责任的前提下实现了发展目标，那么这样的企业必然会得到社会的认可，经济效益也自然会随之增长。

（三）促进企业可持续发展

履行社会责任是企业提高发展水平的重要标志。企业履行社会责任可以形成良好的企业文化，增强企业的社会影响力，进一步推动企业的内部控制建设。只有重视和履行社会责任，才能从根本上转变发展方式，提高企业发展水平，形成企业发展的良性循环，实现企业长远发展的目标。

三、履行社会责任的内部控制制度设计

企业重视并切实履行社会责任既是为企业前途、命运负责，也是为社会、国家、人类负责。企业应当高度重视履行社会责任，积极采取措施促进社会责任的履行。

（一）建立健全社会责任运行机制

企业应当把履行社会责任融入发展战略，在生产经营的各个环节落实，逐步建立和完善企业社会责任指标统计和考核体系，将社会责任纳入管理体系框架，通过合理有效的运行机制为企业履行社会责任提供坚实的基础与保障。

（二）建立健全企业社会责任报告制度

发布企业社会责任报告可以使股东、员工、社会等各方面了解自己在承担社会责任方面所做的工作及取得的成就，使企业的管理能力提高，有助于企业更加深入、透彻地审视与社会的密切关系，从而提高企业的服务能力和水平，提升企业的品牌形象和价值。

（三）建立责任危机处理机制

在遇到社会责任危机时，企业应当主动向利益相关者和媒体社会说明真相，真诚认识自己的错误，认真检讨和承诺，以求公众的谅解与支持。对尚未发生但可能发生的问题主动采取补救措施。只有建立这样的危机处理机制，才能更好地得到社会的信任，从而顺利度过社会责任危机。

关键概念

社会责任　　生产安全　　环境保护

本节综合案例

三鹿集团是集奶牛饲养、乳品加工、科研开发为一体的大型企业集团，连续6年入选"中国企业500强"。20世纪90年代初，该公司开创的"奶牛＋农户"饲养管理模式曾为同行所效仿。2007年，集团实现销售收入100.16亿元，同比增长15.3%。但是这种高增长背后隐藏的内部控制及其环境问题却被严重忽视。自2008年3月份起，三鹿集团就陆续接到一些患泌尿系统结石病儿童家长的投诉，一些媒体也开始以"某品牌"影射三鹿集团。但是三鹿集团并未就此引起足够重视，没有加强企业内部控制，导致事态日益恶化，9.02亿元的巨额医疗费和赔款造成三鹿集团严重资不抵债。2008年12月25日，石家庄市委、市政府发布三鹿集团破产消息，一个曾经作为奶业龙头的企业一夜之间消失。

【思考】 从企业履行社会责任的角度分析为什么三鹿集团这样一个奶业龙头企业会一夜之间消失？

【案例分析】 企业社会责任主要是通过给社会提供优质产品来实现的，三鹿集团的质量问题是企业未尽社会责任的表现，给社会造成了非常恶劣的影响。三鹿集团"奶牛＋农户"的饲养管理模式，实质上是以品牌为标志，通过兼并中小企业来扩展奶源。兼并之后，三鹿集团并没有建立全新的管理机制和监督制度，不但未对新兼并企业的设备进行维护和更新，也没有对产品质量进行严格的检验，导致资金投入跟不上、机器设备及内部管理跟不上，产品质量无法得到保证。另外，企业没有建立危机处理机制，在接到消费者投诉和媒体质疑时，仍然没有及时查找问题和主动采取补救措施，结果给婴幼儿及食用者造成了巨大的身心伤害，也给中国奶业造成了巨大损失，最终使企业受到了道德和法律的制裁。

练 习 题

一、单项选择题

1. 企业应当根据国家和行业相关产品质量的要求，从事生产经营活动，切实提高产品质量和服务水平，努力为社会提供优质、安全、健康的产品和服务，最大限度地满足消费者的需求，对（　　）负责，接受社会监督，承担社会责任。

   A. 社会和公众　　　　B. 政府与公众　　　　C. 社会与政府　　　　D. 公众与所有者

2. 企业应当按照国家有关环境保护与资源节约的规定，结合本企业实际情况，建立环境保护与资源节约制度，认真落实节能减排责任，积极开发和使用节能产品，发展（　　），降低污染物排放率，提高资源综合利用率。

   A. 低能经济　　　　B. 高产经济　　　　C. 循环经济　　　　D. 环保经济

3. 企业应当重视（　　），加大对环保工作的人力、物力、财力的投入和技术支持，不断改进工艺流程，降低能耗和污染物排放水平，实现清洁生产。

   A. 土地保护　　　　B. 空气保护　　　　C. 水源保护　　　　D. 生态保护

4. 阿里巴巴旗下"淘金网"坚持免费开店的零门槛，降低创业风险，截至 2013 年涌现了一大批创业明星，实现直接就业人数 69 万。该材料说明阿里巴巴集团履行了（　　）的社会责任。

   A. 保护员工合法权益　　　　　　　　　　B. 保护员工自主择业的权利
   C. 促进就业　　　　　　　　　　　　　　D. 促进社会稳定，缩小贫富差距

二、多项选择题

1. 企业履行的社会责任包括（　　）。

   A. 安全生产　　　　B. 产品质量　　　　C. 促进就业　　　　D. 树立企业形象

2. 企业在发展过程中履行社会责任的意义有（　　）。

   A. 履行社会责任是政府的强制要求
   B. 企业是在价值创造过程中履行社会责任
   C. 履行社会责任可以提高企业经济效益
   D. 履行社会责任可以实现企业可持续发展

3. 企业履行社会责任应关注的主要风险包括（　　）。

   A. 安全生产措施不到位，责任不落实，可能导致企业发生安全事故
   B. 产品质量低劣，侵害消费者利益，可能导致企业巨额赔偿、形象受损，甚至破产
   C. 环境保护投入不足，资源耗费大，造成环境污染或资源枯竭，可能导致企业巨额赔偿，缺乏发展后劲，甚至停业
   D. 促进就业和员工权益保护不够，可能导致员工积极性受挫，影响企业发展和社会稳定

4. 企业在保护员工合法权益方面的风险主要包括（　　）。

   A. 侵犯员工民主权利的风险　　　　　　　B. 侵犯员工人身权益的风险

C. 薪酬管理风险 D. 员工发展风险等
5. 实现环境保护,企业应当采取的措施有( )。
A. 建立废料回收和循环利用制度 B. 加大环境保护投入
C. 推行集约生产 D. 实现清洁生产

三、判断题

1. 创造利润最大化或者实现股东财富最大化是企业发展的唯一目标,承担社会责任则是政府的事情。（　　）
2. 企业履行社会责任总能给企业带来正面的社会形象。（　　）
3. 企业对外公布社会责任报告,应聘请独立第三方出具意见,或者聘请大中型会计师事务所进行审验并出具审验声明或报告,但有特殊情况时,可以由企业自身出具报告。（　　）
4. 企业通过公开渠道公布慈善行为的全过程属于误导外界的行为。（　　）
5. 企业应当勇于承担社会责任,积极支持慈善事业,把参与慈善活动作为创新产品和服务的潜在市场。（　　）

四、简答题

1. 企业应承担的社会责任有哪些?
2. 简述企业履行社会责任的意义。
3. 企业如何保证产品质量?
4. 企业在生产过程中应采取哪些措施来实现资源节约和环境保护?
5. 企业应该如何履行社会责任?

四、案例分析题

2015年9月,某国环境保护机构发布声明指责X公司旗下的两款汽车在柴油发动机车上安装了非法软件,帮助汽车通过尾气排放测试,而这些汽车的实际排放量最高超过现行标准的40倍之多。这款被称为"defeatdevice"的作弊软件可以监测汽车是否正在进行排放检测,然后选择开启汽车的排放控制系统,以保证检测能够通过。当汽车正常行驶时,就关闭排放控制系统,发动机排放则回到违规范围内。环境保护机构称,将强制要求X公司召回四十多万辆柴油车,根据该国《清洁空气法》,对违规排放的汽车,每辆最高罚款额是3.75万美元,因此,X公司面临最高180亿美元罚款。2015年9月20日,X公司首席执行官称,对X公司因违反该国环保法而失去了客户和公众的信任表示深深的抱歉,并随后宣布辞职。自"作弊门"曝光以来,X公司股票已经累计暴跌了近30%,而且欧盟、韩国、印度等都已公开表示,将调查在2014年和2015年生产的X公司旗下轿车。

【要求】 从社会责任的角度分析,X公司的行为违反了哪些原则?应该怎样进行内部控制?

第五节　企业文化

本节要点提示

掌握企业文化的主要风险点;
了解建设企业文化的关键点。

本节内容提要

企业文化是指企业在生产经营实践中逐步形成的,为团队所认同并遵守的价值观、经营理念和企业精神。企业文化对于企业发展具有极其重要的作用。优秀的企业文化能够营造良好的企业环境,提高员工的文化素养和道德水准,对内能形成凝聚力、向心力和约束力,形成企业发展不可或缺的精神力量和道德规范,能对企业产生积极的作用,使企业资源得到合理的配置,从而提高企业的竞争力。

一、企业文化概述

(一)企业文化的概念

根据《企业内部控制应用指引第1号——组织架构》的相关阐述,企业文化是指企业在生产经营实践中逐步形成的价值观、经营理念和企业精神,以及在此基础上形成的行为规范的总称。

(二)企业文化与内部控制的关系

企业内部控制制度的贯彻执行依赖于企业文化建设的支持和维护。企业文化影响着员工的思维和行为方式。在良好的企业文化基础上所建立的内部控制制度必然会成为人们的行为规范,会有效解决企业的治理和会计信息失真的问题。内部控制与企业文化的有效结合能从根本上解决企业经营中的不协调、不统一的问题,能够有效提升企业的管理水平。当然,企业的内部控制制度必须是科学、合理的,企业文化必须是企业价值观和经营理念的表现,由此所实现的两者结合才能为企业的良性发展保驾护航。

二、企业文化建设的主要风险点

(一)缺乏积极向上的企业文化

这一风险可能导致员工丧失对企业的信心和认同感,企业缺乏凝聚力和竞争力。

【例2-15】 迪士尼公司的企业文化是"欢乐等于财富",企业希望每一个在迪士尼工作过的员工都学会创造欢乐和带给别人欢乐,这样的理念也成为迪士尼品牌得以持续发展的一个基础。

【分析】 由上例可见,迪士尼公司对于本企业的企业文化定义明确,合理地控制了企业文化建设存在的风险,得到了员工的认同,积聚了凝聚力。

(二)缺乏开拓创新、团队协作及风险意识

这一风险可能导致企业发展目标难以实现,影响可持续发展。

【例2-16】 某公司是由A、B两家公司合资重组后建立的。在企业文化建设过程中,该公司学习国外先进的管理文化,取其精华,去其糟粕,结合其自身特质形成了适合自己的企业文化。

【分析】 该企业在企业文化建设的环节中具有创新精神,着力博采众长,大胆吸收新文化、新观念、新思想,合理规避了由于企业缺少创新意识而导致的风险。

(三)缺乏诚实守信的经营理念

这一风险可能导致舞弊事件的发生,造成企业的损失,影响企业的信誉。

(四)忽视企业间的文化差异和理念冲突

这一风险可能导致并购重组失败。

【例2-17】 某国内企业需要收购国外一企业,在收购之前,对该企业所在地的地域文化、风俗习惯等进行了详尽的调查,并制定了一系列方案来解决收购后的整合问题。

【分析】 该企业由于没有忽视两国之间的不同文化差异,尊重各地的文化,并做了相应的企业文化方案调整,不仅适合国内员工,也适合国外文化,这种做法为企业未来的迅速发展起

到了一定的铺垫作用。

三、企业文化建设的关键点

(一)塑造企业核心价值观

核心价值观是企业在经营过程中坚持不懈、努力使全体员工都必须信奉的信条,体现了企业核心团队的精神,往往也是企业家身体力行并坚守的理念。企业文化建设始于核心价值观的精心培育,终于核心价值观的维护、延续和创新。这是成功企业不变的法则。首先,企业应当从特定的外部环境和内部条件出发,把共性与个性、一般与个别有机地结合起来,总结出本企业的优良传统和经营风格,挖掘整理出本企业长期形成的宝贵的文化资源,在企业精神提炼、理念概括、实践方式上体现出鲜明的特色,形成既具有时代特征,又独具魅力的企业文化。其次,博采众长、融合创新,广泛借鉴国外先进企业的优秀文化成果。最后,根据塑造形成的核心价值观指导企业的实际行动。

(二)打造核心品牌

品牌通常是指能够给企业带来溢价、产生增值的一种无形的资产,企业产品或劳务的品牌与企业的整体形象联系在一起,是企业的"脸面"或"标识"。品牌之所以能够增值,主要来自消费者心中形成的关于其载体的印象。打造以主业为核心的品牌,是企业文化建设的重要内容。企业应当将核心价值观贯穿于自主创新、产品质量、生产安全、市场营销、售后服务等方面的文化建设中,着力打造源于主业且能够让消费者长久认可、在国内外市场上彰显强大竞争优势的品牌。

(三)充分体现"以人为本"的理念

"以人为本"是企业文化建设的重要方面。企业要时刻树立"以人为本"的思想,营造一种尊重劳动、尊重人才的氛围,努力为全体员工的发展创建良好的平台,充分发挥其积极性和创造性;同时努力使全体员工在主动参与中了解企业文化建设的内容,认同企业的核心理念,形成上下同心、共谋发展的良好氛围。

(四)强化企业文化建设中的领导责任

《企业内部控制应用指引第1号——组织架构》强调:董事、监事和其他高级管理人员应当在企业文化建设中发挥主导和模范作用,以自身的优秀品格和脚踏实地的工作作风、影响带动整个团队,共同营造积极向上的企业文化环境。

在建设企业文化过程中,领导是关键。企业主要负责人应当站在促进企业长远发展的战略高度重视企业文化建设,切实履行第一责任人的职责,对企业文化建设进行系统思考,确定本企业文化建设的目标和内容,提出正确的经营管理理念。与此同时,企业要着力将核心价值观转化为企业文化规范,通过梳理完善相关管理制度,对员工日常行为和工作行为进行细化,逐步形成企业文化规范,以理念引导员工的思维,以制度规范员工的行为。

(五)重视并购重组中的文化整合

企业在并购过程中,应当重视并购相关风险,尤其应防止因忽视企业间文化差异而产生的理念冲突,确保并购重组成功。

企业在并购过程中,应当特别注重文化整合。要在组织架构设计环节考虑文化整合因素。如果企业并购采用的是吸收合并方式,就必然会遇到参与并购的各企业员工"合并"工作的情况。为防止文化冲突,既要在治理结构层面上强调融合,也要在内部机构设置层面上体现"一家人"的思想,务必防止吸收合并方员工与被吸收合并方员工"分拨"现象。如果企业并购采用的是控股合并方式,就应在根据《公司法》组建企业集团时体现文化整合,要在坚持共性的前提下体现个性化。

(六)加强企业文化创新

创新是事物持续发展的动力,企业文化也是如此。企业文化形成后并不是一成不变的,需要与时俱进、不断完善。当企业内外部环境和条件发生变化时,企业的发展战略可能发生改变,企业文化也应进行相应的调整,实现文化的创新与发展。企业文化是企业的软实力,可以为企业提供精神支柱,提升企业核心竞争力。企业一方面要加强文化建设,另一方面要防范其中存在的风险,加强控制,建设具有特色的企业文化,形成团队向心力,促进企业健康可持续发展。

关键概念

企业文化   文化建设   文化整合   文化创新

本节综合案例

"蒙牛"作为我国乳业的巨头之一,在其企业文化中,对待员工和人才,"有德有才破格重用,有德无才培养使用,无德有才限制使用,无德无才坚决不用";在管理者的提拔上,"任人唯贤";在与社会的关系中,相信"小胜凭智,大胜靠德"。

【案例分析】

根据"蒙牛"的企业文化现状,我们可以将"蒙牛"的企业文化总结为以下三点:

第一,重点突出"和谐文化"。蒙牛乳业注重培育共同价值观,在战略决策中塑造了将消费者、股东、银行、员工、合作伙伴和社会的"六满意"作为企业的立身之本,建立了将企业利益置于社会利益之中的价值观。对员工采取的政策使得每个员工都能够发挥其个人价值,进而在很大程度上提高了企业内部控制的效率。

第二,通过不断推进制度管理文化、精神意识文化、行为习俗文化和物质生活文化的健康发展,坚持重在建设的方针,构建有个性、有特色的形象文化体系,向世人展示了其良好的产品、服务、管理与市场的形象,丰富、和谐了企业的形象文化,放眼于未来,做好和谐文化的建设。

第三,以人为本,在建立具有自身特性的企业文化时,注重人的培养。员工作为企业文化的参与者和体现者,在构建和谐企业文化中起着主要的作用。伴随着知识经济的到来,企业在注重生产经营和管理的柔韧性的同时,更应注重人才的管理和培养。

练习题

一、单项选择题

1. 品牌通常是指能够给企业带来溢价、产生增值的(   )。

   A. 有形资产   B. 可变资产   C. 无形资产   D. 固定资产

2. (   )是企业在经营过程中坚持不懈、努力使全体员工都必须信奉的信条,它体现了企业核心团队的精神,往往也是企业家身体力行并坚守的理念。

   A. 核心价值观   B. 可持续发展观   C. 企业文化   D. 凝聚力

3. (   )是企业文化建设的重要方面。

   A. 利益至上   B. 以德服人   C. 激励与约束相结合   D. 以人为本

4. 企业应当树立(   )的经营理念。

A. 产量最大化　　　　B. 诚实守信　　　　C. 利润最大化　　　　D. 销售最大化

5. 企业在并购前,应当对并购双方的企业文化进行调查研究和(　　)。

A. 文化整合　　　　B. 分析评估　　　　C. 相互融合　　　　D. 整改方案

二、多项选择题

1. 企业文化,是指企业在生产经营实践中逐步形成的(　　),以及在此基础上形成的行为规范的总称。

A. 价值观　　　　B. 经营理念　　　　C. 组织框架　　　　D. 企业精神

2. 企业文化建设的主要风险点主要有(　　)。

A. 缺乏积极向上的企业文化可能导致员工丧失对企业的信心和认同感,使企业缺乏凝聚力和竞争力
B. 缺乏开拓创新、团队协作及风险意识可能导致企业发展目标难以实现,并且影响可持续发展
C. 缺乏诚实守信的经营理念可能导致舞弊事件的发生,造成企业的损失,并且影响企业的信誉
D. 忽视企业间的文化差异和理念冲突可能导致并购重组失败

3. (　　)应当在企业文化建设中发挥主导和模范作用,以自身的优秀品格和脚踏实地的工作作风,影响带动整个团队,共同营造积极向上的企业文化环境。

A. 股东　　　　B. 监事　　　　C. 董事　　　　D. 高级管理人员

三、判断题

1. 打造以主业为核心的品牌是企业文化建设的重要内容。　　　　　　　　　　　　(　　)
2. 企业在并购过程中,应当特别注重相互融合。　　　　　　　　　　　　　　　　(　　)
3. 核心价值观是企业在经营过程中要使全体员工都信奉的信条,它体现了企业核心团队的精神,往往也是企业家身体力行并坚守的理念。　　　　　　　　　　　　　　　　　　　　(　　)
4. 创新是事物持续发展的动力,但企业文化却不是如此。　　　　　　　　　　　　(　　)

四、简答题

1. 什么是企业文化?
2. 企业文化的良好控制对于企业的发展有何意义?
3. 企业文化的控制风险点是什么?
4. 企业文化与企业内部控制的关系是什么?
5. 如何打造优秀的企业文化?

五、案例分析题

20世纪80年代,美国M公司开发了某药品来治疗某种疾病。治疗该疾病的药品的价格十分昂贵,导致贫困地区的患者无法负担。了解到该种情况后,M公司决定免费赠送药品给贫困地区的患者。当被问到为什么不暂停这项没有盈利的项目时,公司董事长指出,如果不生产这种药品的话,很有可能会打击研发药品的科研人员的士气,并且违背企业"保存和改善生命"的宗旨。

【要求】 从上述案例中,你得到哪些关于内部控制方面的启示?

第三章 业务活动内部控制

本章要点提示
了解各项业务活动的概念；
掌握各项业务活动的流程、风险点及管控措施。

本章内容提要
企业在改进和完善管理活动内部控制的同时，还要对各项业务活动进行相应的控制。本章介绍的业务控制活动共有11项，包括资金活动、采购业务、资产管理、销售业务、研究与开发、工程项目、担保业务、业务外包、财务报告、全面预算和合同管理。

第一节 资金活动

本节要点提示
了解资金集中管理的方法；
掌握筹资活动、投资活动以及营运活动业务的内容；
掌握筹资活动、投资活动以及营运活动内部控制的主要风险点及管控措施。

本节内容提要
资金是企业流动性最强、控制风险最高的资产，是企业生存和发展的重要基础。企业必须高度重视资金的管理和控制工作，保证资金安全，提高资金使用效率。资金的管理包括资金集中管理和资金活动具体流程管理，其中资金活动包括筹资活动、投资活动和资金营运活动。本节阐述了资金集中管理的相关内容，同时对资金活动具体流程进行了介绍，分析了各环节存在的风险点，并提出了相应的管控措施。

一、资金集中管理

资金管理是企业内部控制的重要组成部分，其管理的内容主要包括资金的筹集、运用、耗费、收入及分配等。资金集中管理主要是针对大型企业集团的管理模式，主要内容是集团将其附属企业或单位的资金集中到总部，由总部统一调配使用，决定资金的使用规模、方向。资金集中管理作为企业资金活动的重要内容，对企业尤其是集团公司的资金活动管理具有重要意义。

（一）资金集中管理的意义
1. 有利于形成资金优势，降低财务成本

由于集团公司附属的单位较多,行业、地域分布以及企业发展周期等存在差异性,企业资金较分散,集团难以集中到足够的资金来满足生产需要,因此很大程度上要依靠金融机构贷款来解决流动资金短缺的问题,而这样做的结果是债务比例过高、偿债困难。通过资金集中管理,集团公司可以集中各单位应上交的资金及部分闲散资金,降低融资成本,形成雄厚的资金优势,保证企业生产经营的需要。

2. 有利于强化财务控制,加强集团管理

资金管理作为财务管理的重要环节,对整个集团公司的发展至关重要。一方面,通过实行资金集中管理,可以对集团下属企业的资金流入、流出进行控制,提高资金的使用效率,促进企业之间的相互沟通、交流,加强对下属单位生产经营的管理,从而有利于整个集团效益的提高;另一方面,通过资金集中管理,对下属单位资金的使用进行监督,能够保障资金的使用安全,强化集团的财务监控力度,避免资金流出现危机而导致经营风险。

(二)资金集中管理的方法

资金集中管理的方法很多,常用的有统收统支模式、拨付备用金模式、内部银行模式、资金池模式、财务公司模式和结算中心模式等。国内大型集团应用比较多的是财务公司模式和结算中心模式。集团公司应该根据自身的情况,结合企业的规模、组织架构、业务范围等选择适合的资金集中管理模式。

1. 财务公司模式

财务公司是企业依据相关法律法规,根据企业实际设立的,主要为企业集团成员单位技术改造、新产品开发及产品销售提供金融服务,以中长期金融业务为主的非银行机构。国内的财务公司是由企业集团筹资组建的,主要职能是为本集团成员企业提供发展配套金融服务。

2. 结算中心模式

结算中心一般由集团内部设立,代表集团母公司进行资金管理的内部机构,通常隶属于财务部门,负责办理内部各成员单位的现金收付和往来结算等业务,是一个独立进行资金运作的职能部门。它与财务公司有着本质的区别,结算中心仅仅是企业集团的内部管理机构,不具有法人地位。

3. 拨付备用金模式

拨付备用金模式是指集团按一定期限拨给成员企业一定金额的现金,备其使用。在此模式下,成员企业的所有现金收入必须集中到集团财务部门,发生的现金支出必须持有关凭证到总部的财务部门报销以补足备用金。成员企业在总部规定的现金支出范围和支出标准内,可以对拨付的备用金的使用行使决策权。

4. 资金池模式

资金池模式是指集团将其所属成员企业的银行账户统一归集到一个或几个由集团总部控制的账户中,以统一调拨集团的资金,成员单位的银行账户余额为零。在资金池框架内,集团公司和其子公司是委托借款人和借款人。子公司在资金池透支是贷款,要付息;相反,在资金池存款是放款,要收取利息。所以,资金池使集团与商业银行形成了紧密的战略联盟关系,加强了集团企业管理。

(三)资金集中管理的不足

1. 集权分权的程度有待优化

企业为了集中资金并进行管理,必须对成员单位进行相关权利的重新制定和分配。集中管理的总体原则是"总体集中,适度分权"。在集权与分权的过程中,如果把握不好,可能存在控制过度的问题,导致成员单位积极性不高,缺乏灵活性,过分依赖集团公司,自身风险防范意识差;同时,也可能存在部分单位为逃避资金集中管理,利用违规的手段套取资金,支付预算外项目,违反财务制度。

2. 信息化水平不足

大多数集团公司目前的资金预算系统不够成熟,与资金收支系统的对接存在不完善的地方,不能满足资金集中管理的需求;同时,企业的财务信息传递、分析、评价功能不足,缺乏有力的信息沟通手段,容易造成集团公司信息掌握不完全,导致决策效率低下甚至失误,降低了资金使用效率。

3. 环节增多导致效率降低

由于管理系统和信息化水平不能全面满足资金集中管理的需要,不得不采用传统落后的手段进行决策,造成额外的审批环节增多,财务人员工作负担加重,效率下降,只注重细节和环节上的问题,而缺乏全局考虑。

二、筹资活动

筹资活动是企业经营和发展的起点。通过筹资活动,企业筹集到足够资金,以满足企业工资和日常生产经营的需要。企业可以通过银行借款、发行股票和债券等形式筹集资金。在资金的筹集过程中,企业要根据其预算和战略规划,明确资金的规模、用途、结构等内容,并对资金使用成本及存在的风险做出估计。另外,还要对宏观经济形势、法律法规、政治等因素进行统筹考虑。

(一)筹资活动主要业务流程

企业应根据不同投资类型的业务流程以及流程中各个环节体现出来的风险,采用不同的具体措施进行投资活动的内部控制。筹资活动的业务流程如图3—1所示。

1. 筹资方案的提出

企业的筹资方案一般由财务部门根据企业全面预算和经营战略规划,结合目前的资金使用现状提出,筹资方案的内容应包括筹资规模、筹资形式、筹资期限、资金使用方向、利率等要素。此外,筹资方案的提出还需要与企业生产经营的相关业务部门进行沟通、协调。

2. 筹资方案的论证

筹资方案提出之后,还应经过充分的可行性论证。企业应组织相关专家对筹资项目进行可行性论证,一般可以从以下几个方面进行分析论证:

(1)筹资方案的战略评估——主要评估筹资方案是否符合企业整体发展战略。企业在筹资规模上要结合企业战略考虑,既要防止筹资不足使企业发展受限的状况,也要避免筹资过度,造成资金闲置,增加筹资成本和财务负担。企业应对筹资方案是否符合企业整体战略方向进行严格审核。

(2)筹资方案的经济性评估——主要评估筹资方案是否符合经济性要求,重点关注筹资成本是否最低,筹资方式是否最优,以及期限、利息和股息是否合理等。就筹资方式而言,筹集相同的资金,股票与债券两种方式的筹资成本不同,而不同的债券种类或者期限结构也会面临不同的成本。企业必须认真评估筹资成本,并结合收益与风险进行筹资方案的经济性评估。

(3)筹资方案的风险评估——主要对筹资方案面临的风险进行分析。企业要基于利率、汇率、货币政策、宏观经济走势等重要因素对筹资方案面临的风险做出全面评估,应对可能出现的风险。例如,企业选择债权方式筹资,其按期还本付息会给企业带来现金流压力;而采用股

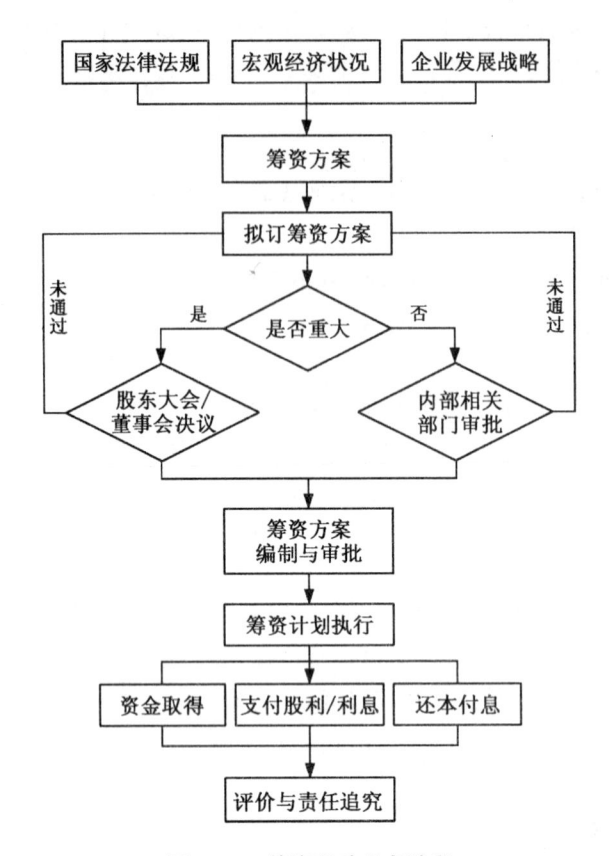

```
        ┌──────────┐ ┌──────────┐ ┌──────────┐
        │国家法律法规│ │宏观经济状况│ │企业发展战略│
        └──────────┘ └──────────┘ └──────────┘
                          │
                    ┌──────────┐
                    │ 筹资方案 │
                    └──────────┘
                          │
                   ┌────────────┐
                   │拟订筹资方案│
                   └────────────┘
                          │
    未通过      是    ┌────────┐    否     未通过
    ←─────────────── │是否重大│ ───────────────→
                     └────────┘
            │                           │
     ┌──────────┐              ┌──────────┐
     │股东大会/ │              │内部相关  │
     │董事会决议│              │部门审批  │
     └──────────┘              └──────────┘
                     │
              ┌────────────┐
              │ 筹资方案   │
              │编制与审批  │
              └────────────┘
                     │
              ┌────────────┐
              │筹资计划执行│
              └────────────┘
                     │
     ┌────────┐ ┌──────────┐ ┌────────┐
     │资金取得│ │支付股利/ │ │还本付息│
     │        │ │  利息    │ │        │
     └────────┘ └──────────┘ └────────┘
                     │
              ┌────────────┐
              │评价与责任追究│
              └────────────┘
```

图 3—1 筹资活动业务流程

权筹资方式,其股利支付具有较大的灵活性,且无须还本,因而企业的现金流压力较小,但股权筹资的成本较高,企业可能面临较大的控制权风险。所以,企业应在不同的筹资风险之间进行权衡。

3. 筹资方案的决策审批

企业提出筹资方案并经过可行性论证后,需要按照授权审批的原则进行审批。其中,重大的筹资项目需要提交董事会或股东大会进行审议,筹资方案需要政府相关管理部门或者上级单位审批的,应及时报请批准。审批人员与筹资方案编制人员应适当分离。在审批过程中,要实行集体决策或者联签制度,综合考虑各方建议进行决策,保证决策的科学性,且决策过程中要有相关书面记录。筹资方案发生重大变更或者调整的,需要重新进行决策,履行相关审批程序。

4. 筹资计划的编制与执行

企业的筹资方案经过授权审核批准后,需要指定切实可行的具体筹资计划,在经过财务部门的批准后,科学、高效率地规划筹资活动。筹资计划的编制要根据宏观经济形势、金融政策、市场、政治等因素的要求,对不同筹资方式的优劣、资金成本、筹资难度等进行分析,合理选择筹资方式。

通过银行等金融机构贷款进行筹资的,要明确借款的数量、利率、期限、担保措施、偿付安排等内容,双方就相关权利和义务达成共识后,依据相关合同和协议办理借款业务。

通过债权融资的,企业要合理选择债券的种类,对还本付息等偿付机制做出安排,保证按时足额偿还到期本金和利息。

通过股权融资的,应当按照《证券法》和有关部门的规定,完善公司治理结构,选择具有资质的中介机构,保证股票发行的合法合规。另外,企业应综合考虑投资者利益和企业具体实际,就股利分配方案及股利支付方式做出合理安排,其中,股利分配方案还要经股东大会审批通过。

5. 筹资活动的监督、评价与责任追究

企业要严格按照筹资计划筹集、使用资金,加强筹资活动的监管,确保筹资的数量、用途、偿付、保管等符合相关规定,并进行筹资活动的评价,追究违规人员的责任。此环节的控制目的在于加强筹资活动的监管,保证资金的正确有效运用,维护筹资信用。

(二)筹资活动的主要风险点及其管控措施

由于外部环境和企业内部治理存在诸多不确定性因素,因此企业的筹资活动存在相应的风险,企业要根据筹资活动的具体业务流程,综合考虑筹资方式、资金成本、资金使用效率等因素,对筹资活动业务流程中存在的风险点进行规避和控制,发现并纠正筹资活动中存在的错误。

1. 筹资方案的提出与论证

该环节的主要风险:缺乏完整的筹资战略规划,筹资方案与企业的实际需求存在偏差,筹资规模不合理,出现盲目筹资,企业财务负担加重等。

主要管控措施:企业的筹资活动要以企业的战略规划尤其是财务战略为指导。在筹资过程中,遵循企业的资金战略,结合目前企业资金的使用现状,明确目标资本结构,对资金规模、资金来源、期限结构、利率结构等内容进行科学、合理的规划和设置,避免其频繁变动带来的财务风险。

2. 授权审批

该环节的主要风险:授权审批程序不完善而导致方案不科学;筹资条款审核不到位使企业在合同中处于被动地位,从而给企业带来潜在的不利影响。

主要管控措施:授权审批制度。作为筹资方案的重要风险控制程序,在审批流程中的每一个审批环节都要认真履行审批职责,加强对筹资风险的管控。如果授权审批制度存在缺陷,就会导致筹资方案中的潜在风险不能及时发现,使得筹资方案决策不科学、不合理,给企业带来相应的风险。企业在筹资活动中需要签订相应的合同、协议等法律文件,企业要对筹资活动中签订的合同、协议等法律文件中载明的筹资数额、筹资期限、利率、违约责任等具体条款进行认真审核,权衡利弊,必要时,企业可以通过法律中介机构来协助进行合同的审核。

【例3—1】 A集团P项目的借款筹资方案审批内部程序:

(1)确定项目,成立项目组并提出融资方案。

(2)进行融资方案论证。

(3)由项目工作组中负责融资工作的融资小组就融资方案的可行性向项目组全体成员进行详细汇报,通过后由项目组负责人进行审批。

(4)由项目组就项目整体投资方案向公司董事会等逐级详细汇报,由公司董事会和集团党组进行审批。

(5)形成针对筹资方案的原则性意见。

【分析】 通过对以上A集团P项目的借款筹资方案审批内部程序的分析,可认为A集团建立了完整的审批决策流程,通过各部门的协调、沟通,以及集体决策等形式,保证了决策的正确、有效。

3. 筹资计划编制与执行

该环节的主要风险：筹资方式选择不合理会导致企业筹资成本过高，对企业经营造成不利影响。另外，筹资计划在具体执行过程中，部分环节中可能出现管理缺失，导致企业资金被挪用、贪污，利息没有及时支付而被银行罚息等问题，使企业面临不必要的财务风险。

主要管控措施：筹资方式不同其筹资成本也存在差异。债权类筹资成本表现为固定的利息费用，企业必须按期足额支付，到期还需要偿还本金。而股权类筹资不需要偿本付息，其股利支付具有较大的灵活性，但股权筹资的成本较高。企业要制定科学、合理的股利支付方案，包括股利金额、支付时间、支付方式等，确保股利支付顺利进行，维持企业的股价稳定。在筹集资金的使用过程中，企业要制定完善的筹资活动日常管理制度，加强筹集资金的动态监控，提高资金使用效率，保障企业现金流的稳定。

【例3-2】 1996年，巨人大厦资金告急，史玉柱被迫抽调保健品的流动资金来填补巨人大厦的建设用款，而保健品方面因为巨人大厦的资金抽调和管理不善，迅速衰落。

【分析】 从上述案例可以看出，当房地产项目缺乏强有力的金融资本支撑时，片面地认为保健品收入完全能满足巨人大厦建设的资金需求而采用全凭自有资金开发的方式兴建巨人大厦的后果是危险的；巨大的筹资规模使生物工程不堪重负，无力再提供建设资金，最终导致企业名存实亡。

三、投资活动

企业投资活动是筹资活动的延续，对于筹资成本补偿和企业利润创造具有重要意义。企业应该根据自身发展战略和规划，结合企业资金状况，综合考虑市场、金融、利率等因素，确定投资目标，制订投资计划，合理安排资金投放的数量、结构，确保投资活动的顺利进行。

(一)投资活动的业务流程

企业应该根据不同投资类型的业务流程，以及流程中各个环节体现出来的风险，采用不同的具体措施进行投资活动的内部控制。投资活动的业务流程如图3-2所示。

1. 投资方案的提出

企业的投资方案要根据企业经营战略规划、宏观经济环境、市场状况等提出，投资方案的内容应包括投资规模、投资方向、投资方式、收益率等要素。

2. 投资方案的可行性论证

投资方案提出之后，还应经过充分的可行性论证。可行性论证主要从以下几个方面开展：(1)投资方案的战略评估。企业的投资方案要符合其发展战略，投资方式、投资方向、投资规模等要结合企业的经营规划，结合目前企业的发展现状确定，投资项目要具有发展前景。(2)投资方案的收益率评估。收益率是投资项目的重要考虑因素。企业要通过相关计算、分析，合理确定项目的收益率，投资方案的收益率要符合相关预期或规划，避免收益率不稳定的项目上马。(3)投资方案的风险评估。不仅要评估投资方案面临的风险是否处于可控或可承担范围内，而且要从投资活动的技术可行性、市场容量与前景等几个方面进行论证。企业要基于宏观经济走势、市场环境、行业前景等重要因素对投资方案面临的风险及风险的可控程度做出全面的评估。同时，企业可以根据实际需要，对重大投资项目委托具有相应资质的专业机构进行可行性研究并提供独立的可行性研究报告。

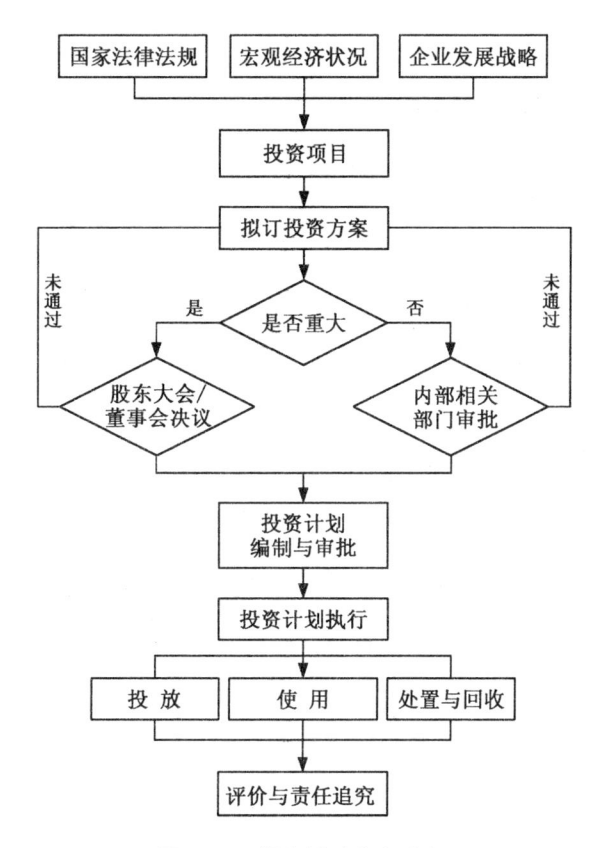

```
        ┌─────────────┐  ┌─────────────┐  ┌─────────────┐
        │ 国家法律法规 │  │ 宏观经济状况 │  │ 企业发展战略 │
        └─────────────┘  └─────────────┘  └─────────────┘
                              │
                        ┌───────────┐
                        │ 投资项目  │
                        └───────────┘
                              │
                        ┌───────────┐
                        │ 拟订投资方案 │
                        └───────────┘
                              │
       未通过    是    ┌───────────┐   否    未通过
        ←─────────────│ 是否重大  │──────────────→
        │              └───────────┘              │
        ↓                                         ↓
   ┌──────────┐                            ┌──────────┐
   │ 股东大会/ │                            │ 内部相关 │
   │ 董事会决议│                            │ 部门审批 │
   └──────────┘                            └──────────┘
                              │
                     ┌─────────────┐
                     │ 投资计划    │
                     │ 编制与审批  │
                     └─────────────┘
                              │
                     ┌─────────────┐
                     │ 投资计划执行│
                     └─────────────┘
                              │
              ┌───────┬───────┼───────────┐
              ↓       ↓                   ↓
          ┌──────┐ ┌──────┐         ┌──────────┐
          │ 投放 │ │ 使用 │         │ 处置与回收│
          └──────┘ └──────┘         └──────────┘
                              │
                     ┌─────────────┐
                     │ 评价与责任追究│
                     └─────────────┘
```

图 3-2 投资活动业务流程

3. 投资方案决策审批

企业提出的投资方案经过可行性论证后,需要按照授权审批的原则进行审批。重点审批投资方案的可行性、经济性、收益情况、风险情况等。重大的投资项目需提交董事会或股东大会进行审议,投资项目需要政府相关管理部门或者上级单位审批的,应及时报请批准。在审批过程中,综合考虑各方建议进行决策,以保证决策的科学性,且决策过程中要有相关书面记录。投资方案发生重大变更或者调整的,需要重新进行决策,并履行相关审批程序。

4. 投资计划编制与实施

企业的筹资方案经过授权审核批准后,需要与被投资方签订相关合同或协议,制订切实可行的具体投资计划。投资计划的编制要根据双方企业的具体情况,结合宏观经济形势、市场环境等因素的要求,明确投资规模、项目进度、完成时间、质量与标准要求等内容。在投资项目执行过程中,企业要指定专门机构或人员对投资项目进行跟踪管理,密切关注投资项目的市场条件和政策变化,准确做好投资项目的会计记录和处理。企业应及时收集被投资方经审计的财务报告等相关资料,定期组织投资效益分析,关注被投资方的财务状况、经营成果、现金流量以及投资合同履行情况,发现异常情况的,应及时报告并妥善处理。

5. 投资项目的到期处置

企业要对投资效果进行分析,投资未达到预期目的需要提前处置的项目,以及已到期需处置的投资项目,要经过相关审批流程,妥善处置并实现企业最大的经济收益。企业要对投资收回、转让、核销等决策和审批程序做出明确规定。转让投资应由相关机构或人员合理确定转让价格,报授权批准部门批准,必要时可委托具有相应资质的专门机构进行评估;核销投资应当取得不能收回投资的法律文书和相关证明文件。

(二)投资活动的主要风险点及管控措施

1. 投资方案的提出与论证

该环节的主要风险:投资方案与企业战略不符,使企业在同行业竞争中处于不利地位;另外,投资与筹资在资金数量、期限、成本与收益上不匹配,可能使企业面临财务风险。

主要管控措施:企业投资活动应以企业发展战略为导向。正确选择投资项目,合理确定投资规模,恰当权衡收益与风险。投资项目要突出主业,避免盲目投资,谨慎从事证券等高风险性投资项目。企业采用并购方式投资的,对目标公司要充分了解,注意严格控制并购过程中的风险。企业投资活动的资金需求很大部分来源于筹资活动筹集到的资金,不同的筹资方式,可筹集资金的数量、偿还期限、筹资成本不一样,这就要求投资应与企业的筹资能力相匹配,尤其是在规模和时间上,要与筹资现金流量保持一致,以避免资金流出现断裂等财务危机的发生。另外,企业的投资收益要与筹资成本相匹配,确保投资收益在补偿筹资成本后实现最大化。

【例3—3】 自1992年开始,"三九"企业集团在短短几年内通过收购兼并企业,形成医药、汽车、食品、酒业、饭店、农业、房产等几大产业并举的格局。但是,2004年4月14日,三九医药(000999)发出公告:因工商银行要求提前偿还3.74亿元的贷款,目前公司大股东三九药业及三九集团(三九药业是"三九"企业集团的全资公司)所持有的公司部分股权已被司法机关冻结。至此,整个"三九"集团的财务危机全面爆发。

【分析】 "三九"集团财务危机爆发的主要原因是多元化投资(非主业/非相关性投资)扩张的战略失误。公司没有正确掌握自己的企业战略,进行了与企业战略不相符的多元化投资项目,正是由于这样的盲目投资导致财务危机爆发。

2. 授权审批

该环节的主要风险:企业缺乏严密的授权审批制度,可能出现人员舞弊、投资活动不合法等问题,使企业面临内部管理风险,进而影响投资计划的实施。

主要管控措施:企业应当按照职责分工、审批权限及规定的程序对投资项目进行审批,重点审查投资方案的可行性,包括是否符合国家相关法律法规的规定,是否符合企业的经营规划,收益是否能实现及风险是否可控等内容。另外,对于企业重大的投资项目,应按照规定的程序实行集体决策或联签制度,其中需要有关部门批准的,及时报请批准。

【例3—4】 澳柯玛(600336)母公司澳柯玛集团公司挪用上市公司19.47亿元资金。澳柯玛集团利用大股东优势,占用上市子公司的资金用于非关联性多元化投资(包括家用电器、锂电池、电动自行车、海洋生物、房地产、金融投资等),其投资决策失误造成巨大损失。资金链断裂、巨额债务、高层变动、投资失误、多元化困局等众多因素,使得澳柯玛形势异常危急。

【分析】 "澳柯玛危机"的直接导火索,就是频频发生的投资失败和管理不善致使资金链断裂。"澳柯玛症结"并非仅仅是多元化投资下的资金问题,关键问题还有自身的管理模式——鲁群生近17年的家长式管理模式。鲁群生在特定环境中创业成功,然而在扩张中缺乏对于严密的授权审批制度和不相容职务分离制度应有的风险意识,澳柯玛近亲繁殖任用干部的现象使企业对市场缺乏应有的敏感度。

3. 投资计划执行

该环节的主要风险:投资活动过程中由于资产保管与会计控制制度不完善,可能出现资金使用舞弊等问题。

主要管控措施:企业要建立完善的投资资产保管制度和会计控制制度,加强对投资项目的会计控制,根据投资项目,合理确定会计政策,建立账簿体系,详细记录与投资对象相关的重要事项。企业财务部门要根据国家相关会计准则的规定,对被投资项目价值进行评估,发生资产减值的,应及时计提减值准备,并进行相关的会计记录。

四、资金营运活动

资金营运,是指企业日常生产经营中合理组织和调度如货币资金、采购资金、生产资金和销售资金等不同形态的资金循环周转的过程,同时也是企业保持生产经营各环节资金顺畅流转的动态平衡过程。企业要恰当组织资金营运,加强对资金营运的内部控制,确保资金在采购、生产、销售等环节的综合平衡,加快资金的循环周转速度,提高资金使用率。

(一)资金营运活动的业务流程

为了保证资金价值运动的安全、完整、有效,企业资金营运的内部控制应按照资金营运的流程,明确企业资金营运的整体要求,区分资金营运内部控制的关键控制点,采用不同措施进行控制。资金营运活动的业务流程如图3-3所示。

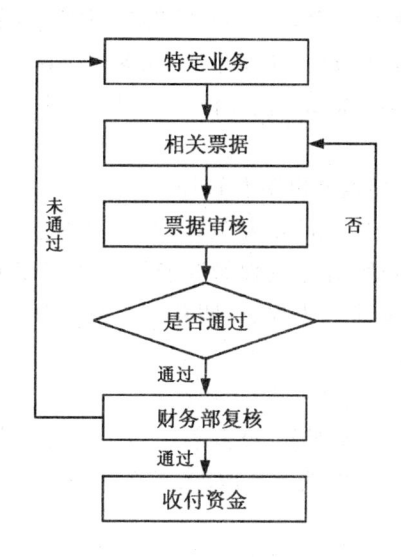

图3-3 资金营运活动业务流程

(二)资金营运活动的主要风险点及管控措施

1. 缺乏严密的收支审批制度而导致的风险及管控措施

收支审批制度的建立是控制资金的流入和流出,保证资金营运活动业务顺利开展的前提条件。企业要建立严格的收支审批制度,办理资金收支业务的人员必须得到审批授权,禁止未授权人员接触资金收支业务;资金使用部门需要款项时,必须提出申请并出具相关票据和证明,详细记录用途、金额、时间等事项;相关责任人在自己的授权范围内审核业务的真实性和金额的准确性;同时,经办人员在原始凭证上签章,经办部门负责人、主管总经理和财务部门负责人审批并签章。

2. 复核程序不完善导致的风险及管控措施

复核程序是减少错误和舞弊的重要手段,企业必须完善复核措施,确保资金活动的真实性。企业财务部门收到经过审批授权的相关凭证后,要再次审核业务的真实性、合法性,以及相关签字、印章等内容的完整性。

3. 收付过程中手续不完整而导致的风险及管控措施

资金的收付过程是资金流入和流出的过程,收付的主要依据是相关收付款原始凭证,企业要加强对收付环节的控制,避免出现"证未到,款先出"或"款已入,证未到"等现象。出纳人员按照原始凭证收付款时,必须审查凭证是否取得相关审核,审查无误后,对已完成收付的凭证加盖戳记,并登记日记账;会计主管人员及时准确地记录在相关账簿中,定期与出纳人员的日记账核对。

4. 记账和对账不真实导致的风险及管控措施

企业的资金在流入流出过程中必须有完整的记录,即凭证和账簿的记录。这是保证会计信息真实的重要环节。企业的出纳人员根据审核无误的资金收付凭证登记日记账,会计人员根据相关凭证登记有关明细分类账,主管会计登记总分类账。同时,作为账簿记录系统的重要环节,对账的过程必须保证正确性。对账控制点主要包括:账证核对、账账核对、账表核对、账实核对等。

5. 私自设立银行账户而导致的风险及管控措施

企业银行账户的开立、使用和清理等工作必须符合国家有关的法律、法规。企业要加强对银行账户的管理,严格按规定开立账户,办理存款、取款和结算。企业的银行账户的开立、使用和撤销必须得到相关审批授权,不得私自设立银行账户。企业的下属单位不得设置账外账,应防范"小金库"等问题。

6. 票据与印章管理松弛而导致的风险及管控措施

印章与票据是保证企业资金安全的重要工具,企业要加强对印章和票据的管理。票据要统一印刷和购买,必须由专人保管;印章的保管要遵循不相容职务分离的原则,严禁将办理资金支付业务的相关印章和票据集中一人保管,印章要与空白票据分管,财务专用章要与企业法人章分管。

【例 3—5】 湖南九芝堂股份有限公司出纳梁某在 2000 年 1 月至 2005 年 2 月期间,采取偷盖公司银行印鉴和法人章,使用作废的、没有登记的现金支票等方法,在五年左右先后挪用 3 000 多万元用于炒股,给单位造成损失达 1 137.8 万余元,被法院定为挪用公款罪和挪用资金罪。

【分析】 湖南九芝堂股份有限公司的货币资金遭挪用、贪污和诈骗,这些问题的发生与单位内部控制货币资金环节的不健全或未能有效执行有密切关系。上述案例中的梁某利用单位内部控制漏洞,挪用资金,并通过伪造相关凭证、账单、印鉴或偷盖印鉴等手法掩盖舞弊行为,而单位监督、检查机制的不健全使得舞弊行为长期未能被发现。

关键概念

资金活动　　筹资活动　　投资活动　　资金营运

本节综合案例

【案例一】

一、项目基本情况

B集团经过改组整合,现已形成工程建设、设计咨询等四大核心业务板块,并且是两家A股上市公司的控股股东。2008年年初,为了补充公司中期流动资金和置换银行贷款,B集团拟发行中期票据。

二、筹资方案的提出

由资金部提出发行方案,筹资额度为60亿元人民币,分两期发行,首期发行30亿元,发行时间为获得注册后立即发行,利率为3年期固定利率。第二期为3年期30亿元,拟在2008年第三季度至第四季度发行。

三、筹资方案的可行性论证

方案提出后,B集团重点围绕以下几点对筹资方案组织论证:

(1)筹资用途:对于B集团来说,一方面,集团承揽的工程项目一般为国家重点项目以及特大型优质工程,该类工程具有工程造价高、技术性强等特点,在建设过程中,除施工前可获得部分预付款外,需要承包商垫付大量的自有资金购买工程所需物资和相关费用;另一方面,施工行业的惯例和结算特点使得集团有相当大的资金被占压。因此,集团在以自有资金缴纳保证金后,将产生一定的中期流动资金缺口。集团每年的中期贷款增量均与主营业务增量保持一定的比例关系,基于对未来几年业务稳定增长的预期,集团希望发行中期票据以弥补主营业务增长带来的中期流动资金缺口。

(2)对资本结构的影响:在集团现有的债务结构中,一年以内的短期债务在负债总额中比重较高。通过本次中期票据的发行,可适当增加中期债务,减少流动负债,使集团的债务结构得到改善,更好地匹配资产负债结构。

(3)筹资成本:发行中期票据,在集团业务规模不断扩大、合理匹配相应的资金结构型需求的同时,要进一步节约财务费用,提高集团的盈利水平。

(4)筹资风险:在集团的偿还能力方面,截至2007年12月31日,总资产为1 344亿元,净资产为729亿元。2007年实现营业收入1 626亿元,利润总额为94亿元,净利润为72亿元。集团有充足的流动性和偿还能力。

四、筹资方案审批流程

可行性论证后,因该项目筹资数额大,根据B集团内部管理规定,须经董事会审议。2008年4月10日,筹资方案经B集团董事会第十一次会议以书面决议形式通过。2008年4月,B集团向中国银行间市场交易商协会申请登记注册,6月获批准,成功发行第一期30亿元中期票据。

【案例分析】 B集团在筹资过程中有完整的论证过程和审批流程;在可行性论证中,对投资方案的必要性、可行性都做了论证;在决策中,以董事会集体决策形式,保证了决策的科学、合理。审批流程完整,对关键风险点进行了有效控制。B集团的整个筹资流程符合企业内部控制要求。

【案例二】

华源集团成立于1992年,在总裁周玉成的带领下,13年间总资产猛增到567亿元,资产翻了404倍,旗下拥有8家上市公司;集团业务跳出纺织产业,拓展至农业机械、医药等全新领域,成为名副其实的"国企大系"。进入21世纪以来,华源更以"大生命产业"示人,跃居中国最大的医药集团。

但是2005年9月中旬,上海银行对华源集团的一笔1.8亿元贷款到期,此笔贷款是当年华源集团为收购上药集团而贷,因年初财政部检查事件,加之银行信贷整体收紧,作为华源集团最大贷款行之一的上海银行担心华源集团无力还贷,遂加紧催收贷款,从而引发了华源集团的信用危机。

国资委指定德勤会计师事务所对华源集团做清产核资工作。清理报告显示:截至2005年9月20日,华源集团合并财务报表的净资产为25亿元,银行负债高达251.14亿元(其中,子公司为209.86亿元,母公司为41.28亿元)。另一方面,旗下8家上市公司的应收账款、其他应收款、预付账款合计高达73.36亿元,即这些上市公司的净资产几乎被掏空。据财政部2005年会计信息质量检查公报披露：华源集团财务管理混乱，内部控制薄弱，部分下属子公司为达到融资和完成考核指标等目的，大量采用虚计收入、少计费用、不良资产巨额挂账等手段蓄意进行会计造假，导致报表虚盈实亏，会计信息严重失真。

【案例分析】 华源集团13年来高度依赖银行贷款支撑，在其日益陌生的产业领域不断"并购→重组→上市→整合"，实则是"有并购无重组、有上市无整合"。华源集团长期以来以"短贷长投"支撑其快速扩张，最终引发整个集团资金链的断裂。

华源集团事件的核心原因：(1)过度投资引发过度负债，投资项目收益率低、负债率高，说明华源集团战略决策的失误；(2)并购无重组、上市无整合，说明华源集团的投资管理控制失效；(3)华源集团下属公司因融资和业绩压力而财务造假，应当是受管理层的驱使。

练习题

一、单项选择题

1. 根据《企业内部控制应用指引第6号——资金活动》，资金活动需关注的主要风险是（　　）。
   A. 存货积压，导致流动资金占用过多
   B. 筹资决策不当，引发资本结构不合理
   C. 固定资产更新改造不够，资产价值贬值
   D. 无形资产缺乏核心技术，缺乏可持续发展能力

2. 企业必须按照会计准则的要求，对投资项目进行准确的会计核算、记录与报告，确定合理的会计政策，准确反映企业投资的真实状况，这属于（　　）控制行为。
   A. 授权　　　　B. 会计记录　　　　C. 不相容职务分离　　　　D. 财产保护

3. 企业财务部的记账员、出纳员与保管员要分离，这属于（　　）控制行为。
   A. 授权　　　　B. 财产保护　　　　C. 会计记录　　　　D. 不相容职务分离

4. 筹资活动的主要风险不包括（　　）。
   A. 缺乏完整的筹资战略规划导致的风险
   B. 缺乏对筹资条款的认真审核导致的风险
   C. 缺乏完善的授权审批制度导致的风险
   D. 缺乏严密的投资资产保管与会计记录导致的风险

5. 下列关于资金活动的说法中，不正确的是（　　）。
   A. 加强企业资金管控有利于企业可持续发展
   B. 资金活动的风险管控无关企业生死存亡
   C. 资金活动内部控制通常是企业内部管理的关键环节
   D. 加强资金活动内部控制的目的是维护资金的安全与完整，促进企业健康发展

6. 下列各项中，不属于对资金活动的内部控制要求的是（　　）。
   A. 制度建设是基础　　　　　　　　　　B. 严格执行是保障
   C. 落实责任追究制度　　　　　　　　　D. 资金集中管理是方向

7. 下列关于资金营运的说法中，不正确的是（　　）。
   A. 资金营运内部控制的主要目标在于保持生产经营各环节资金供求的动态平衡
   B. 企业资金营运活动不是一种价值运动
   C. 资金营运内部控制的主要目标在于确保资金安全
   D. 加强资金营运的内部控制就是要努力提高资金正常周转效率，为短期资金寻找适当的投资机会，避免出现资金闲置和沉淀等低效现象

8. 企业（　　）部门负责拟订筹资方案。
   A. 投资　　　　B. 证券　　　　C. 销售　　　　D. 财务

二、多项选择题

1. 资金营运活动的主要目标有（   ）。
   A. 保持生产经营各环节资金供求的动态平衡
   B. 促进资金合理循环和周转,提高资金使用效率
   C. 确保资金安全
   D. 加强资金活动的集中归口管理
   E. 重点关注投资项目的收益与风险

2. 以下选项中,属于投资活动主要风险的有（   ）。
   A. 投资活动与企业战略不符带来的风险
   B. 投资活动忽略资产结构与流动性的风险
   C. 缺乏严密的授权审批制度和不相容职务分离制度的风险
   D. 缺乏严密的投资资产保管与会计记录的风险
   E. 资金调度不合理、营运不畅导致的风险

3. 下列选项中,属于无形资产的有（   ）。
   A. 品牌   B. 商标   C. 专利   D. 专有技术
   E. 土地使用权

4. 下列说法中,符合资金活动内部控制要求的有（   ）。
   A. 重大筹资、投资方案应当形成可行性研究报告,企业可以聘请具有相应资质的专业机构进行可行性研究
   B. 重大筹资、投资方案,应当按照规定的权限和程序实行集体决策或者联签制度
   C. 筹资、投资方案发生重大变更的,应当重新进行可行性研究并履行相应审批程序
   D. 企业不得账外设账,严禁收款不入账、设立"小金库"
   E. 企业财会部门负责资金活动的日常管理,参与投融资方案的可行性研究

5. 对重大筹资方案应当进行风险评估,形成评估报告,报（   ）审批。
   A. 董事会   B. 股东大会   C. 监事会   D. 总经理
   E. 总会计师

三、判断题

1. 企业财会部门负责资金活动的日常管理,参与投融资方案等可行性研究。总会计师或分管会计工作的负责人应当参与投融资决策过程。（   ）

2. 重大投资项目应当按照规定的权限和程序实行管理层决策。（   ）

3. 企业应当明确各种与投资业务相关文件的取得、归档、保管、调阅等各个环节的管理规定及相关人员的职责权限。（   ）

4. 企业对投资项目所进行的可行性研究只可由企业的相关部门或人员进行并编制报告,不可再另行委托具有相应资质的专业机构。（   ）

四、简答题

1. 资金活动内部控制的总体要求是什么?
2. 简述资金集中管理的意义。
3. 投资活动的主要风险点有哪些?如何进行控制?
4. 资金集中管理的模式主要有哪些?
5. 筹资活动的主要业务流程是什么?
6. 资金营运活动的主要风险点是什么?

五、案例分析题

J公司的前身是一家国有企业,于1988年转制。经过数十年的发展积累了相当丰富的工艺技术和一定的管理经验,建立了一套公司管理制度。随着公司的不断发展壮大,企业内部管理制度上的缺陷也逐渐暴露。该公司出纳员李某在其工作的一年半期间,先后利用22张现金支票编造各种理由提取现金98.96万元,均未记入现金日记账,构成贪污罪。其具体手段如下:

(1)隐匿3笔结汇收入和7笔会计开好的收汇转账单,共计10笔销售收入98.96万元,将其提现的金额与其隐匿的收入相抵,使32笔收支业务均未在银行存款日记账和银行余额调节表中反映。

(2)由于公司财务印鉴和行政印鉴合并,统一由行政人员保管,李某利用行政人员疏于监督开具现金支票。

(3)伪造银行对账单,将提现的整数金额改成带尾数的金额,并将提现的银行代码"11"改成托收的代码"88",J公司在清理逾期未收汇时曾经发现有3笔结汇收入未在银行日记账和余额调节表中反映,但当时由于人手较少未能对此进行专项清查。

李某之所以能在一年半的时间作案22次,贪污巨款98.96万元,主要原因在于公司缺乏一套相互牵制的、有效的约束机制和监督机制,从而使李某截留收入得心应手,猖狂作案。

【要求】 结合上述资料,分析J公司内部控制方面存在哪些漏洞。针对存在的漏洞,请提出你的应对措施。

第二节　采购活动

本节要点提示

了解采购业务的流程和内容;

掌握采购业务内部控制的主要风险点及管控措施。

本节内容提要

采购业务是企业经营活动中的重要环节之一,与生产销售环节紧密相连。采购业务发生频繁,工作量大,运行环节多,很容易产生管理疏漏。建立完善的采购业务内部控制制度,能够及时、准确地提供采购业务的会计信息,确保采购事项的真实性、合理性和合法性,便于及时发现和解决错误,防止欺诈和舞弊行为,从而有利于采购业务系统合理、有效地进行,使企业获得最大的经济效益。本节在介绍采购业务基本流程的基础上,分析了各环节存在的风险点,并提出了相应的管控措施。

一、采购业务的含义

采购,是指企业购买物资(或接受劳务)及支付款项等相关活动。其中,物资主要包括企业的商品、原材料、固定资产、工程物资等。采购是企业生产经营活动的第一步,与企业的生产、销售、经营的各个环节息息相关。供应商的选择、采购物资的质量和价格、采购合同的订立、物资的运输、验收等供应链状况,在很大程度上决定了企业的生存与可持续发展。完善的采购业务内部控制制度可以提供更加准确的采购业务信息,及时发现和解决存在的问题,防止欺诈和舞弊行为,从而促使企业采购流程的合理、有效运行,更好地增加企业的经济效益。

二、采购业务的流程

科学合理的采购业务流程设置及相应的内部控制措施安排是企业正常运营、实现发展目标的前提和保证。企业应对每一采购环节可能存在的风险都实行有效的监督和控制,并不断改进和完善。

采购业务基本流程如图3-4所示。

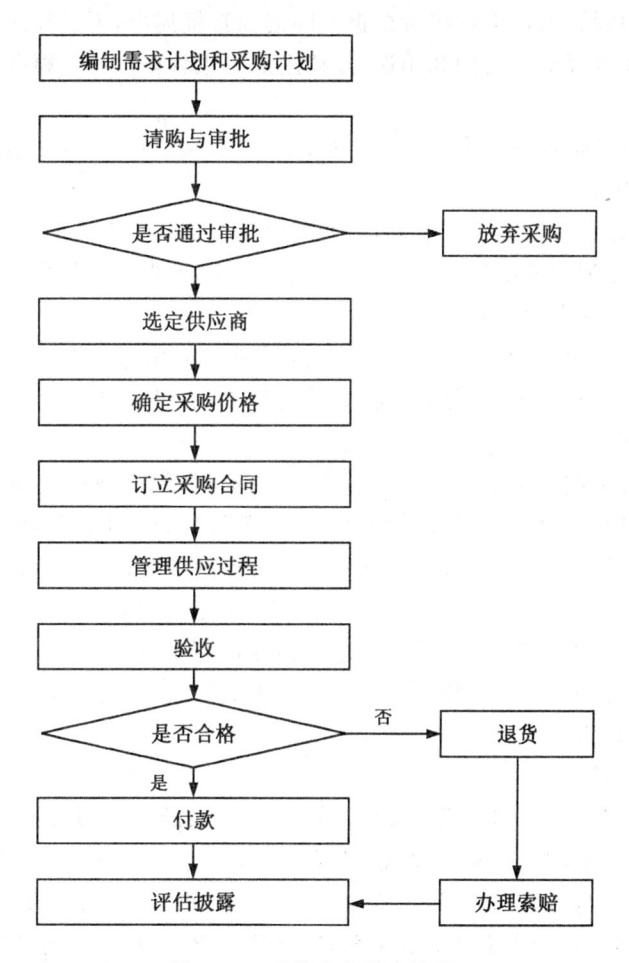

```
编制需求计划和采购计划
         ↓
      请购与审批
         ↓
      是否通过审批 ——否——→ 放弃采购
         ↓是
      选定供应商
         ↓
      确定采购价格
         ↓
      订立采购合同
         ↓
      管理供应过程
         ↓
        验收
         ↓
      是否合格 ——否——→ 退货
         ↓是                ↓
        付款            办理索赔
         ↓                  ↓
      评估披露 ←————————————
```

图3-4 采购业务基本流程

(一)编制需求计划和采购计划

采购业务都是从编制计划开始的,包括需求计划和采购计划。需求计划是需求部门为配合企业年度销售预测或生产数量,对所需求的物资数量及成本编制的计划。采购计划是采购部门在了解市场供求情况、熟悉企业生产经营活动和掌握物资消耗规律的基础上,对物资采购活动编制的计划。

在实际操作中,由需求部门根据生产经营的实际需要向采购部门提出物资需求的计划,采购部门根据需求计划和现有库存情况,统筹安排采购计划,经过审批后执行。

(二)请购与审批

请购是指企业生产经营部门根据采购计划和实际需要,提出的采购申请。采购申请一般由需求部门或仓储部门提出,由本部门主管或其授权人员审批,若合理则签字认可交采购部门,金额巨大或特殊采购应由主管总经理审批。

请购单一般一式三联,内容包括请购部门,请购物品名称、规格、数量、要求到货日期及用途等。请购单经使用部门负责人审核后,依照请购核准权限报有关领导签字批准,并根据内部管理要求编号,送到采购部门。

(1)重要物品或劳务的请购,应当经过决策论证和特殊的审批程序。

(2)临时需要的物品,通常由使用者根据实际需要直接提出,不必经采购部门审批,但使用者在请购单上一般要解释请购目的和用途,经使用部门主管审批并经财务部门同意后,交采购部门办理采购。

(3)紧急需求的特殊请购,制定特殊审批程序。紧急请购时,由请购部门在请购单上注明原因,并加盖紧急采购章。

(4)材料检验必须经特定方式进行的,请购部门应在请购单上注明要求。

(5)特殊原因需取消请购申请时,请购部门应通知采购部门停止采购,采购部门应在原请购单上加盖撤销印章,并退回请购部门。

(6)总务性用品、零星采购及小额零星采购材料项目免开请购单。总务性用品包括:①招待用品,如饮料、香烟等;②礼仪用品,如花篮、礼物等;③书报、名片、文具等;④印章、账票等。

(三)选定供应商

这一环节是企业采购业务流程中非常重要的环节,如果企业供应商选择不当,很可能导致企业采购物资出现高价格、低质量的情况,甚至有舞弊行为发生。采购部门在确定了采购数量之后及签订购销合同之前,应该按照企业订货报价控制制度,选择最有利于企业生产和成本最低的供应商。各项商品的供应商应该至少有三家,每家的背景和交易资料都应记入供应商信息表存档备用。如果要开发新的供应商,应该由生产管理部门和采购人员一起实地考察生产设备、工艺流程、生产能力、产品质量等条件。对于交货质量不良、无法按期交货或停止营业的供应商,应予撤销设定。

(四)确定采购价格

采购部门的重要任务,是如何用最优"性价比"采购到最符合需求的物资。如果企业采购的定价方式选择不当、采购价格不合理,就有可能造成企业资金损失。企业应当健全采购价格形成机制,采取多种采购方式,如协议采购、招投标采购、询比价采购、动态竞价采购等,科学、合理地确定采购价格。对于大宗商品的采购,应该采用招标的方式,明确招投标的范围、标准、实施程序和评估规则。其他商品的采购,应该参照市场价格变动制定参考价格。价格谈判是采购决策最关键的环节,也是最终确定供应商进而签订采购合同的依据。

(五)订立采购合同

采购合同是指企业根据采购需要、采购方式、采购价格等因素与供应商签订的具有法律效力的协议,该协议中明确规定了双方的权利、义务和违约责任等情况。预付定金、采购金额较大或有附带条件的采购项目,采购人员应当先与供应商签订采购合同。采购合同中包含所购物品的名称、价格、数量、交货日期、交货方式、金额、结算方式等内容。企业向供应商支付合同规定的款项,供应商按照约定交付物资给采购方。合同书的正本有两份,一份存采购部,另一份存供应商处;副本有若干份,分别存于请购部门、收料部门、财务部门及供应商。

(六)管理供应过程

管理供应过程,是指企业建立严格的采购合同跟踪制度,选择合适的运输方式和运输工具,随时掌握物资采购供应过程的情况。采购人员对于每一个采购项目都应当根据需要确定进度管制点,预定采购业务进度,严密跟踪供应的详细过程,如有异常,及时反馈,需要变更的采取必要措施立即解决。对于加工时间长或重要的物资,应当向供应商派驻代表进行监督检查,帮助发现问题,提出改进措施。掌握好本企业的商品库存量,避免企业库存短缺或挤压。同时,要做好采购供应过程的相关记录,综合采取各方面措施,以保证需求物资的及时供应。

(七)验收

验收是指企业对采购物资和劳务的检验接收,以确保符合合同要求或产品质量要求。验收的职能必须由独立于请购、采购和会计部门的人员来承担,由质检部门主导,会同仓储部门、使用部门和采购部,对收到商品的数量和质量进行检验。若发现异常情况,则应立即向有关部门报告,查明原因,及时处理。货物到达后,由仓储部门指派验收人员通过计数、过磅或测量等方法对货物进行实物计量,并与货运单、订购单进行核对,有技术要求的送交质检部门对货物进行检验,正确无误后填制收料单。收料单的内容包括供应商名称、收货日期、货物名称、数量和质量以及运货人名称、原订购单编号等。验收完毕后,对验收合格的商品应当编制一式多联、预先编号的入库单。入库单一式三联,内容包括供应商名称、收货日期、商品名称、数量和质量以及运货人名称、原购货订单编号等,作为验收商品的依据。保管员在入库单签字后,一联留存,一联送交会计部门办理结算,一联退回采购部门与购销合同、请购单核对,核对后归档备案。财务部对有验收报告而没有发票的采购项目,应暂估入账。

(八)付款

付款是指企业在对采购预算、采购合同、相关凭证、审批程序等内容审核无误后,按照合同规定向供应商支付款项的过程。这一环节主要由财务部门和采购部门执行。财务部门对发票、运费单、验收单、入库单及相关凭证审核后,与合同进行核对,经企业授权人审批后由采购部门向供应商办理结算。

对于企业采用赊账方式购买物品而引发的债务结算业务,具体规定如下:

(1)应付账款的入账,必须在取得请购单、企业授权人审批后的发货票、验收入库单、借款通知等凭证后才可以入账。有现金折扣的,直接按照供应商发票金额入账;发生退货的,要从原发票中扣除后入账;有预付货款的交易,在收到供应商发票后将预付金额冲抵部分金额后入账。

(2)尽量设置专人登记应付账款明细账,并由稽核人员定期与供货商核对账目,如果对账中发现问题,应及时查明原因,并按有关规定予以处理,确保双方的账目相符。

(3)按双方事先约定的条件,及时清理债务,支付欠款后,应取得债权人的收款证明,并据此编制记账凭证,登记账簿。

(九)退货

有关部门在接到货物后,如果发现货物有数量上的短缺或质量上的问题,应当及时与供应商联系,要求供应商采取补救措施,如补足数量、扣减价款、提供折扣、折让等。如果退货,采购部门应通知供货单位并编制退货通知单,同时交由主管人员审核,审核通过后交会计部门,由财务部门调整应付账款。

(十)评估与披露

企业应当建立采购业务评估制度,加强对购买与审批、验收与付款过程的控制,定期对物资需求计划、采购计划、供应商、采购价格、采购质量、合同履行情况等进行评估和分析,及时发现采购业务的薄弱环节。对于供应商情况、采购价格形成机制以及采购过程中的风险等也要及时披露,优化采购流程,不断防范采购风险,促进物资采购与生产、销售等环节的有效连接,全面提升采购效能。

三、采购业务内部控制的主要风险点及管控措施

(一)编制需求计划和采购计划

该环节的主要风险:需求和采购计划不合理,与实际需求不符,或者不按照编制的计划采购,从而影响企业的生产经营活动。

主要管控措施:第一,各部门应当根据企业实际的生产经营需要及时准确地编制需求计划。需求计划中不能指定或变相指定供应商。有独家代理权或专有权的特殊产品,应当提供相应的独家、专有资料,并要经过具备相应审批权限的部门审批。第二,企业在制订采购计划时,应当根据库存情况,结合发展目标的需要,科学安排采购计划,防止采购过多或过少。第三,采购计划经相关负责人审批后,应该严格执行。

(二)请购与审批

该环节的主要风险:没有建立采购申请与审批制度,可能出现请购审批不当或者越权审批的情况,由此会造成库存短缺或者积压,导致企业生产停滞或资源浪费的现象出现。

主要管控措施:第一,企业应当建立采购申请制度,明确相关部门的职责权限及相应的请购和审批程序。在这一环节就应该把购买物资或接受劳务的各种需求因素考虑在内,然后根据其类型归类汇总,分配到相应的管理部门,并给各管理部门相应的请购权。也可以根据实际需要,设置专门的请购部门对采购需求进行审核,从而更合理地安排企业采购计划。第二,对于已经设置预算的采购项目,有请购权的部门应当严格按照预算来设置进度,办理请购手续,同时要考虑市场因素,提出合理的采购申请。如果项目超出预算,则应该先进行预算调整,经具备审批权限的部门审批后,才可以办理请购手续。第三,有相应审批权限的部门在审批采购申请时,需要注意的内容有:采购计划是否合理,是否与实际需求相符,是否符合采购预算等。如果采购申请不符合规定,则应要求请购部门重新调整请购计划或拒绝批准。对于重要的和技术性较强的采购业务,企业应当组织相关专家进行论证,实行集体决策和审批。

【例3-6】 某公司的内部控制制度规定,每个需求部门每月都要填报产品需求计划书,内容要包括产品的名称、规格、数量等指标,在报相关需求部门审批之后,在月中之前汇总到电子商务中心,追加计划也要履行上述审批程序。电子商务中心收到产品需求计划书之后,复核各个下属部门上报的计划书,审核品种、数量以及审批人是否签字或者盖章。

【分析】 该公司拟通过以上控制措施,防范采购需求计划没有经过必要的审批以及采购需求计划与实际需求不符的风险,从而保证采购需求计划经过必要的审批,并且使采购需求计划与实际需求尽量相符。

(三)选定供应商

该环节的主要风险:没有供应商评估和准入制度,缺乏供应商管理系统和淘汰制度,可能出现供应商选择不当,导致采购物资质次价高的情况发生,还可能产生舞弊行为。

主要管控措施:第一,建立科学的供应商评估和准入制度,健全企业供应商网络。企业可委托具有相应资质的中介机构对供应商所提供的资质、信誉等资料的真实性和合法性进行资信调查,再通过企业审查确定合格的供应商名单。企业调整供应商物资目录、新增供应商的市场准入及供应商新增服务关系等,都要纳入供应商网络。第二,采购部门对供应商要本着公平、公正和竞争的原则择优选定,并在防止舞弊风险的基础上与供应商签订质量保证协议。第三,建立供应商管理信息系统和供应商淘汰制度,对供应商提供物资或劳务的质量、价格、交货及时性及其资信、经营状况等进行实时考核和管理,根据考核评价结果,提出供应商淘汰和更

换名单,经审批后对供应商进行合理调整,并在供应商管理系统中做出相应记录。

【例3-7】 某零件制造企业制定了以下供应商评价管理工作流程及控制点:

(1)相关部门策划供应商体系评价计划并提交生产经营部门审批。

(2)审核人员根据检查表的相关要求实施供应商的现场评价,并做好相关记录。

(3)供应商评价工作小组将审核的报告递交采购委员会。

(4)采购委员会对评价报告进行最终审批。

(5)生产经营部门将决定后的评价报告发送给合格的供应商,要求供应商提交相应的改进措施,并对改进效果进行确认。工作小组督促改进措施的完成,公司与合格的供应商签订质量保证协议,生产经营部门对全部资料进行存档。

(6)对不合格的供应商只传递评价结论,不传递评价报告。

(7)相关部门根据批准后的评价报告维护和更新供应商管理信息系统,做出供应商名单的调整。

【分析】 该公司的供应商评价制度比较完善。公司建立了科学的供应商评估和准入制度,对供应商资质、信誉情况做了审查;有严格的供应商审核工作制度,在切实防范舞弊风险的基础上,与供应商签订质量保证协议。此外,公司还建立了供应商管理信息系统和供应商淘汰制度,对供应商情况进行实时管理和考核评价,根据考核评价结果对供应商进行合理选择和调整。可见,该公司的供应商管理工作流程及控制要点符合采购业务内部控制规范,能够有效地防范供应商选择环节的风险。

(四)确定采购价格

该环节的主要风险:没有科学合理的采购定价机制,选择采购定价的方式不当,对重要物资的价格没有进行及时的跟踪监控,从而可能导致采购价格不合理,给企业造成资金损失。

主要管控措施:第一,健全采购定价机制,采取招标采购、协议采购、询比价采购、动态竞价采购等多种方式,科学、合理地确定采购价格。对标准化程度高、需求计划性强、价格相对稳定的物资,通过招标、联合谈判等公开、竞争方式签订框架协议,例如,大宗物资应当采用招标的方式进行采购。第二,采购部门应当定期研究大宗通用重要物资的市场价格变动趋势与成本构成,确定采购重要物资的执行价格或参考价格;建立采购价格数据库,对重要物资的市场供求情况和价格走势进行合理分析和利用。

(五)订立采购合同

该环节的主要风险:合同对方的主体资格、履约能力等没有达到企业的要求,或者合同内容存在重大疏漏和欺诈等,都有可能使企业的合法权益受到损害。

主要管控措施:第一,对供应商的主体资格、履约能力、信用状况等进行风险评估,确保供应商具备履约能力。第二,根据选择的供应商、采购价格等情况,订立采购合同,合同条款要清晰、准确,明确双方的权利、义务和违约责任,按照规定权限签订采购合同。对于影响重大、专业技术要求较高或法律关系较为复杂的合同,应当组织企业的法律、技术、财会等专业人员或聘请外部专家参与合同的订立过程。第三,对重要物资验收量与合同量之间存在的差异,应对其允许范围做出统一规定。

【例3-8】 某公司关于采购合同的内部控制制度如下:

(1)根据公司管理信息系统中标准合同模板拟订合同文本,标准合同模板经法律确认有效、合同盖章生效前,需经过律师事务所审核。

(2)经办人形成合同文本,采办部负责人对合同内容进行审核,由律师事务所审核确认,公司主管经理审批生效后盖章。

(3)采办部负责人对采购价格进行审核。

【分析】 第(1)项规定是为了防范合同没有完整地包括法律规定的必要条款风险,第(2)项规定是为了防范合同内容存在重大疏漏和欺诈以及采购合同未经有效授权的风险,第(3)项规定是为了防范采购合同价格未经审批的风险。

(六)管理供应过程

该环节的主要风险:没有对采购合同履行情况进行有效的跟踪,或者运输方式的选择不合理而导致运输过程风险增加,致使采购物资损失或无法保证供应。

主要管控措施:第一,对生产进程或合同履行情况进行及时的跟踪记录,一旦发现可能影响进度的异常情况,就应及时采取必要措施,以保证需求物资的及时供应。第二,对重要物资建立巡视监造制度。对需要监造的物资,签订监造合同,选择合适的监造责任人,及时向企业汇报监造过程。第三,根据项目进度和采购物资特性等因素,选择合理的运输工具和运输方式并进行投保。第四,实行采购登记制度或信息化管理,确保采购过程的可追溯性。

(七)验收

该环节的主要风险:验收标准不明确、验收程序不规范、对验收中存在的异常情况不做处理,可能造成账实不符、采购物资损失。

主要管控措施:第一,制定明确的验收标准,结合物资特性,确定必须有质量检验报告才可入库的物资目录。第二,验收部门应当核对采购合同、发票等原始单据与采购物资的数量、质量和规格等是否一致,验收合格后才可以入库。涉及大宗的、技术性强的或新、特物资时,还应进行专业测试,必要时可委托具有检验资质的机构或聘请外部专家协助验收。第三,对于验收过程中发现的异常情况,比如超出预算的物资、毁损的物资等,验收部门应当立即向企业相关机构报告,待相关机构查明原因后应及时处理。对于不合格或延迟交货的物资,采购部门办理拒绝接收、退货、索赔等相关事宜。

【例3—9】 某公司关于采购验收的内部控制制度如下:

(1)保管员货到当日做好到货记录,次日通知计划员,不得拖延。

(2)保管员在到货记录上登记收货信息,并进行归档。

(3)保管员入库验收以货物实物、质量、数量、入库验收单、合同及软件资料相符为条件。

(4)对验收人员进行专业培训,委托有资质的单位检验。

(5)专业计划负责分管物资的货源组织。

(6)对验收过程中发现的异常情况,验收人员应当及时做出报告处理。

【分析】 该公司的上述内部控制制定规定严格,是为了防范验收标准不明确、验收程序不规范等问题,因为企业对验收中存在的异常情况如果不做处理,就可能造成账实不符,以及采购物资损失的风险。

(八)付款

该环节的主要风险:没有建立合理的付款管理制度,没有对付款进行严格审核,或付款方式不恰当,付款金额控制不到位,都可能造成企业的资金损失或信用受损。

主要管控措施:第一,企业应当加强采购付款的管理,完善付款流程,明确付款审核人的责任和权力,严格审核采购预算、合同、单据凭证、审批程序等相关内容,审核无误后按照合同规定,合理选择付款方式,及时办理付款。第二,企业应当重视采购付款的过程控制和跟踪管理,涉及大额或长期的预付款项,应当定期进行追踪核查,综合分析预付账款的期限、不可收回风险等因素,如果发现异常情况,应及时采取措施,避免出现资金损失和信用受损。第三,根据企业生产经营的实际情况,选择适合的付款方式,并按照合同规定,防范付款方式不当带来的法律风险,保证资金安全。

(九)退货

该环节的主要风险:缺乏科学的退货管理制度,可能出现退货不及时等情况,给企业带来损失。

主要管控措施:第一,企业应当建立科学的退货管理制度,对退货条件、退货手续等做出明确规定。第二,在合同中明确退货事宜,及时收回退货货款。需要向供应商索赔的,应当在索赔期内及时办理索赔。

(十)评估与披露

该环节的主要风险:缺乏有效的采购会计系统控制,无法全面、真实地记录和反映企业采购各环节的资金和实物状况;或者,相关会计记录与相关采购记录、仓储记录不一致,导致不能如实反映企业采购业务,使采购物资和资金受损。

主要管控措施:第一,企业应当加强对购买、验收、付款业务的会计系统控制,详细记录供应商、采购申请、采购合同、款项支付、验收证明、退货、商业票据等情况,做好采购业务各环节的记录,确保会计记录、采购记录与仓储记录核对一致。第二,指定专人通过函证等方式,定期向供应商寄发对账函,核对应付账款、应付票据、预付账款等往来款项,对供应商提出的异议应及时查明原因,报有权管理的部门或人员批准后,做出相应调整。企业应当对办理采购业务的人员定期进行岗位轮换。

关键概念

需求计划　　采购计划　　采购合同　　验收

本节综合案例

据 2013 年 10 月 5 日的《新闻晨报》报道,北京市第二中级人民法院判处利用职务之便贪污公款 840 万元人民币的原北京市第六市政工程公司水电工程处主任沈某死刑,缓期两年执行,剥夺政治权利终身,并没收个人全部财产。法院经审理查明,2010 年 2~10 月,沈某在担任北京市第六市政工程公司水电工程处主任期间,利用职务之便,向他人索要空白合同及空白商业零售专用发票伪造工矿产品购销合同,虚构水电工程处从北京某电线电缆有限公司购买价值 382.6 万元电力电缆,并指令保管员填写虚假的材料入库验收单,又用写有 187 万元和 195.6 万元的两张空白发票平账。在此期间,沈某还分别将其所在单位共计 358 万元的两张转账支票转入其女友刘某的个人股票账户内,用于个人炒股和购买房产、汽车等,案发后退回及追缴人民币 141 万余元,港币 130 余万元。

【思考】　为什么该公司存在如此大的问题?除沈某自身原因外,该公司的采购流程内部控制中存在哪些缺陷?

【案例分析】　从本案例可以看出,沈某之所以能够贪污挪用公款达 840 万元,除其自身道德因素外,还表明该市政工程公司的采购流程内部控制存在以下严重缺陷:

(1)电力电缆的请购、审批和实际采购全由沈某一人完成,没有达到前述不相容职务相互牵制的要求,为虚假采购创造了空间。

(2)采购和验收没有形成牵制。在采购过程中,采购人员不能同时兼任货物验收工作,否则可能造成采购人员购买劣质材料。本案例中虽然采购人和验收人是两个人,但是由于保管员受沈某的控制,实际上采购职务与验收职务两者根本没有起到相互牵制的作用,如同一个人执行,从而产生了虚假的材料入库。

(3)在采购的最后环节,即应付账款的控制上对于入账凭证的审核不严密造成应付账款的入账依据不真实。沈某是用两张空白发票平账,可能是由于会计部门在审核该应付账款入账依据时没有审核这两张发票的真实性或是会计部门也受沈某一人控制,造成虚假应付账款。

(4)该公司的支票管理也存在漏洞。在支票支出时,必须有经核准的发票或其他必要凭证作为书面依据,在支票上写明收款人和金额,且由专人签发。在本案例中,沈某将两张转账支票转入个人账户时,没有提供任何支票支出所需要的有效书面证据,造成公款变私款。

练习题

一、单项选择题

1. 未实际按照采购合同的要求进行跟踪管理,没有选择适当的运输方式和工具,忽视投保等,使得采购物资不能保证持续供应或损失,这是(　　)的主要风险。
   A. 审核　　　　　　　　　　　　B. 管理供应过程
   C. 制定采购价格和采购批量　　　　D. 实施采购活动
2. 单位对于重要的采购与付款业务,应当组织专家进行可行性论证,由(　　)审批。
   A. 董事长　　　　　　　　　　　　B. 总经理
   C. 企业领导集体决策　　　　　　　D. 负责采购的副总经理
3. 在一家企业中,采购申请书必须先由(　　)签名批准。
   A. 董事长　　　　　　　　　　　　B. 总经理
   C. 部门主管　　　　　　　　　　　D. 负责采购的副总经理
4. (　　)是采购决策最关键的环节,也是最终确定供应商进而签订采购合同的依据。
   A. 审核程序　　　　　　　　　　　B. 价格谈判
   C. 供应商的选择　　　　　　　　　D. 采购前期工作
5. 公司财务部对有验收报告而没有发票的采购项目,应(　　)。
   A. 暂不入账　　　　　　　　　　　B. 暂估入账
   C. 付款时入账　　　　　　　　　　D. 按预付款金额入账

二、多项选择题

1. 下列说法中,符合采购业务内部控制要求的有(　　)。
   A. 企业应当对办理采购业务的人员定期进行岗位轮换
   B. 对于重要的和技术性较强的采购业务,企业应当组织相关专家进行论证
   C. 对于重要的和技术性较强的采购业务,企业应当实行集体决策和审批
   D. 企业不得安排同一机构办理采购业务全过程
   E. 大宗采购可以采用询价或定向采购的方式并签订合同或协议
2. 企业应当建立采购业务后评估制度,对(　　)进行评估分析。
   A. 采购价格　　　B. 采购质量　　　C. 采购渠道　　　D. 采购成本
3. 采购业务控制应通过(　　)环节来进行。
   A. 采购申请　　　B. 合同签订　　　C. 验收入库　　　D. 货款结算
4. 企业在确定采购价格时较常采用的手段有(　　)。
   A. 询价　　　　　B. 比价　　　　　C. 招投标　　　　D. 协议
5. 下列选项中,属于采购与付款业务流程的有(　　)。
   A. 货款结算　　　B. 审核　　　　　C. 请购　　　　　D. 采购决策

三、判断题
1. 企业小额零星物品或劳务采购可以采取直接购买、事后审批的方式。（　）
2. 企业超过一定金额的采购需求,可由领用部门自行采购。（　）
3. 企业可以由付款审批人和付款执行人单独完成询价和确定供应商工作。（　）
4. 企业所有的采购必须由企业管理层集体决定审批,再交予采购部门执行。（　）
5. 企业验收部门应使用连续的验收报告记录收货,对无采购申请表的货物,不得签收。（　）
6. 企业请购阶段的风险主要是因缺乏采购申请制度,请购未经适当审批或超越授权审批,可能导致采购物资过量或不足,影响企业的正常生产经营。（　）

四、简答题
1. 企业请购的风险有哪些？
2. 采购部门如何用最优性价比确定采购商品的价格？
3. 订立采购合同时应采取哪些管控措施来防范风险？
4. 采购人员应当如何进行采购业务的跟踪管理？
5. 采购业务控制的总体要求是什么？
6. 简要描述采购业务的流程。
7. 为什么要编制需求和采购计划？
8. 采购业务完成后,为什么要进行评估和披露？

五、案例分析题
A汽车公司制定了专门的采购业务控制制度：
(1)采购部收到经批准的请购单后,由其职员王某选择并确定供应商,再由职员张某负责编制和发出预先连续编号的订购单。订购单一式四联,经被授权的采购人员签字后,分别送交供应商、验收部门、提交请购单的部门和采购业务结算的应付凭单部门。
(2)验收部门根据订购单上的要求对所采购的材料进行验收后,将原材料交仓库人员存入库房,并编制预先连续编号的验收单交仓库人员签字确认。验收单一式三联,其中两联分别送应付凭单部门和仓库,一联留存验收部门。如果发生异常情况,验收人员应在验收完毕后及时通知相关部门进行处理。
(3)凭单部门核对供应商发票、验收单和订购单并编制预先连续编号的付款凭单。付款凭单经批准后,应付凭单部门将付款凭单连同供应商发票及时送交会计部门,并将未付款凭单副联保存在未付款凭单档案中。会计部门收到附供应商发票的付款凭单后应及时编制相关记账凭证,并登记原材料和应付账款账簿。
(4)凭单部门负责确定尚未付款凭单在到期日付款,并把留存的未付款凭单及其附件送交审批后,把未付款凭单及附件交复核人复核,再交出纳员李某。李某据此办理支付手续,登记现金和银行存款日记账,并在月末编制银行存款余额调节表交会计主管审核。
【要求】 根据上述资料分析A汽车公司的内部控制中存在哪些薄弱环节。

第三节　资产管理

本节要点提示
　　了解资产管理业务的流程；
　　掌握资产管理业务的内容；
　　掌握资产管理业务内部控制的主要风险点及管控措施。

本节内容提要
　　资产作为企业重要的经济资源,是企业从事生产经营活动并实现发展战略的物质基础。

在现代企业制度下,资产业务内部控制已从保障货币性资产安全拓展到重点关注资产效能,充分发挥资产资源的物质基础作用。企业应当将合理保证资产安全作为内部控制目标之一,加强资产方面的内部控制。本节介绍了存货、固定资产和无形资产等资产管理活动的基本流程,分析了各业务环节可能存在的风险点,并提出了相应的控制措施。

一、存货管理

存货是指企业在日常活动中持有的以备出售的产成品或商品、处在生产过程中的在产品、在生产过程或提供劳务过程中耗用的材料和物料等。存货主要包括在途物资、原材料、在产品、库存商品、周转材料及委托加工物资等。存货内部控制是企业整体内部控制中的重要环节,加强存货管理有利于保证企业存货的安全,加快存货流转,提高经济效益,实现经营目标。

(一)存货管理的业务流程

企业要根据其业务特征、存货类型,并结合本企业的生产经营特点等建立和完善存货内部控制制度,针对业务流程中的关键环节,制定有效的控制措施。一般生产企业的存货业务流程可分为取得、验收、仓储保管、生产加工、盘点处置等几个环节。

不同的企业,其存货业务流程也存在差异,可能不仅包括上述所有环节,甚至有更多、更细的流程,也有的企业生产经营活动较为简单,其存货业务流程可能只涉及上述流程中的某几个环节。但总的来说,无论是生产企业,还是其他类型企业,存货取得、验收入库、仓储保管、领用发出、盘点清查、销售处置等都是其共有的环节。以下将对这些环节可能存在的主要风险及管控措施加以说明。以生产企业为例,图3—5列示了企业存货流转的主要程序。

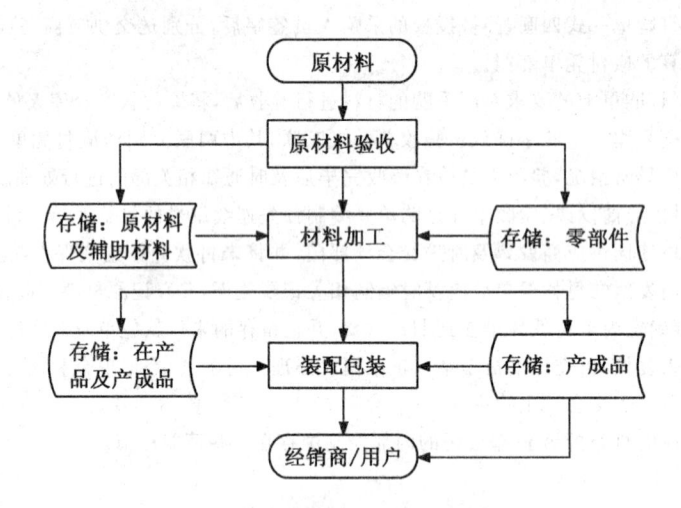

图3—5 存货管理基本业务流程

(二)存货管理的主要风险点及管控措施

1. 存货采购

该环节的主要风险:采购方式的不合理导致采购费用超预算,影响企业生产经营计划,或者因采购数量不合理而导致库存状态不佳等。

主要管控措施:企业的存货应根据生产经营计划、市场因素、采购费用等综合考虑,选择合适的存货采购方式,如外购、委托加工或自行生产等。要建立存货请购制度,明确请购相关部门或人员的职责权限及相应程序。采购业务必须按照事先编制的计划和预算进行,对于超预算及预算外的采购,必须经过严格审批。在存货管理过程中,应当根据不同存货类型的特点、库存情况以及企业生产计划,合理确定存货采购日期和数量,确保存货处于最佳库存状态。

2. 存货验收

该环节的主要风险:企业的存货验收程序不规范导致存货的数量、品种和质量不符合企业要求。

主要管控措施:企业要完善验收程序,制定合理的标准和规范,由质检部门主导,会同仓储部门、使用部门和采购部共同验收。外购的存货应当根据装箱单、采购订单、采购合同等采购文件核对存货的名称、规格并清点数量或过磅、测量重量,同时验收人员填写相关记录,必要时可聘请外部专家协助进行。自制存货的验收,生产部门应组织专业人员对其进行检验,只有检验合格的产成品才能办理入库手续。仓储部门对于入库的存货,应根据入库单的内容对存货的数量、规格、包装及外观等进行检查,并真实、完整地填写入库记录,符合要求的予以入库,不符合要求的,应当及时办理退换货等相关事宜。财务部负责核对发票与收料单,按合同及付款手续填制付款凭证。

【例3—10】 某企业董事长常年在国外工作,材料的采购由董事长个人掌握,材料到达入库后,保管员按实际收到的材料的数量和品种验收入库,实际的采购数量和品种保管员无法掌握,也没有合同相关的资料。

【分析】 该企业基本没有存货管理内部控制制度。在内部控制中,应对单位法定代表人和高管人员对实物资产处置的授权批准制度做出相互制约的规范,并且应建立完善的验收程序。对于不同种类的材料,要根据材料的具体情况对货物进行检查和验收,并填制相关单据及凭证。对重大的资产处置事项,必须经集体决策审批,而不能由单位负责人一人说了算。

3. 存货的仓储保管

该环节的主要风险:企业的存货进入仓库后,因保管措施不健全,监管力度不够,仓库管理制度不完善,进而导致存货的数量以及质量出现问题,如被盗、失火、变质等。

主要管控措施:企业要制定合理的保管措施,加强监管,保证存货的储存安全、质量完好、数量准确。同类型的货物不同批次入库要注意分开摆放,不同批次、型号和用途的产品也要分类存放。存货仓储期间要按照仓储物资所要求的储存条件妥善贮存,做好防火、防洪、防盗、防变质等保管工作,定期对货物进行清洁和整理。仓储管理员要定期或随时检查存货有无过期变质、残损、短缺等情况,并详细记录,如有发现,保管员应及时报告主管人员,会同有关部门进行处理。仓库禁止无关人员进入,所有入库人员均需按照规定执行并遵守仓库管理制度。另外,企业可以根据实际情况,加强存货的保险投保,保证存货安全,降低存货意外损失风险。

4. 领用发出程序

该环节的主要风险:存货领用发出制度不完善,审批程序出现漏洞,可能出现存货浪费、紧缺等问题,影响企业的正常生产经营。

主要管控措施:企业要规范存货领用和发出的相关程序,加强该环节的控制。企业应当根据自身的业务特点,采用合理的存货发出管理模式,明确存货发出和领用的审批权限,加强存货领用记录。一般来说,企业生产部门领用材料,需填写领料申请单并办理相应的审批手续,凭借经过审批的领料申请单到仓库领料。仓储部门需要对领料申请单中载明的材料用途、领用部门、数量以及相关的审批签字信息等内容进行审核,审核无误后方能发料,并与领用人当面点交清楚。另外,对于大批存货、贵重商品或危险品等特殊项目的发出,还应当履行特别授权程序。

【例3—11】 税务部门在对某外资企业的检查中发现,该企业存货的领用没有建立规范的领用制度,车间在生产中随用随领,没有计划,多领也不办理退库手续。生产中的残次料随处可见,随用随拿,浪费现象严重。

【分析】 该企业没有定额管理制度,也没有规范的材料领用和盘点制度,仅凭生产工人的自觉性来计量材料的消耗。该企业应细化控制流程,完善领用发出程序的控制方法。

5. 盘点清查

该环节的主要风险:企业没有完善的存货盘点清查制度,对企业存货及财产的数量和质量不能及时掌握,影响企业各项资产的安全、完整,不利于企业的内部管理。

主要管控措施:企业应当建立存货盘点清查制度,合理确定盘点周期、盘点流程、盘点方法等相关内容。存货盘点需要相关部门一同参与,多部门人员共同盘点。盘点清查时,应制订详细的盘点计划,使用科学的盘点方法,保证盘点的真实性、有效性。盘点过程中要重点检查存货的名称、品种、数量、存放情况是否账实相符,是否符合相关规定的要求,并根据盘点情况进行记录,形成书面报告。对盘点清查中发现的问题,应及时查明原因,落实责任。

【例3—12】 某企业仓库的保管员自己盘点,盘点的结果与财务部门核对不一致。但企业既不去查找原因,也不进行处理,使盘点流于形式。

【分析】 发生这种现象的主要原因是存货盘点清查制度的不完善,企业没有对入库存货的质量、数量进行检查与验收,不了解采购存货要求。没有建立存货保管制度,仓储部门就会对存货盘点的结果做随意调整。

二、固定资产管理

固定资产是指企业为生产产品、提供劳务、出租或者经营管理而持有的、使用时间超过1年的房屋、建筑物、机器、机械、运输工具以及其他与生产经营活动有关的设备、器具、工具等。固定资产属于企业的非流动资产,是企业开展正常的生产经营活动必要的物资条件,其价值随着企业生产经营活动逐渐转移到产品成本中。固定资产的安全、完整、有效运行直接影响企业生产经营的可持续发展能力。

(一)固定资产管理的业务流程

企业应该结合本企业生产经营特征,根据固定资产的特点,制定合理的固定资产管理制度,加强固定资产的管理,完善相关的控制措施,便于企业掌握固定资产的构成与使用情况,确保企业财产不受损失。固定资产业务流程通常可以分为取得、验收移交、日常维护、更新改造和淘汰处置五个主要环节,如图3—6所示。

(二)固定资产管理的主要风险点及管控措施

1. 资产取得

该环节的主要风险:固定资产取得方式不合理,导致成本过高。

主要管控措施:企业要根据生产经营特点,结合资金计划以及现有条件,确定合理的取得方式,如外购、自行建造、融资租赁等。固定资产在购入后要进行合理、有效的验收。不同类型的固定资产有不同的验收程序和技术要求。办公家具、电脑、打印机等标准化程度较高的固定资产验收过程较为简化;对一些复杂的大型生产设备,尤其是定制的高科技精密仪器,以及建筑物竣工验收等,需要规范、严密的验收制度。企业要建立科学合理的验收程序,确保新增固定资产质量达标。同时,为了防范资产损失风险,企业还需要完善固定资产的投保制度。此外,固定资产取得后要及时登记造册,加强相关记录。

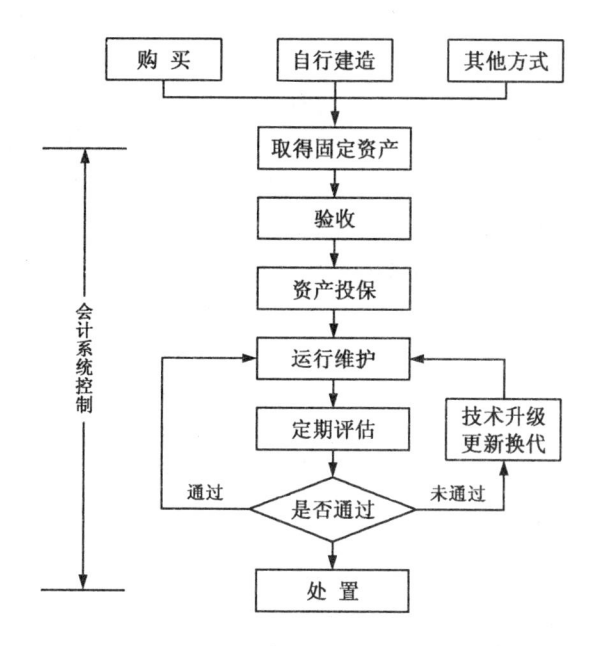

图 3—6 固定资产管理基本业务流程

2. 资产验收

该环节的主要风险：验收制度不完善，固定资产缺少投保制度，登记不完善。

主要管控措施：第一，建立科学、合理的验收制度。固定资产的验收由资产管理相关人员、使用部门和采购人员共同实施。外购固定资产应当根据合同、供应商发货单等对所购固定资产的品种、数量、规格型号、出厂日期、制造单位，包括附属设备和技术文件等进行验收，填写验收单，编制验收报告。企业自行建造的固定资产应由建造部门、固定资产管理部门、使用部门共同填制固定资产移交使用验收单，验收合格后移交使用部门投入使用。未通过验收的不合格资产不得接收，必须按照合同等有关规定办理退换货或其他弥补措施。对于具有权属证明的资产，取得时必须有合法的权属证书。第二，完善固定资产的投保制度。企业应根据固定资产的性质和特点，合理确定固定资产的投保范围、投保金额等。对应投保的固定资产项目按规定程序进行审批，办理投保手续，规范投保行为。对于重大固定资产项目的投保，应当考虑采取招标方式确定保险人，防范固定资产投保舞弊。已投保的固定资产发生损失的，及时调查原因及受损金额，向保险公司办理相关的索赔手续。第三，加强固定资产的登记造册等记录。企业取得固定资产后需要进行详细登记，编制固定资产目录，建立固定资产卡片，便于固定资产的统计、检查和管理。企业要结合自身实际情况，制定合适的固定资产目录，列明固定资产编号、名称、种类、所在地点、使用部门、责任人、数量、账面价值、使用年限、损耗等内容。还需要按照单项资产建立固定资产卡片，载明各项固定资产的来源、验收、使用地点、责任单位和责任人、运转、维修、改造、折旧、盘点等相关内容，便于固定资产的有效识别。固定资产目录和卡片均应定期或不定期复核，以保证信息的真实和完整。

【例 3—13】 归某是某公司轻纺工程部经理。2000 年 11 月，某公司欲购精梳机一套，但当时该公司没有购买此类机器的配额，归某便利用其他公司的配额到上海纺机总厂订购。随后，归某将本公司的 45 万余元划入纺机总厂。在 2001 年年初，他代表公司到纺机总厂核账时发现财务出错：已提走的设备是作为"其他公司购买"的，而他划入的 45 万余元却变成了其公司的预付款。2001年3月,归某派人到纺机总厂以公司的名义购买混条机等价值60余万元设备。因为有45万余元的"预付款",归某仅向纺机总厂支付了15万元。随后,他找到亲戚经营的某纺织器材公司,开出了公司以67万元购得这批设备的发票。但公司并不知内情,向纺机总厂支付了全部购货款,归某从中得利52万元。同年7月至10月期间,归某又以同样手段骗得公司11万余元并据为己有。2008年上半年,纺机总厂发现被骗遂向公安机关报案,归某随后被捕。法院认定归某贪污公款64万余元,构成贪污罪。

【分析】 由上述可见,该公司的验收和付款程序存在漏洞。付款员将67万元款项划给了某纺织器材公司,这纯粹是归某利用其亲戚的关系虚构的交易,如果验收员按照购货合同上写明的条款以及发货发票仔细验货,是不难发现归某冒用某纺织器材公司的名义购进纺机总厂的设备的。通常情况下,会计部门应该在按购货协议划出款项之后将购货单和购货发票转到验收部门,而验收部门应该在收到会计部门转来的购货单和购货发票副联时仔细查验其发货单位、收到货物的数量和质量后签收。但是该公司的验收部门根本就没有仔细查验发货单位,以至于归某的把戏得以蒙混过关,使公司蒙受了损失。

2. 运行和维护

该环节的主要风险:固定资产在投入使用后,没有及时对相关人员进行操作培训,出现对固定资产操作不当、缺乏定期维护而导致效率降低、资源浪费,甚至发生生产事故等问题。

主要管控措施:固定资产投入使用后,应当对使用人员进行培训,严格按照固定资产的操作流程,确保其安全运行,提高使用效率。为了保持固定资产处于正常运行状态,提高生产效率,企业需要制定固定资产相关操作、运行、维护管理制度,对其进行定期维护。固定资产使用部门及资产管理部门要建立固定资产运行管理档案,制订合理的日常维护计划,负责固定资产日常维修、保养,定期检查,及时消除风险,提高固定资产的使用效率,切实消除安全隐患。

3. 更新改造

该环节的主要风险:固定资产的更新改造不符合企业发展战略,导致相应的成本过高,降低了企业的生产效率。

主要管控措施:为了提高产品质量,开发新品种,降低能源、资源消耗,企业需要定期或不定期对固定资产进行升级改造。固定资产更新又可分为部分更新与整体更新。部分更新包括局部技术改造、更换高性能部件、增加新功能等方面,需权衡更新活动的成本与效益综合决策;整体更新主要是指对陈旧设备的淘汰与全面升级,更侧重于资产技术的先进性,符合企业的整体发展战略。企业资产使用部门需要根据自身情况,结合企业未来发展情况、市场环境、相关政策等方面,定期对固定资产进行专项技术评估,提出更新方案,会同财务部门进行预算的可行性分析,并且履行相关审批程序。管理部门需要对更新方案实施动态监控、加强管理,保证固定资产更新改造工作顺利进行。

4. 固定资产清查

该环节的主要风险:企业的固定资产清查措施不全面,出现固定资产丢失、毁损等造成账实不符或资产贬值的情况。

主要管控措施:企业应建立固定资产清查制度,至少每年全面清查一次,保证固定资产账实相符、及时掌握资产盈利能力和市场价值;对于固定资产清查中发现的问题,应当查明原因,追究责任,妥善处理。固定资产的清查工作需要财务部门会同资产使用部门和管理部门共同完成。在清查之前要编制清查计划,并且需要管理部门审批,定期进行清查,明确资产权属,确保实物与卡、财务账表相符。在清查结束后,清查人员需要编制清查报告,管理部门需就清查报告进行审核,确保真实性、可靠性。清查过程中发现的盘盈(盘亏),应分析原因,追究责任,妥善处理。

【例3-14】 长安福特公司固定资产盘点制度如下:
(1)目的:通过盘点确定公司固定资产是否安全,促进固定资产账实相符。
(2)使用范围:列入公司固定资产账目的所有资产项目。
(3)参考资料。
(4)职责:包括财务部门、主管部门及使用部门的职责。
(5)程序:包括基础工作、盘点方法和盘点时间、差异处理以及盘盈盘亏的会计处理。
(6)记录:规定了固定格式。
(7)发布/修订记录:规定了固定格式。

【分析】 该企业建立了完善的固定资产清查制度,通过确定清查目的、相关范围、各部门职责以及相关程序等对企业的固定资产进行定期清查,明确了资产的所属权,确保账实相符,有利于企业账务分析等后期工作的有效进行。

三、无形资产管理

无形资产是企业拥有或控制的没有实物形态的可辨认非货币性资产,通常包括专利权、非专利技术、商标权、著作权、特许权、土地使用权等。无形资产对于提高企业科技水平和生产力水平,增强企业竞争力,促进企业可持续发展具有重要的意义。企业应当加强对无形资产的管理,完善相关管理制度,保护无形资产的安全,提高无形资产的使用效率。

(一)无形资产管理业务流程

无形资产管理的基本流程包括无形资产的取得、验收并落实权属、自用或授权其他单位使用、安全防范、技术升级与更新换代、处置与转移等环节,如图3-7所示。

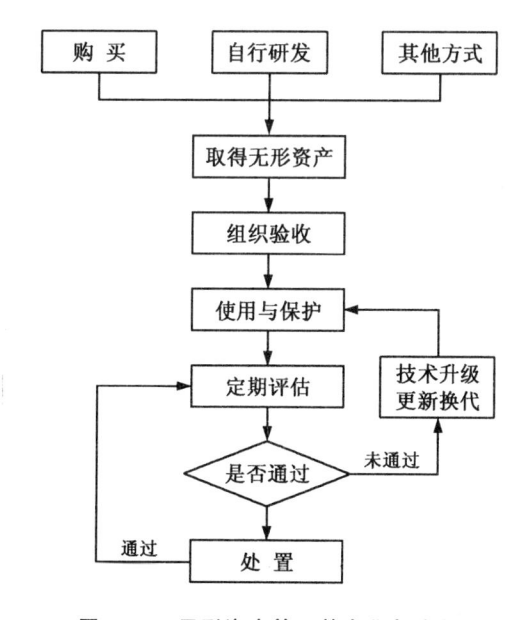

图3-7 无形资产管理基本业务流程

(二)无形资产管理的主要风险点及管控措施

1. 取得与验收

该环节的主要风险:无形资产使用与验收制度不完善,未及时办理产权登记手续,造成权属关系不明确,进而导致资源浪费或者发生法律诉讼等问题。

主要管控措施:根据无形资产的取得方式,对于企业外购的无形资产,必须仔细审核有关合同、协议等法律文件,及时取得无形资产所有权的有效证明文件,同时特别关注外购无形资产的技术先进性;企业自行开发的无形资产应由研发部门、无形资产管理部门、使用部门共同填制无形资产移交使用验收单,移交使用部门使用;企业购入或者以支付土地出让金方式取得的土地使用权,必须取得土地使用权的有效证明文件;当无形资产权属关系发生变动时,应当按照规定及时办理权证转移手续。

【例3-15】 2011年被上市公司大湖股份(600257)控股股东宏信控股所控制的江苏阳澄湖大闸蟹股份有限公司,之前宣布计划两三年内完成国内A股的IPO上市。而今阳澄湖大闸蟹养殖企业首次上市计划再次搁浅,其中困扰的问题之一便是企业的"阳澄湖牌"商标并不属于该企业。

【分析】 该案例属于典型的由于取得与验收环节中权属不清所导致的问题。目前"阳澄湖牌"一共有三家企业在使用。而苏州市阳澄湖大闸蟹集团是"阳澄湖牌"的所有者。每三年商标所有方会与江苏阳澄湖大闸蟹股份有限公司达成授权承诺,而是否会长期使用该商标仍是未知数。由于商标归属不清,公司迟迟无法上市,最终给企业带来了不小的经济损失。

2. 使用与保护

该环节的主要风险:无形资产保护制度不完善,导致利用效率低下,以及商业秘密泄露、侵权等损害企业利益等问题。

主要管控措施:企业应该加强对品牌、商标、专利等无形资产的管理,分类制定无形资产管理办法,促进无形资产的有效利用,充分发挥无形资产的重要作用;要建立无形资产核心技术保密制度,严格限制未经授权人员直接接触技术资料,对技术资料等无形资产的保管及接触应保有记录,实行责任追究,保证无形资产的安全与完整。

【例3-16】 有关资料表明,由于我国工商企业界对商标的注册、命名、宣传、评估及商标在国际保护方面认识不深,全国每年有近5万多个商标没能及时进行注册或续展注册而失去注册商标专用权的机会,并且中国名牌在海外被抢注,约有15%的品牌被抢注使得中国老字号品牌在国外被封杀。

【分析】 我国在很多领域花费了大量的人力、物力研制出高科技成果,并没有先去取得专利再将其转化为无形资产,而是先发表论文和申请研究成果的相关奖项,导致很多有价值的技术成果被他人轻易获得。正是这种对无形资产保护制度不健全、不完善的问题造成了我国无形资产流失和巨额的经济损失。

3. 技术升级与更新换代

该环节的主要风险:无形资产的更新改造不符合企业发展战略、改造成本不经济、技术投入不足等问题,对企业的可持续发展造成不利影响。

主要管控措施:企业应当定期对专利、专有技术等无形资产的先进性进行评估。一旦发现某项无形资产给企业带来经济利益的能力受到重大不利影响,就应当考虑淘汰落后技术,同时加大研发投入,不断推动企业自主创新与技术升级,确保企业在市场经济竞争中始终处于优势地位。企业还应该重视品牌建设,加强商誉管理,通过提高质量产品和优质服务等多种方式不断打造自主品牌,提高企业的社会认可度。

4. 无形资产的处置

该环节的主要风险:无形资产的处置审批程序不规范、处置价格不合理等,造成企业的资产流失从而影响企业的健康发展。

主要管控措施:企业应当建立无形资产处置管理制度,明确无形资产处置的范围、标准、程序和审批权限等要求。无形资产的处置应由独立于无形资产管理部门和使用部门的其他部门或人员按照规定的权限和程序办理;应当选择合理的方式确定处置价格,并报经企业授权部门或人员审批;重大的无形资产处置,应当委托具有资质的中介机构进行资产评估。

总之,资产是企业生产经营活动平稳运行的重要保障。企业要明确资产管理的要求,全面梳理资产管理流程,包括存货、固定资产和无形资产,查找管理的薄弱环节,加强资产管理的内部控制,保证资产完整、安全。为企业健康平稳发展提供保证,促进企业经营目标的实现。

关键概念

资产管理　　存货管理　　固定资产管理　　无形资产管理

本节综合案例

【案例一】

某国有企业仓库保管员负责登记存货明细账,以便对仓库中所有存货项目的验收、发出、存储进行永续记录。当收到验收部门送交的存货和验收单后,根据验收单登记存货领料单。平时,各车间或其他部门如果需要领取原材料,都可以填写领料单,仓库保管员根据领料单发出原材料。公司辅助材料的用量很少,因此领取辅助材料时,没有要求使用领料单。各车间经常有辅助材料剩余(根据每日特定工作购买而未全部消耗,但其实还可再为其他工作所用的这些材料由车间自行保管,无须通知仓库)。如果仓库保管员有时间,偶尔也会对存货进行实地盘点。

【案例分析】 在存货管理环节,该企业存在以下漏洞:

(1)存货的保管和记账职责未分离。这种做法可能导致存货保管人员监守自盗,并通过篡改存货明细账来掩饰舞弊行为,存货可能被高估。

(2)仓库保管员收到存货时不填制入库通知单,而是以验收单作为记账依据。这种做法可能导致一旦存货数量或质量上发生问题,无法明确是验收部门还是仓库保管人员的责任。

(3)领取原材料未进行审批控制。这种做法可能导致原材料的领用失控、造成原材料浪费或被贪污以及生产成本的虚增。

(4)领取辅助材料时既未使用领料单也未进行审批控制,对剩余的辅助材料缺乏控制。这种做法可能导致辅助材料的领用失控,造成辅助材料的浪费或被贪污以及生产成本的虚增。

(5)未实行定期盘点制度。这种做法可能导致存货出现账实不符现象且不能及时发现及计价不准确。

通过以上对于存货控制的分析,我们的建议是:

(1)建立永续盘存制,仓库保管人员设置存货台账,按存货的名称分别登记存货收、发、存的数量;财务部门设置存货明细账,按存货的名称分别登记存货收、发、存的数量、单价和金额。

(2)仓库保管员在收到验收部门送交的存货和验收单后,根据入库情况填制入库通知单,并据以登记存货实物收、发、存台账。入库通知单应事先连续编号,并由交接各方签字后留存。

(3)对原材料和辅助材料等各种存货的领用实行审批控制,即各车间根据生产计划编制领料单,经授权人员批准签字,仓库保管员经检查手续齐备后,办理领用。

(4)对剩余的辅助材料实施假退库控制,保证资源的合理利用,避免浪费。

(5)实行存货的定期盘存制。根据企业实际情况确定相应的盘存方法。盘点清查时,拟订合理的盘点计划,运用科学的方法以保证盘点的真实性和有效性。

【案例二】

某检察院接到举报:A工程公司供销科科长张某在外购买高档房,与其收入明显不符。调查后发现,张某权力很大,每年公司的供应材料几乎由他一手操办。按内部规定,一次性采购款超过30万元的应由上级领导审批,但只要"把好尺度""不""上线",所有业务都由科长一人说了算。2009年4月至案发,张某当科长近10个月就受贿达17万余元。而追根溯源,拉张某"下水"的是供应科采购员李某。张某上任之初,李某就授意某商行经理,为了多接业务,在张某的办公室给张某1万元"见面礼"。同样,经李某介绍,张某收了某私营物资公司1万元,以购买450万元的供应材料作为回报。而在此前后,李某本人也利用采购权,受贿9.21万元。随着案件调查的深入,与工程分包、材料采购有关的高层领导也纷纷落马。熊某,加工科科长,主管钢结构外发加工业务。2008年起,他先后收受数家加工单位贿赂6.6万元。俞某,金属结构厂副厂长,利用负责外发加工项目的职务便利,收受承包人"感谢费"4万元。朱某,金属结构厂厂长,在购买设备等方面"做手脚",捞进不义之财6.4万元。徐某,副经理,主管公司所有工程项目的施工。在麻将桌上,业务单位的5万元借款不明不白成了"礼金"。同案牵扯出来的还有公司下属原压力容器厂副厂长陈某和公司机械部部长祝某,两人在2009年7月至2010年3月初,通过截留、套现等方式,贪污数万元。

【案例分析】 上述案例说明,固定资产构建和工程项目环节的贪污舞弊,不仅在工程(劳务)发包环节上会发生,而且还向分包和材料采购领域渗透。案件的发生促使公司反思内部控制制度的设计和执行。

针对职责分工与授权批准,公司应当建立固定资产业务的岗位责任制,明确相关部门和岗位的职责、权限,确保办理固定资产业务的不相容方相互分离、制约和监督。在本案中,每年公司的供应材料几乎由张某一手操办,采购的申请和批准没有进行分离,张某利用这个控制漏洞大肆收受贿赂,损害了公司的利益。

在取得与验收控制上,应注意以下几个方面:

(1)固定资产采购过程应当透明、规范。对于一般固定资产采购,应当由采购部门充分了解和掌握供应商情况,采用比质比价方法确定供应商。本案例中的违法犯罪分子就是利用手中的采购权,与供应商里应外合,行贿受贿,损害了公司的利益。

(2)对于材料采购业务审批者的授权和复核。本案就是在该环节出现漏洞。一般来说,采购业务的审批会按照金额的大小分级进行。但这种审批制度很容易被钻空子。在本案中,按公司内部规定,一次性采购款超过30万元的应经上级领导审批,但只要"把握好尺度""不""上线",所有业务可由科长一人做主。

(3)企业外购固定资产应按合同协议、供应商发货单等对所购资产的品种、数量、规格、质量、技术进行验收,验收合格后方可投入使用。本案中的"掌权者"在选择供应商和接包方时丝毫没有监督,以至于出现收取回扣、贿赂的现象,使得在价格、质量等方面不能保证企业价值的最大化。

该公司在分析了以上漏洞后采取了以下控制措施进行改进:

一是将材料采购业务的职务分离。工程承建企业在接到项目后,即要着手材料的采购。由于工程项目标的额一般较大,因此材料采购环节的控制尤为重要。

二是在材料采购经过批准后,由专门的采购部门进行采购。采购时,应货比三家,选择可使企业获得最大收益的厂商。

三是针对固定资产采购业务审批者的授权和复核,除授权外,设置独立的第三者对审批进行复核,对审批业务进行再监督,防止在审批环节出现漏洞,致使企业遭受损失。

四是工程分包、采购业务实行招投标方式。如果采用招投标方式,可以在选择供应商方面公正、公开、公平,从而保证材料成本和质量。

【案例三】

YXY商场于1989年5月开业,之后仅用7个月时间就实现销售额9 000万元,1990年达1.86亿元,实现税利1 315万元,一年就跨入全国50家大型商场行列。到1995年,其销售额一直呈增长趋势,1995年达4.8亿元。然而,1998年8月15日,YXY商场悄然关门。面对这一残酷的事实,人们众说纷纭。导致商场倒闭的原因是多方面的,而内部控制的极端薄弱是促成其倒闭的主要原因之一。下面仅就其无形资产内部控制方面做一说明。该商场的冠名权属于无形资产,其转让都是由总经理一人说了算,只要总经理签字同意,别人就可以建一个YXY商场。在经营管理上,YXY商场有派驻人员,但由于此人并不掌控管理,因此所起的作用不大。这种冠名权的转让能迅速带来规模的扩张,但也给YXY的管理控制带来了风险。对这些企业的管理,YXY并不严格,导致某些企业在管理、服务质量或者产品质量等诸多方面给客户留下了不好的印象,在社会上造成了不良影响,对YXY这个品牌的影响起了负面作用。

【案例分析】 YXY商场没有进行职责分工,权限范围和审批程序不明确、不规范,机构设置和人员配备不科学、不合理。对于无形资产的转让,本应该经董事会讨论通过,但实际上是总经理一人说了算,只要他签字同意,别人就可以建一个YXY商场,这样不可避免地会导致因一人多权而舞弊现象的发生。

企业应设置专门的无形资产管理部门,配备专门的无形资产管理人员对商场的无形资产进行综合、全面、系统的管理。无形资产管理部门的主要职能包括:对企业所有无形资产的开发、引进、投资进行总的控制;就无形资产在企业生产经营管理中实施应用的客观要求,协调企业内部其他各有关职能部门的关系;协调企业企业与企业外部国家有关专业管理机构的关系;协调与其他企业的关系;维护企业无形资产资源的安全、完整;考核无形资产的投入产出状况和经济效益情况。

企业应当建立无形资产业务的岗位责任制,明确相关部门和岗位的职责、权限,确保办理无形资产业务的不相容岗位相互分离、制约和监督。同一部门或个人不得办理无形资产业务的全过程。有效的内部控制制度应该保证对同一项业务的审批、执行、记录和复核人员的职务分离,以减少因一人多权而导致舞弊现象的发生。

在授权审批方面要明确授权批准的范围。通常无形资产的研究与开发、购置和转让计划都应纳入其范围。授权批准的层次应根据无形资产的重要性和金额大小确定不同的授权批准层次,从而保证各管理层有权又有责。明确被授权者在履行权力时应对哪些方面负责,应避免责任不清,以及一旦出现问题又难究其责的情况发生。应规定每一类无形资产业务的审批程序,按程序办理审批,以避免越级审批、违规审批的情况发生。单位内部的各级管理层必须在授权范围内行使相应的职权,经办人员必须在授权范围内办理经济业务。审批人应当根据无形资产业务授权批准制度的规定,在授权范围内审批,不得超越审批权限。对于审批人超越授权范围审批的无形资产业务,经办人员有权拒绝办理,并及时向上级部门报告。对于重大的无形资产投资转让等项目,应当考虑聘请独立的中介机构或专业人士进行可行性研究与评价,并由企业实行集体决策和审批,防止出现决策失误而造成严重损失。

练习题

一、单项选择题

1. 存货发出记录保管部门需要定期与(　　)部门核对。
   A. 生产　　　　　B. 采购　　　　　C. 财务　　　　　D. 管理

2. 审批人应当根据存货授权批准制度的规定,在授权范围内进行审批,不得超越审批权限。经办人应当在职责范围内,按照审批人的批准意见办理存货业务。这属于(　　)。
   A. 授权控制　　　　　　　　　B. 不相容职务分离控制
   C. 会计记录控制　　　　　　　D. 资产保护控制

3. 企业财会部门按照国家统一的会计准则的规定,及时确认固定资产的购买或建造成本。这种行为属于以下控制行为中的(　　)。
   A. 会计记录控制　　　　　　　B. 资产保护控制
   C. 内部稽核　　　　　　　　　D. 定期轮岗

4. 对于企业重大固定资产处置,应采用(　　)方式。

A. 集体合议审批 B. 保管部门决定
C. 管理部门决定 D. 销售部门决定

5. 下列人员中,不能参与存货监盘的是(   )。
A. 采购人员 B. 存货实物管理人员
C. 财务人员 D. 销售人员

6. 企业中的(   )部门对当月的折旧费用,尤其是上月新增固定资产本月折旧费用以及计提了减值准备的固定资产,进行合理性复核并编制折旧和摊销分析报告。
A. 生产 B. 采购 C. 财务 D. 管理

7. 存货采购申请应由(   )部门提出。
A. 生产需求 B. 采购 C. 财务 D. 管理

8. 企业应当限制未经授权人员直接接触技术资料等无形资产,对技术资料等无形资产的保管及接触应保有记录,对重要的无形资产应及时申请法律保护。该行为属于以下控制行为中的(   )。
A. 授权控制 B. 不相容职务分离控制
C. 会计记录控制 D. 资产保护控制

二、多项选择题

1. 企业内部除存货管理部门及仓储人员外,其余部门和人员接触存货时,应由相关部门特别授权,这表现了(   )控制活动。
A. 授权 B. 定期轮岗 C. 会计记录 D. 财产保护

2. 下列关于固定资产的处置方式中,正确的有(   )。
A. 固定资产处置价格应报经企业授权部门或人员审批后确定
B. 固定资产的处置应由固定资产管理部门和使用部门以外的其他部门或人员办理
C. 对于重大固定资产的处置,应当采取集体合议审批制度,并建立集体审批记录机制
D. 对于重大的固定资产处置,应当考虑聘请具有资质的中介机构进行资产评估

3. 企业自行建造的固定资产,应由(   )等共同验收,之后编制书面验收报告,验收合格的需填制固定资产移交使用单,可移交使用部门投入使用。
A. 固定资产管理部门 B. 风险管理部门
C. 使用部门 D. 建造部门

4. 固定资产投保是为了在一定程度上规避资产因人为事故或自然灾害等造成的损失。对于国家没有强制规定投保的固定资产,是否办理保险、办理何险种取决于(   )。
A. 资产的价值 B. 资产的预期使用寿命
C. 企业对资产的风险管控模式 D. 企业对资产风险的评估

三、判断题

1. 企业应定期或至少在每年年末之时,通知无形资产管理部门和财会部门对无形资产进行检查、分析,预计其给企业带来未来经济利益的能力。(   )

2. 存货实物管理人员应根据盘点情况清查存货盘盈、盘亏产生的原因,并编制存货盘点报告。(   )

3. 固定资产的处置应由除固定资产管理部门和使用部门外的其他部门或人员办理。(   )

4. 存货的保管与相关记录工作可以由同一个人担任。(   )

5. 企业内部除存货管理部门及仓储人员外,其余部门和人员接触存货时,应由相关部门特别授权。
(   )

6. 对于重大的固定资产投资项目,应当考虑聘请独立的中介机构或专业人士进行可行性研究与评价,并由企业实行集体决策和审批。(   )

7. 生产部门根据市场需求进行存货采购。(   )

8. 企业代销、代管存货,委托加工、代修存货不属于存货范围。（ ）

9. 企业应制定固定资产投保财产保险的有关制度,明确规定价值较大或风险较高的固定资产投保财产保险的相关政策和程序。（ ）

10. 对拟入库存货的交货期应进行检验,确定外购货物的实际交货期与订购单中的交货期是否一致。（ ）

四、简答题

1. 企业资产管理至少应当关注哪些风险？
2. 如何控制存货的领用及发出环节的风险？
3. 固定资产的清查环节应如何进行控制？
4. 简要描述存货管理的业务流程。
5. 无形资产管理的主要风险控制点、控制目标及控制措施分别是什么？

五、案例分析题

2008年10月7日,位于浙江绍兴的江龙控股集团总部工厂全面停产,董事长夫妇一夜之间神秘失踪,企业濒临倒闭,留下的是四千多名职工、至少12亿元银行欠款和8亿元民间借贷。

据了解,在江龙集团的治理框架中,企业控制权力集中于陶寿龙一人手中,机构设置形同虚设,毫无权力制衡机制。陶寿龙与其妻一手创办了江龙控股集团,两人分别是江龙控股集团的董事长和总裁,完全把握集团的决策权。要资本运作,企业就得资本运作;要举债,企业就得举债;就连进货验收也是单凭陶寿龙一句话。

在资金运作方面,陶寿龙采取过于激进的融资方式,却没有任何防范风险的配套方案。2006年9月7日,江龙控股集团旗下的江龙印染以"中国印染"之名在新加坡主板上市。但就在上市前一个月,陶寿龙再次斥资4亿元买下南方控股集团位于绍兴柯桥的南方科技公司。2007年,传来南方科技正在筹备美国纳斯达克上市的消息。时隔不到两年,陶寿龙就计划在两家证券交易所上市融资,这样的融资计划连底子很厚的老企业也难以实施。

公司的会计账簿完全由陶寿龙夫妇控制。在面临公司破产而又无力回天时,他们选择逃离并在此之前烧毁了江龙控股集团所有账簿。

【要求】从内部控制活动的角度分析该公司存在的内部控制缺陷,并简要说明理由。

第四节 销售业务

本节要点提示

了解销售业务的流程；
掌握销售业务的内容；
掌握销售业务内部控制的主要风险点及管控措施。

本节内容提要

销售业务是指企业出售商品或者提供劳务服务及收取款项等相关活动。企业生存、发展、壮大的过程,在相当程度上就是不断加大销售力度,拓宽销售渠道,扩大市场占有的过程。生产企业的产品或流通企业的商品如不能实现销售的稳定增长,售出的货款如不能足额收回或不能及时收回,必将导致企业持续经营受阻,难以为继。本节以促进企业销售稳定增长、扩大市场份额为出发点,提出了销售业务应当关注的主要风险以及相应的管控措施。

一、销售业务的含义

销售,是指企业出售商品或提供劳务及收取款项等相关活动。销售业务不仅包括企业销售商品或提供劳务的活动,而且包括订立合同、运输货物、收取货款、销售退回等一系列相关活动。销售收入是企业经济利润的来源,对企业的生存和发展有着重要意义。企业应对销售业务流程进行全面的分析和评价,健全各项销售业务管理制度,查找各环节存在的主要问题和风险,落实以风险为导向、以效益为原则的管控措施,有效控制和防范风险,从而实现销售目标。

二、销售业务流程

科学的销售业务流程设置及相应的内部控制措施安排是企业正常营运、实现发展目标的前提和保证。企业应对每一销售环节可能存在的风险都实行有效的监督和控制,并不断改进和完善。

销售业务基本流程如图3-8所示。

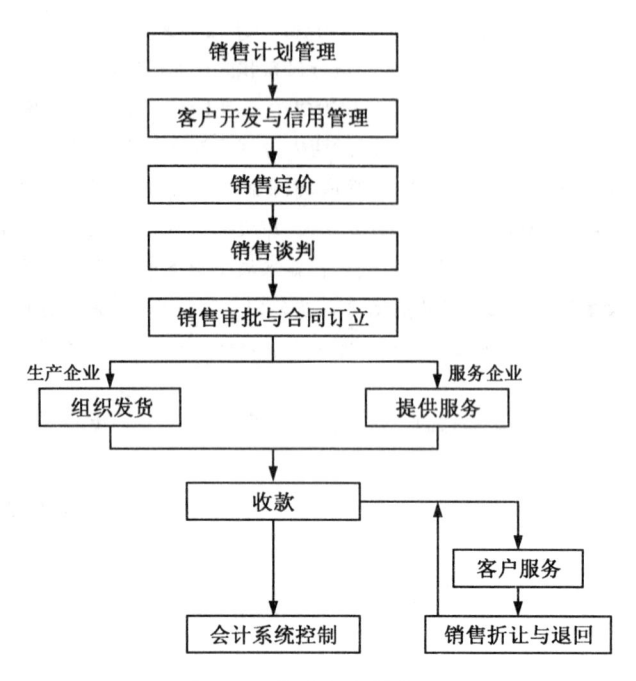

图3-8 销售业务基本流程

(一)销售计划管理

销售计划是指企业根据销售预测和生产能力,设定总体销售目标额及不同产品的目标额,然后为该目标而设定具体的营销方案和实施计划,促进一定期间内目标销售额的实现。企业销售计划应结合企业生产能力和订单情况制定,并根据市场状况适当调整,确保销售计划的完成。

(二)客户开发与信用管理

客户是企业业务往来的主要对象,对企业的发展有着长远的影响。选择资质良好、信誉度高的客户既有利于降低企业的相关经营成本,也有利于树立企业形象,增强企业影响力。企业应当根据自身经营状况和市场情况,建立自己的客户信用评价体系,根据该体系标准对有销售意向的客户进行资信评估,从而选择信誉程度高的客户。同时建立客户档案,积极开发新客户,这样不仅能了解现有客户情况,稳定现有客户,而且有利于开发潜在的市场客户,从而促进企业持续稳定发展。

(三)销售定价

销售定价是指商品价格的确定。企业可以根据自身的盈利情况,结合市场变化和价格政策,对商品定价进行调整,防止商品定价不合理,出现价格过高或过低的情况,使企业销售受损。同时,商品的定价和调价都需要经过企业相关部门的审批,并嵌入销售系统,确保价格统一、有效,防止出现任意调价或舞弊的情况,给企业的经济利益造成损失。

(四)订立销售合同

销售合同是指企业就销售商品或提供劳务与客户达成一致,签订的具有法律效力的协议,该协议中明确规定了双方的权利、义务和违约责任等事项。销售合同中包含销售商品的名称、价格、数量、交货日期、交货方式、金额、结算方式等内容,合同条款要符合法律规定。企业按照约定、交付物资给购买方客户,客户支付给企业合同规定的款项。销售合同是销售活动中最为重要的环节,在签订合同之前双方一定要明确合同内容,加强沟通了解,存在问题及时调整解决,确保合同在真实、合法的基础上,符合双方的利益需求,以免造成损失或纠纷。

(五)发货

发货是指企业向客户提供销售合同约定的商品。销售部门审核销售合同后,向仓储部门开具销售通知,仓储部门审核确认销售通知后,按照所列项目组织发货,并填制相关装运凭证。装运凭证一式多联,通常一份由装运部门负责保管,作为装运发货的证据;一份送交财务部门,财务部门将发货凭证与销售订单进行检查,核对无误后根据商品价目表开具销售发票。

(六)收款

收款是指企业发货后与客户进行账款结算。如果发货时收到货款,则应将收到的现金或票据存入银行并登记入账,不能由销售人员直接收取或擅自坐支现金。如果发货时没有收到货款,则应当由销售部门负责应收账款的催收,催收无效的逾期应收款可以通过法律途径解决。

(七)客户服务

客户服务是指企业与客户建立信息沟通机制,根据客户的反馈,解答和处理客户的问题,包括产品维修、销售退回、维护升级等。虽然客户服务发生在销售收款环节后,但为了企业的长期稳定发展,售后服务也应作为企业一个完整销售链的重要环节。通过建立售后客户服务,有利于改进产品质量,提高服务水平,增强客户满意度和忠诚度。

(八)会计系统控制

会计系统控制是指通过采用记账、核对和岗位分离等会计控制方法,使会计信息更加真实、完整、准确,主要包括销售收入的确认、应收账款的管理、坏账准备的计提和冲销以及销售退回的处理等。企业应妥善保管销售过程中的相关凭证和票据,便于财务部门的入账和日后账目的核对。

三、销售业务内部控制的主要风险点及管控措施

(一)销售计划管理

该环节的主要风险:销售计划制订得不合理,与市场需求不符,或者不经过授权审批,导致企业生产安排不合理,产品积压,影响企业的生产经营活动。

主要管控措施:第一,企业应当根据自身的发展规划和销售预测,结合企业的生产能力和订单情况,制订年度经营计划和月度销售计划。第二,定期把实际销售情况与销售计划进行分析对比,结合市场情况和生产情况及时调整销售计划,调整后按相关程序审批。

【例 3—17】 某汽车销售企业对销售计划的执行采取以下措施进行管理:由销售代表每周编制销售报告,其中包括本期销售金额和数量、销售费用、新开发的客户、客户反馈、促销活动结果、与销售计划的差异分析及跟进计划。然后由管理层复核,并把销售报告与销售计划和当期财务报告进行对比,查明差异原因并找到解决方案。其中,应重点关注:产品和客户大类的销售数量,金额和利润与销售计划的差异;单笔重大销售,销售退回,折扣和返利;标准销售价格和折扣的变动;等等。

【分析】 在本案例中,企业定期对产品的销售额和销售计划与实际销售情况等进行分析和汇总。根据销售报告的分析结果,结合企业的实际情况和市场状况,及时采取应对措施。当影响销售的因素出现重大变化时,可能需要对销售计划进行适当调整。该企业针对销售计划执行所采取的管理措施符合企业自身实际情况,效果良好,使得销售计划进展顺利。

(二)客户开发与信用管理

该环节的主要风险:第一,对企业现有的客户管理不到位,潜在市场客户开发不足,导致现有客户流失或拓展市场不利;第二,信誉评估体系不合理,客户档案不健全,不能选择出真正优质的客户,导致货款无法收回甚至遭受欺诈,给企业带来经济损失。

主要管控措施:第一,企业应当充分调查市场情况,进行市场细分后,确定自己的目标市场,然后依据目标市场的需求制定不同的销售策略,灵活采用营销方式,实现销售目标,扩大市场占有率。第二,建立客户的动态信用档案,并不断进行更新和维护。对于重要客户的信用变动情况要及时关注,新开发的客户和境外客户要建立严格的信用保证制度,不断更新评估信息,防范信用风险。

【例 3—18】 某服装企业为提高信用管理效率,在财务部门下单独设立了信用管理小组,由组长直接向财务经理报告。该小组主要负责客户的信用评估和信用额度的控制工作。该企业将客户信用等级分为信用良好的长期大客户和普通客户、信用一般的长期大客户和普通客户。根据销售人员提供的该客户预计今年合同销售金额和合同期间,信用管理人员计算客户的信用额度,然后将信用额度计算表交给信用管理经理、财务经理和销售经理审批。批准后在销售系统中录入信用额度金额,作为未来收款控制的一个条件,并向客户发送年度信用额度确认函。

【分析】 在本案例中,企业对客户开发信用管理环节采取了良好的控制措施,主要包括:成立专门的信用管理小组,每年对客户的信用程度重新评估,划分客户信用等级,计算信用额度,向客户发送信用额度确认函。该企业分别设置相关的人员分岗位负责控制,针对不同客户设计不同的信用管理方式,并使得客户销售信用控制良好,加快资金回收,提高了信用管理效率。

(三)销售定价

该环节的主要风险:定价或调价不合理,不符合价格政策或市场需求,且没有根据实际情况及时调整,导致定价过高或过低;商品定价或调价没有经过合理审批,可能导致舞弊发生,使企业经济利益受损。

主要管控措施:第一,确定商品定价时,应在符合价格政策的基础上,结合企业的发展目标、生产能力、市场需求等情况,制定产品的基准价格;同时,可以在某些商品上授予销售部门一定限度的价格浮动权,使销售部门可根据实际情况的变化,及时调整销售策略,灵活采用营销手段,实现销售目标。第二,定价调整、销售折扣和折让等销售政策都应经过合理审批,并进行详细记录,以便归档备查。

【例 3-19】 某食品公司每年结合公司的销售目标、价格政策、销售业绩、销售成本、市场竞争状况、竞争对手等因素,要对产品的销售价格进行核查和更新,然后确定各产品的基准定价、折扣、折让等事项。月末由总经理审阅当月的合同申请报告,结合产品销售情况及回款情况,分析问题并制定解决对策。

【分析】 在本案例中,该食品公司对其价格政策与时俱进、不断更新,月末对汇总的报告进行分析审阅,综合考虑公司自身的情况和市场情况,确定并及时调整商品价格,且定价和调价需经过总经理的审批,并记入公司的销售系统,整个销售定价环节的管理和控制措施严格高效。

(四)订立销售合同

该环节的主要风险:合同内容存在重大疏漏或欺诈,合同的订立没有经过相应授权,导致合同内容与企业销售意愿不符,使企业利益受损。

主要管控措施:第一,企业在订立销售合同前,要与客户进行谈判和磋商,明确相关的权利义务条款,同时关注客户的资信情况。重要的业务谈判应有专业的财会和法律人员参加,征询专业的意见,对合同进行严格的审核。第二,合同要制定严格的审批程序,加强审批的管理,经审批同意后再正式签订销售合同。

【例 3-20】 某企业根据销售合同约定的交货期,在交货期前 3 个月与客户进行交货的数量、时间及地点的确认。然后把销售订单录入 ERP 销售系统,生成生产计划。同时,企业系统设置自动连接和检查功能,保证销售订单上产品的价格、型号和规格与系统中对应的销售合同保持一致。

【分析】 在本案例中,企业对销售订单环节采取了有效的控制措施,主要包括:业务员在交货期前预留充足时间提前向客户确认,然后编制销售订单。系统设置自动连接和检查功能,保证销售订单与销售合同一致。该企业 ERP 销售系统运行良好,保证了订单准确、高效地生成。

(五)发货

该环节的主要风险:发货不符合合同约定,或发货未经合理授权,产生销售争议,导致货物损失,货款无法收回。

主要管控措施:第一,企业销售部门应当根据批准后的销售合同开具销售通知给仓储部门和财会部门。仓储部门对销售通知进行审核,严格按照合同内容和时间组织发货,落实岗位职责;财会部门做好相关凭证的填制和整理,开具销售发票,以备核对和审查。第二,以运输合同或条款的形式明确运输方式、运输费用、验收方式、商品毁损或灭失等情况,做好货物的交接和检验工作,由客户确认验收,确保货物安全发运。

(六)收款

该环节的主要风险:没有选择恰当的结算方式,票据的审查和管理不完善,在收款过程中出现徇私舞弊,导致货款无法回收,损害企业利益。

主要管控措施:第一,企业应当结合自身销售政策和客户信用情况,选择合适的结算方式,加快货款的回收,提高资金利用率。第二,加强赊销的管理,赊销商品要经过审批和书面确认,必要时要求客户提供抵押和担保。完善应收账款制度,根据应收账款的不同性质采取不同的措施。对应收账款进行分析和管理,及时记录和评估客户的应收账款余额变动情况。根据客户的信用额度使用状况,对客户的信用水平和坏账预期进行风险评估,及时记录客户的资信情况来调整赊销额度。第三,加强应收票据的管理,对票据的取得、贴现和背书等进行明确规定,票据的合法性和真实性要经过严格审查,防止出现虚假发票欺诈。应收票据要有专人保管,定期盘点,对于即将到期的票据,及时提示付款人付款;制定逾期票据追踪监控和冲销管理制度,把已经贴现但仍然存在收款风险的票据在备查簿中登记,以便日后的追踪和监控管理。

(七)客户服务

该环节的主要风险:服务不到位,客户满意度低,造成客户流失,影响企业的品牌形象。

主要管控措施:第一,建立和完善客户服务制度。做好市场调查,结合客户需求和市场服务情况,从服务的方式、标准、内容等方面提高服务的质量和水平。第二,设立专门的客户服务中心,加强售后服务的管理,了解商品的售后情况。建立客户投诉制度,分析问题的原因并及时解决。有计划地开展客户满意度调查,根据商品的市场反馈情况,不断改进商品和服务。第三,加强商品退回的管理和控制。分析退回原因和相关责任,经审批后妥善处理。

【例3-21】 某连锁超市设立了专门的售后服务部门,主要负责客户投诉、退换货等事项。售后服务部门建立了客户服务数据库,追踪和分析客户服务历史消费记录。客服人员分类列示各类投诉的金额、数量、性质和进度等情况,每周跟踪客户投诉解决情况,并在客户投诉记录表上更新记录。每个月编制客户投诉跟踪报告,交由管理层从中发现各类管理问题并不断改进,提高客户满意度。

【分析】 在本案例中,企业的客户服务管理措施是设置专职的售后服务部门负责,其管控措施到位:售后服务部门建立了客户服务数据库,分析客户消费服务历史,记录和更新客户投诉情况和解决情况;出现问题及时解决,在提高客户满意度的同时,维护了客户的权益。

(八)会计系统控制

该环节的主要风险:会计系统控制不完善,会计信息不能及时准确地传递,导致企业账目和凭证或账目与实际情况不符,无法反映企业真实的生产经营状况。

主要管控措施:第一,企业应建立合理的会计系统,加强整个销售流程的系统控制,妥善保管和详细记录销售过程中发生的业务票据,确保会计凭证和会计记录一致;第二,建立应收账款清收核查制度,定期与客户核对应收账款和应收票据等款项;第三,加强坏账的管理,制定坏账准备调整方案,应对坏账风险的冲击。对于无法收回的坏账,在确定了无法收回后,应当查明原因和责任,经审批后注销货款。

关键概念

销售定价　　销售合同　　信用管理　　合同审批

本节综合案例

2012年,造假历史悠久的河南郑百文公司遭到了证监会的处罚。据查,该公司在上市前就采取虚增返点、少计费用、费用跨期入账等方法虚增利润,并据此制作了上市公司的申报材料,上市后3年一直采取虚增返点、费用挂账、无依据冲减成本费用等手段虚增利润。据悉,为激励员工,该公司以实现销售收入为考核指标,完成指标者封为副总经理,可以配轿车,享受丰厚的现金奖励。结果各个销售网点为完成指标,不惜购销倒挂，商品大量高进低出，最终关门歇业，被证监会查处，留下 4 亿多元的未收账款。而任职的分公司经理却开上了属于自己的价值上百万元的豪车，住上了价值几百万元的豪宅。

【思考】 郑百文公司的销售流程存在哪些内部控制缺陷？

【案例分析】 从以上资料可见，郑百文公司存在严重的内部控制缺陷，也因此导致严重的财务危机。公司在销售预收款方面的内部控制缺陷主要体现在以下两点：

(1) 销售网点负责人为了增加销售额而实行购销倒挂，竟然没有人察觉并制止，说明公司在销售定价方面的控制是相当薄弱的。根据《内部会计控制规范——销售与收款(试行)》的规定，企业应当制定奖励销售定价控制制度，制定价目表、折扣政策和付款政策等并予以执行。在该案例中，销售网点负责人的销售行为明显违背了销售定价的规律，正是由于缺乏相应的内部监督制约机制，才使其可以损失公司利益而中饱私囊。

(2) 根据《内部会计控制规范——销售与收款(试行)》的规定，企业应当加强对赊销业务的管理。在本案例中，由于没有建立赊销的审批和控制制度，许多形式上销售出去的产品实际上其款项的收回存在重大疑问，根本不符合销售收入确认的原则和条件，不应该确认为收入。此外，在公司内部控制非常薄弱和盲目扩大销售额的情况下，留下的 4 亿多元的未收账款究竟能收回多少难以估计，并且将导致资产和收入的虚增，最终将企业拖进严重亏损的境地。

练 习 题

一、单项选择题

1. 企业发货过程中的风险是(   )。
  A. 未经授权发货或发货不符合合同约定
  B. 可能导致货物损失或客户与企业的销售争议
  C. 销售款项不能收回
  D. 以上都是
2. 企业对于核销的坏账应当进行备查登记，做到(   )。
  A. 账销案存　　　　B. 账销案销　　　　C. 账存案销　　　　D. 账存案存
3. 以下选项中，(   )不是销售定价环节存在的风险。
  A. 销售定价不合理　　　　　　　　　B. 没有根据市场情况及时调价
  C. 销售定价没有经过合理审批　　　　D. 供应商临时更改价格

二、多项选择题

1. 以下选项中，属于企业销售业务流程内容的有(   )。
  A. 销售计划管理　　　　　　　　　　B. 客户开发与信用管理
  C. 销售定价　　　　　　　　　　　　D. 会计系统控制
2. 以下选项中，属于客户开发与信用管理环节可能出现的风险的有(   )。
  A. 现有客户管理的不足可能导致客户丢失
  B. 潜在市场需求开发不够可能导致客户丢失或市场拓展不利
  C. 客户档案不健全可能导致客户选择不当
  D. 缺乏合理的资信评估可能导致销售款项不能收回
3. 收款环节面临的主要风险包括(   )。
  A. 企业信用管理不到位导致销售款项不能收回
  B. 结算方式选择不当导致销售款项不能收回
  C. 票据管理不善导致销售款项不能收回
  D. 收款过程中存在舞弊使企业经济利益受损
4. 企业在制定销售价格时应考虑的因素有(   )。

A. 发展目标　　　　B. 生产能力　　　　C. 对手价格　　　　D. 市场需求

三、判断题

1. 销售退货验收和退货记录可以是同一人。（　　）
2. 企业应收票据的取得和贴现必须经保管票据的主管人员书面批准。（　　）
3. 应收账款无法收回时,经批准后方可作为坏账注销,会计部门不需要对已注销的应收账款备查登记。（　　）
4. 建立应收账款清收核查制度,销售部门应定期与客户对账,并取得书面对账凭证,财会部门负责办理资金结算并监督款项收回。（　　）
5. 信用管理岗位和销售业务岗位应当分设。（　　）

四、简答题

1. 销售业务控制的总体要求是什么?
2. 简要描述销售业务的流程。
3. 为什么要评估客户的信用等级?
4. 销售业务完成后,为什么要进行售后服务?
5. 企业应当如何进行客户信用管理?
6. 企业在订立销售合同时可能面临哪些风险?
7. 为保证客户服务质量,企业可以采取哪些措施防范风险?

五、案例分析题

M服装公司为一服装加工企业,服装以出口为主。公司的外协加工费用很高,占销售成本的22%。公司的委托和验收工作都由生产部经理一人负责,发生退货时也直接向生产部经理备案,生产部并未设备查账簿,财务部门对委托的外协加工情况一无所知。

【要求】　简要分析该公司在销售环节存在的内部控制问题,并提出相应的解决措施。

第五节　研究与开发

本节要点提示

了解研究与开发的流程;
掌握研究与开发的内容;
掌握研究与开发内部控制的主要风险点及管控措施。

本节内容提要

研究与开发是企业创新的重要手段,通过开发新技术和新产品,形成自己的核心技术与能力,获得竞争优势。但是研究与开发活动也存在投入大、周期长、不确定性高等风险,因此企业一定要规范研究与开发的管理流程,建立完善的研究与开发内部控制制度。本节在阐述研究与开发业务基本流程的基础上,分析了各环节可能存在的风险点,并提出了相应的控制措施。

一、研究与开发的含义

研究与开发,是指企业为了取得新的产品、工艺或技术等进行的研发活动。研究是指为了掌握新的知识或技术而进行的创造性的、计划性的调查,如材料、设备、工序、产品的替代品的选择、设计、配制等的研究。开发是指在投入市场生产前,将研究成果应用于生产设计,制造出有实质性创新的材料或产品,如新的或改进的材料、设备、工序、产品的替代品的设计、建造和测试等。研究阶段的工作一般是探索性的,而开发阶段的工作基本上已具备形成新产品的条件。

二、研究与开发的业务流程

研究与开发流程设置及相应的内部控制措施能够体现企业未来的发展方向和前景,对于提高企业再生产能力、促进企业可持续发展具有重要意义。企业应对研究与开发的每一环节可能存在的风险都实行有效的监督和控制,并不断改进和完善,这样才能充分发挥研究与开发对企业生存和发展的重要作用,降低企业风险,促进企业的长远发展。

研究与开发业务的基本流程如图3-9所示。

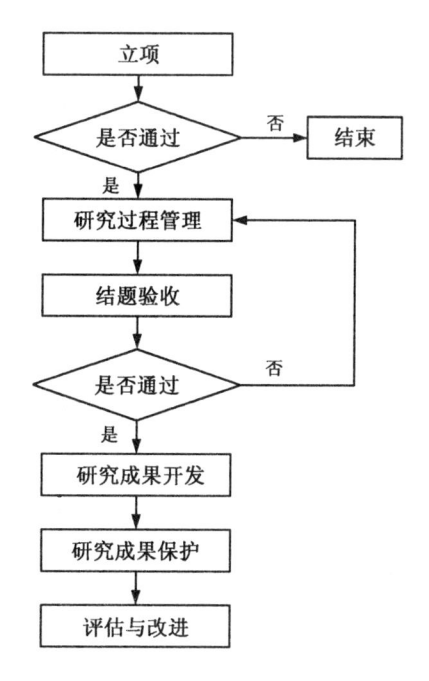

图3-9 研究与开发业务的基本流程

(一)立项

立项是指决策部门根据需求和目的,对项目进行调查,在分析了方案、周期、成本、预期效益等因素的基础上,决定项目是否可行的过程。立项包括立项申请、评审和审批三个部分。立项申请是企业根据计划和需要,提出研究项目的申请,从而开展可行性研究;评审是由专业人员对项目进行评估、论证,出具评估意见;审批是企业按照规定的权限和程序,对研究项目进行审查和批准。企业应当根据研究项目的经费、专利成果保护、税收优惠政策需求等情况,决定是否将研究报请政府相关部门立项。

(二)研发过程管理

企业研发有两种选择,即自主研发和研发外包。

1. 自主研发

自主研发是指企业完全凭借自己的科研实力,独立进行项目研发,包括原始创新、集成创新和在引进吸收的基础上再创新三种类型。

2. 研发外包

由于外包程度的不同,研发外包还可以分为委托研发和合作研发。委托研发是指企业委托具备研发资质的外部机构来进行项目的研究与开发,由委托人承担全额经费,受托人提供研究成果。合作研发是指企业与其他企业合作,共同进行项目的研究与开发。合作各方共同参与和出资,获得的利益共享,遇到的风险共担。

(三)验收

企业项目完结后,应当由政府管理部门或其他部门对研究成果进行质量验收。由政府部门验收的,企业可以先自行验收,再报政府部门验收,以提高验收合格率。不需要由政府部门验收的,企业也应当派专业人员或聘请专业机构进行自行验收,方式包括检测鉴定、专家评审、专题会议。企业的验收标准应符合国家规定或行业规范,验收程序也应做到严格有效。

(四)核心人员的管理

核心人员是指掌握项目研发核心技术的人员,是企业项目研发的关键人员,一般包括研发团队负责人、主要技术骨干和在各方面承担主要责任的业务人员。一个研发项目的研发团队通常由技术、制造、市场、财务等各领域的人员组成,负责企业从研发到产品投入市场的各个环节。负责项目总体运行和管理工作的人员就是项目负责人。可根据不同专业把项目划分为不同的子项目,设置相应的负责人。

(五)研究成果开发

研究成果开发是指企业把研究的成果进行开发,进而转换为产品投入市场的过程。这一环节是项目研发的最终目的,也是关系到项目能否获得市场认可的关键环节。企业产品从研究开发到生产销售的这一过程,既存在巨大的机遇,又充满着风险和挑战。只有经受住市场的考验,企业才会获得竞争优势,在市场上取得成功。

(六)研究成果保护

研究成果的保护一般表现为知识产权。关于知识产权的一系列法律法规和措施,是保护研发成果的重要途径。企业应当具备产权意识,充分利用法律法规维护自己的合法权益和研究成果。同时,企业自身还应当建立完善的内部控制制度,规范知识产权的管理,加强对知识产权的保护。

(七)研发活动评估

研发活动评估是指在项目验收通过一段时间后,全面系统地评估和检查项目的各个环节,评价项目的研发价值和应用效果,对项目进行客观评估和总结。这一过程不但有利于企业技术水平的提高,对日后新项目的开展也有着参考和借鉴意义。

三、研究与开发的主要风险点及管控措施

(一)立项

该环节的主要风险:项目计划与国家政策不相符,项目的论证、评审和审批等环节监督不到位,项目没有开发价值而造成资源浪费。

主要管控措施:第一,建立健全企业立项和评估审批制度,重点关注研究项目开发的合理性与必要性、技术的创新性以及成果转化的可行性和风险性。第二,企业应当根据企业自身战略和实际情况,结合市场发展及竞争状况,制订研发计划。根据研发计划提出申请立项,对研发项目的技术方案、费用预算及使用进度等因素进行可行性研究,并编制可行性研究报告。第

三,研发项目的可行性研究报告应当由独立于项目申请及审批之外的专业人士进行评估和论证,提出评估的意见和建议。第四,加强对项目审批的控制和监督,严格按照程序和权限对项目进行审查和批准,重大项目由董事会集体审议决策。

【例 3-22】 某公司多年来一直从事软件开发,目前在行业中已处于领先地位。随着公司规模的扩大,公司计划向更多领域扩展。公司创始者之前从事金融行业,认为金融行业的软件开发很有前景,所以把金融行业的软件开发作为拓展的目标。为达到这一目标,公司把之前的研究人员分成两个部分:一部分继续从事原来的业务,另一部分成立新项目组,专门研发针对证券公司和银行的软件。因为研发人员是之前的开发团队,成员之间比较熟悉,而且公司投入比较大,时间紧迫,所以项目组成立后立即投入项目中。随着项目研发的深入,问题逐渐增多,项目经费超支、研发人员能力不足、技术问题迟迟无法解决,并且同类软件已在市场出现,整个项目面临失败的风险。

【分析】 该项目面临失败风险最重要的原因在于没有按照正常的程序进行立项。第一,没有进行立项评审。公司决策者只是凭借自己在金融行业的工作经验,对市场比较熟悉,没有经过市场调研或专家评审就盲目决定开发金融软件,使项目注定从一开始就面临很大的风险。第二,未编制项目可行性研究报告。由于公司决策层已经同意研发该项目,因此研发团队在未对整个研发计划的背景、预计经费、完成时间、预期目标等做出筹划的情况下,只顾赶进度,并未编制研究报告,导致开发过程中经费超支、进度延期、项目陷入困境。第三,风险评估不足。原有研发人员对新项目的技术并不熟悉,又没有经过培训或专业人员指导,导致开发中面临许多技术难题,进度一再拖延,并且竞争产品已经提早在市场上推出,使整个项目失败的风险增大。

(二)研发过程管理

1. 自主研发

该环节的主要风险:第一,研发人员的配备不合理,出现研发成本过高、人员舞弊的情况,甚至导致研发失败。第二,没有对项目进行有效监督管理,导致出现成本超支、期限延误或产品质量不合格等问题。

主要管控措施:第一,合理配备研究人员,依照不相容岗位相互牵制原则,建立良好的工作机制,严格落实和监督岗位责任。第二,对项目实行跟踪管理,预定时间进行阶段性评审,发现问题及时调整,加强对成本和费用的管理和监督,确保项目如期保质完成。

【例 3-23】 某汽车公司的研发管理系统在项目计划、人员选拔、研发成本、项目开发、实验检测、产品推广等每个重点环节都设置了不同的岗位人员进行重点管理和控制,同时这些岗位还能对项目进行监督,根据其可行性进行筛选和淘汰,体现管理职责对研发的重要性。

【分析】 该汽车公司建立了良好的工作机制,研发管理系统合理配备了研究人员,用不相容岗位进行互相牵制,加强对成本和费用的管理和监督,严格落实和监督岗位责任,并对项目实行跟踪管理,有利于及时解决问题或调整方向,确保每个项目如期保质完成。

2. 研发外包

该环节的主要风险:第一,外包单位选择不当,外包单位不履行合同、泄露机密等职业道德缺失,或者与外包单位意见不合、产生冲突甚至更换单位,都会给企业造成损失。第二,合同约定不明确或内容存在漏洞或欺诈,产生知识产权纠纷和诉讼风险。

主要管控措施:第一,对合作企业的选择要严格确定标准。不但要实行合作双方的技术互补、合作共赢,还要注重外包单位的信誉及与企业价值观的相容性,建立互信的外包关系。第二，严格审核和签署合作合同。合同中对产权归属、交付期限、质量要求、费用落实、保密条款、违约条款等内容都要清楚、准确地列示，做到合同条款合法合理，避免合同纠纷，保证项目如期保质完成。

【例3—24】 甲企业和乙企业决定合作开发一种多功能扫地机器人，约定双方各出资一半，由甲企业负责技术开发，乙企业负责设备维修，研究成果双方共享，并签订了合作开发合同。一年后该机器人设计完成，两个月后乙企业单方面提出申请专利，但甲企业认为自己企业设计的机器人应由自己企业申请专利，乙企业无权申请。随后乙企业项目人员王某根据图纸制作了一个机器人自用，受到了很多消费者的关注，使甲、乙企业准备将该产品上市的计划受到影响，甲公司认为王某侵犯了专利权。

【分析】 甲、乙两企业没有在合同中明确约定双方的权利和义务，所以产生合同纠纷。因为本例中双方约定了技术成果由双方共享，但是没有在合同中约定专利申请权，所以按照法律应该是进行了创造性活动的甲企业拥有专利申请权。王某的行为没有侵犯专利权，因为按照法律规定，侵犯专利权的必要条件是以生产经营为目的，而王某只是自用并未用于盈利，因此不属于侵权。但是如果在合同中已明确约定专利权属和保密条款，王某就不会擅自制作机器人，产品上市的计划也就不会受影响。

(三)验收

该环节的主要风险：验收制度不健全，验收人员的技术能力不足，验收结果与事实不符，或者检测投入不足，鉴定结果不准确，导致项目技术风险增大。

主要管控措施：第一，企业应当建立严格的研究成果验收制度，保证验收程序的有效执行；第二，组织技术水平高的、独立于项目的专业人员对研究成果进行独立检测和鉴定，并按程序进行严格的评审和验收；第三，加大检测的投入力度，对重大项目，必要时请外部专家参与鉴定，降低项目的技术风险。

【例3—25】 某企业新研制了一种化妆品，按规定需经国家监管部门验收，企业决定先按企业标准自行验收，再交由国家监管部门验收。企业组织自身的市场、技术等方面的专业人员以及外部专家组成九人专家组一起验收。研发项目的负责人向专家组提交了产品研发的相关批文、项目验收申请书、某检测机构出具的检测报告、化妆品实验报告、项目实施总结和决算报告等资料。专家组经过对提交材料和样品的评议，有6名专家对产品的质量发表了无保留意见，有3名专家认为该产品对敏感皮肤人群的适用性测试得不够充分，对潜在的过敏性风险估计不足。

按照规定，该产品通过了企业内部验收，但是企业管理层考虑到专家的不同意见，在申报政府主管部门验收前追加了相关检测和试验，对化妆品的适用范围做了修正，使产品顺利通过了政府主管部门的验收。

【分析】 该企业严格按照验收制度执行了验收程序。企业先按内部程序，把技术水平高的、独立于项目的专业人员组成专家组，按程序对研究成果进行严格的评审和验收。对于验收过程中存在的分歧，企业给予了充分重视，加大了试验的投入，降低了潜在的技术风险，使产品质量和标准进一步提高，从而顺利通过国家监管部门的验收。

(四)核心人员的管理

该环节的主要风险：研发人员职业道德缺失，对待工作不负责任，存在消极怠工或泄露工作机密等情况；核心技术人员离职，导致项目进度受影响，损失研发的投入；未在合同中对离职人员的保密义务进行严格规定，使企业机密泄露从而造成损失。

主要管控措施:第一,建立健全核心人员管理制度,制定并执行严格的研发人员考核标准,选拔时对研发人员的能力和品质要并重;与研发人员签署保密协议,从法律层面减少泄密的风险。第二,建立核心研发人员奖励机制,为研发人员的职业发展提供良好的机遇,吸引和留住优质人才。第三,与研发人员签订合同时,要特别明确竞业限制条款和泄密违约条款的内容,增加离职人员的泄密成本,降低涉密风险。

(五)研究成果开发

该环节的主要风险:第一,技术风险。产品开发速度比科技发展速度慢,产品未开发完成就已夭折;企业技术能力不足,产品质量达不到要求,或遇到技术障碍,开发时机延误。第二,市场风险。竞争产品率先推出,市场竞争加剧;产品开发过快,验证不足,不符合市场需求。

主要管控措施:第一,建立自主创新机制,使企业市场、科研、生产一体化全面发展,促进研究成果的转化。第二,提高企业技术能力,克服技术障碍,与时俱进,使企业的科研能力保持在先进水平。第三,计划和掌握好进入市场的时机,把握市场机遇。产品在投入市场前要对其充分验证,市场试生产反应良好后再投入大量生产。

【例3—26】 某机械设备公司积极学习国外的先进技术和优秀经验,引进先进设备和优秀人才,不定期组织研发人员出国深造或到其他先进企业学习最新的技术经验。加强技术管理,通过技术开发从产品的材料、工序等各方面节约成本,努力实现技术突破。定期组织培训了解最新的市场行情以及产品的市场反馈情况,及时追加生产,并且自主研发了许多新产品,取得了很好的市场效果,在行业内处于领先地位。

【分析】 该公司有很好的自主创新能力,具备先进的技术和人才优势,技术研发能力较强。能以市场为导向,关注产品的市场信息,有利于企业及时应对市场需求的变化,降低市场风险。同时,公司积极降低成本,使产品兼具技术优势和成本优势,实现了市场、科研、生产一体化全面发展,有利于研究成果的转化。

(六)研究成果保护

该环节的主要风险:第一,立项时的风险。立项时没有详细检索专利信息,导致研发成果侵权而无法使用。第二,研发过程中的风险。核心人员离职或泄密,导致竞争对手获得阶段性研发成果。第三,研发完成后的风险。研发成果没有得到有效保护,被竞争对手抢先申请专利,研发成果被限制使用;合作研发的成果没有明确产权归属,导致自树对手。

主要管控措施:第一,项目在立项、评估和审批的过程中都应该进行详细的专利检索,以免自主研发的成果无法使用。第二,与研发人员签署保密协议,明确竞业限制条款和泄密违约条款的内容,从法律层面减少泄密的风险。第三,严格界定合作研发中的成果归属,在合同中充分考虑各种情况下的权属问题,避免发生权属争议。第四,企业应当按照法律法规的要求,建立研究成果保护制度,对涉密文件执行严格的使用和借阅制度,加强对知识产权的管理,必要时积极采取法律手段维护合法权益。

【例3—27】 某玩具公司建立了自己的专利网对产品专利进行保护。公司不但为自己的产品外观申请专利,还对产品的生产方法、使用方法、加工工艺等注册专利。同时给研发人员以优厚的待遇并签订保密合同,防止专利外泄。这样一来,别的公司想要仿造玩具、侵犯专利权的风险就会大大降低,即使有仿制品,公司的专利保护网也能对其进行有效打击,使公司的利益得到很好的保护。

【分析】 该公司建立了很好的研发成果保护机制,能有效保护技术成果。对产品设置了详细的专利保护,增加了防护力度。同时重视研发成果的保密事项,与研发人员签订保密合同，从法律层面减少了泄密的风险。这样可以有效防止自主研发的成果被别人盗用，降低了企业损失的风险。

(七)研发活动评估

该环节的主要风险：没有研发评估机制，对评估不重视，评估指标选择不当，造成评估失败。

主要管控措施：第一，建立研发评估机制，明确和规范评估工作，从制度上保证评估工作的客观、公正。第二，提高管理人员对评估工作的认识，使管理人员意识到评估工作的重要性，从而加强对评估工作的重视。第三，根据项目的特点，构建不同的指标评估体系。第四，经费投入和人员配置要合理，组织专业人员进行评估，保证经费运用合理、高效。

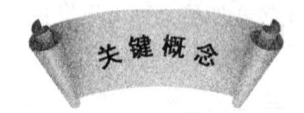

关键概念

自主研发　　研发外包　　研究成果

本节综合案例

昆明中铁是中国乃至亚洲最大的铁路养护机械研发、制造和销售企业，曾主持、参与制定大型养路机械铁道行业标准和规范30余项，获国家专利69项，其中发明专利2项、外观设计专利11项、实用新型专利56项。与国外竞争对手相比，昆明中铁依然没有完全摆脱对原技术转让方Plasser&Theurer公司的技术依赖，重大产品技术方面都有Plasser&Theurer公司的痕迹。目前，Plasser & Theurer公司的研发策略主要为"研发一代、储藏一代、转让一代"，而转让给昆明中铁的技术均不是最新技术，仅依靠技术转让难以获得最先进的技术。与国内主要竞争对手相比，近年来金鹰重型工程机械公司形成了清筛机作业机构集成匹配技术等21项自主创新成果，申报国家专利63项，已经获批32项，其中发明专利5项，而昆明中铁的发明专利却只有2项，显然昆明中铁的核心专利技术获取能力弱于竞争对手。

从近年来昆明中铁与合作企业的技术交流看，昆明中铁在技术知识产权的保护上没有做好过程控制。例如，与联合体企业的技术合作上，每年除了采购各分工协作企业的零配件、部件、总成之外，还要支付数千万元的分工协作费作为最初技术开发费用，但那些核心部件的技术并没有掌握，也不拥有专利，导致公司的产品在生产上仍然受很大制约。公司研发积淀20年，积累的核心技术无形资产根本没有体现。

【思考】 如何通过加强公司研究与开发控制提升昆明中铁的核心竞争力？

【案例分析】 (1)制定科学、合理的研发战略。结合昆明中铁的实际情况，企业应该确定地域和产品边界。除了国内市场，企业还需要深入国际市场，充分依据国际市场的需求进行技术研发，并适当考虑与该区域内的战略合作伙伴合作开发，以适当降低研发成本。从更长远的角度出发，逐步开展具有长期性质的基础研究，将铁路各产品关键部件进行分解，突破每一核心部件，最终实现整体突破，彻底摆脱技术依赖性。

(2)分析研发活动过程中的主要风险。研发过程中通常具有较大风险，研究项目未经科学论证或者论证不充分，可能导致创新不足或资源浪费；研发人员配备不合理或研发过程管理不善，可能导致研发成本过高或研发失败；研发成果转化应用不足、保护措施不力，可能导致公司利益受损。应当集合研发人员及市场营销人员详细评估研发项目存在的风险，尽量降低项目失败的可能性。

(3)把握公司立项与研发中的几个重要环节：①企业应当根据每年度的研发计划提出研究项目立项申请，开展可行性研究，编制可行性研究报告。按照规定的权限和程序对研发项目进行审批，重大研究项目应当根据董事会决议审批。②加强对研发过程的管理，跟踪和检查研发项目的进展情况，评价各阶段研究成果，及时提供足够经费支持，确保项目按期、保质地完成。③项目确定委托外单位生产的，应当采用招标、议标等适当方式确定受托单位，签订外包合同，约定研究成果的产权归属、研究进度、质量标准等相关内容；与其他单位进行合作研究的，应当对合作单位进行尽职调查，签订书面研究开发合同，确定双方投资、分工、权利义务、研究开发成果产权归属等问题。④制定和完善研发成果的验收制度,组织专业人士对研究成果进行独立评审和验收,并实际办理相关专利申请事宜。⑤建立严格的核心研究人员管理制度,明确界定核心研究人员范围和名单,签署符合国家规定的有关保密协议。

(4)遵循技术标准,保护知识产权。规范产品开发技术标准,研发工作坚持"标准先行、产品遵循"的原则,以标准体系建设为突破口,使标准成为科技创新转化为先进生产力的"桥梁",满足产业升级、技术进步对标准的需求,并在国内、国际范围内推广实施。

练习题

一、单项选择题

1. 企业开展研究与开发活动至少应当关注的风险是( )。
   A. 研究项目未经科学论证或论证不充分,可能导致创新不足或资源浪费
   B. 研发人员配备不合理或研发过程管理不善,可能导致研发成本过高、舞弊或研发失败
   C. 研究成果转化应用不足、保护措施不力,可能导致企业利益受损
   D. 以上都是

2. 研究与开发的基本流程是( )。
   A. 立项、研发过程管理、结题验收、研究成果的开发和保护等
   B. 研发过程管理、立项、结题验收、研究成果的开发和保护等
   C. 研发过程管理、结题验收、立项、研究成果的开发和保护等
   D. 立项、结题验收、研发过程管理、研究成果的开发和保护等

3. 以下选项中,( )不属于研发外包环节需要关注的风险。
   A. 外包单位选择的风险   B. 知识产权风险
   C. 壮大竞争对手的力量   D. 外包方案的审批风险

4. 研发外包单位职业道德缺失引起的提供虚假信息、不履行承诺、泄露机密等会给企业带来损失,该风险属于( )。
   A. 研发外包沟通风险   B. 外包单位选择的风险
   C. 研发外包知识产权风险   D. 壮大竞争对手风险

5. 企业研发活动的最终目的是( )。
   A. 贡献社会   B. 转化为经济效益
   C. 申请专利   D. 打垮对手

二、多项选择题

1. 研究与开发的内涵中,"三新"是指( )。
   A. 新技术   B. 新工艺   C. 新产品   D. 新想法

2. 研究与开发业务中的立项管控措施不包括( )。
   A. 研究项目应当按照规定的权限和程序进行审批,重大研究项目应当报经董事会或类似权力机构集体审议决策。
   B. 结合企业发展战略、市场及技术现状,制订研究项目开发计划
   C. 企业应当根据实际需要,结合研发计划,提出研究项目立项申请,开展可行性研究,编制可行性研究报告。企业可以组织独立于申请及立项审批之外的专业机构和人员进行评估论证,出具评估意见
   D. 建立研发项目管理制度和技术标准,建立信息反馈制度和研发项目重大事项报告制度,严格落实岗位责任制

3. 研发风险控制的总体要求包括( )。
   A. 重视研发   B. 制订计划   C. 强化管理   D. 项目转化

4. 立项与研究的审批要关注（　　）。
   A. 企业发展的必要性　　　　　　　　B. 技术的先进性
   C. 成果转化的可行性　　　　　　　　D. 员工的积极性
5. 企业与核心研究人员签订劳动合同时,应当特别约定（　　）。
   A. 研究成果归属　　　　　　　　　　B. 离职移交程序
   C. 离职后保密义务　　　　　　　　　D. 违约责任

三、判断题

1. 企业对核心研发人员的管理要建立研发项目核心人员的岗位责任制,同时要建立与研发人员业绩挂钩的业绩考核体系。（　　）
2. 研发人员配备不合理或研发过程管理不善,可能导致研发成本过高、舞弊或研发失败。（　　）
3. 立项缺乏可行性研究或可行性研究流于形式、决策不当,可能导致难以实现预期效益或项目失败。（　　）
4. 研究项目应当按照规定的权限和程序进行审批,重大研究项目应当报经董事会审议决策。（　　）

四、简答题

1. 研究与开发的总体要求是什么?
2. 简要描述研究与开发的流程。
3. 为什么要编制研发计划?
4. 研发项目完成后,为什么要进行评估?
5. 自主研发所面临的风险有哪些?
6. 研发外包包含哪些内容? 面临的风险有哪些?
7. 企业应当如何进行研发成果保护?

五、案例分析题

A 软件公司是我国一家较知名的软件生产企业,其研发的一款软件凭借专业化的研发技术和完善的售后服务,市场发展前景良好。后公司拟进行业务扩展,开发金融行业领域的软件,并与某金融企业签订了系统开发合作项目。为适应该业务的发展,A 公司将原有研发人员一分为二,一部分继续从事原有业务,另一部分成立项目组,从事银行、证券领域管理软件的开发。客户对项目时间要求很紧,项目组立即进行开发业务。伴随业务的深入开发,出现的问题越来越多,暴露出 A 公司专业人员水平低、开发经费超支、技术关键问题突破难等核心问题,而且同类软件已见于市场,整个项目面临失败的风险。

【要求】　分析 A 公司研发存在的风险。

第六节　工程项目

本节要点提示

了解工程项目的业务流程;
掌握工程项目内部控制的主要风险点及管控措施。

本节内容提要

工程项目是企业自行或者委托其他单位进行的建造、安装活动。相对于其他业务活动而言,工程项目具有投入资源多、占用资金大、建设工期长等特点,各环节比较容易出现问题。本节在梳理工程项目业务基本流程的基础上,分析了各环节存在的风险点,并提出了相应的控制措施,以保障企业工程项目的安全。

一、工程项目的含义

工程项目又称投资项目,是企业根据经营或管理的需要,自行或者委托其他单位进行的设计、建造、安装和维护,以形成新的固定资产或维护、提升既有固定资产性能的活动。工程项目是企业持续发展的重要基础,重大的工程项目往往体现企业发展战略和中长期发展规划,对于提高企业再生产能力和支撑保障能力、促进企业可持续发展具有关键作用。国有及国有控股大型企业的重大工程项目在调整经济结构、转变经济发展方式、促进产业升级和技术进步中举足轻重。

二、工程项目的业务流程

根据业务流程的相关性和风险管理的要求,工程项目的基本流程包括工程立项、工程设计、工程招标、工程建设、工程验收和项目后评估六大环节,如图3-10所示。

企业需要加强工程项目各个环节的内部控制,保证工程项目的质量,合理安排工程进度,控制工程成本,充分发挥工程项目对企业生存和发展的重要作用。

(一)工程立项

工程立项属于项目决策过程,是对拟建项目的必要性和可行性进行技术经济论证,对不同建设方案进行技术经济比较并做出判断和决定的过程。立项决策正确与否直接关系到项目建设的成败。工程立项阶段的主要工作包括编制项目建议书、可行性研究、项目评估和决策。

(二)工程设计

工程立项后,要进行工程设计,主要包括初步设计和施工图设计两个阶段。初步设计是整个设计构思基本形成的阶段,通过初步设计可以明确拟建工程在指定地点和规定期限内建设的技术可行性和经济合理性,同时确定主要技术方案、工程总造价和主要技术经济指标。初步设计阶段的一项重要工作是编制设计概算。设计概算是编制项目投资计划、确定和控制项目投资的依据,也是签订施工合同的基础依据;施工图设计是设计者意图的直观体现,是施工建造的依据。与施工图设计直接关联的是施工图预算,这是确定工程招标控制价的依据,也是拨付工程款及办理工程结算的依据。

(三)工程招标

企业的工程项目采用公开招标的方式,择优选取具有相应资质的承包单位和监理单位。工程招标过程包括招标、开标、评标和定标、签订施工合同等环节,主要工作包括招标前期准备和招标公告、资格预审公告的编制与发布。投标工作主要有现场考察、投标预备会及投标文件的编制等。投标工作结束后,建设单位应当组织开标、评标和定标。评标由招标人依法组建的评标委员会负责,按照招标文件确定的评标标准和方法,对投标文件进行评审和比较,推荐合格的中标候选人。建设单位应当按照规定的权限和程序从中标候选人中确定中标人,确定后向中标人发出中标通知书。

(四)工程建设

工程建设是指工程建设实施,即施工阶段,主要包括工程监理、工程物资采购和工程价款结算等内容,是建设成本、进度和质量的具体控制环节。企业和施工单位应按合同所确定的工期、进度计划等要求进行施工建设,采用科学的管理方式保证施工质量和安全,及时进行工程价款结算。另外,在项目的建设过程中,由于某些情况发生变化,如建设单位对工程提出新要求、出现设计错误、外部环境条件发生变化等,有时需要对工程进行必要的变更。

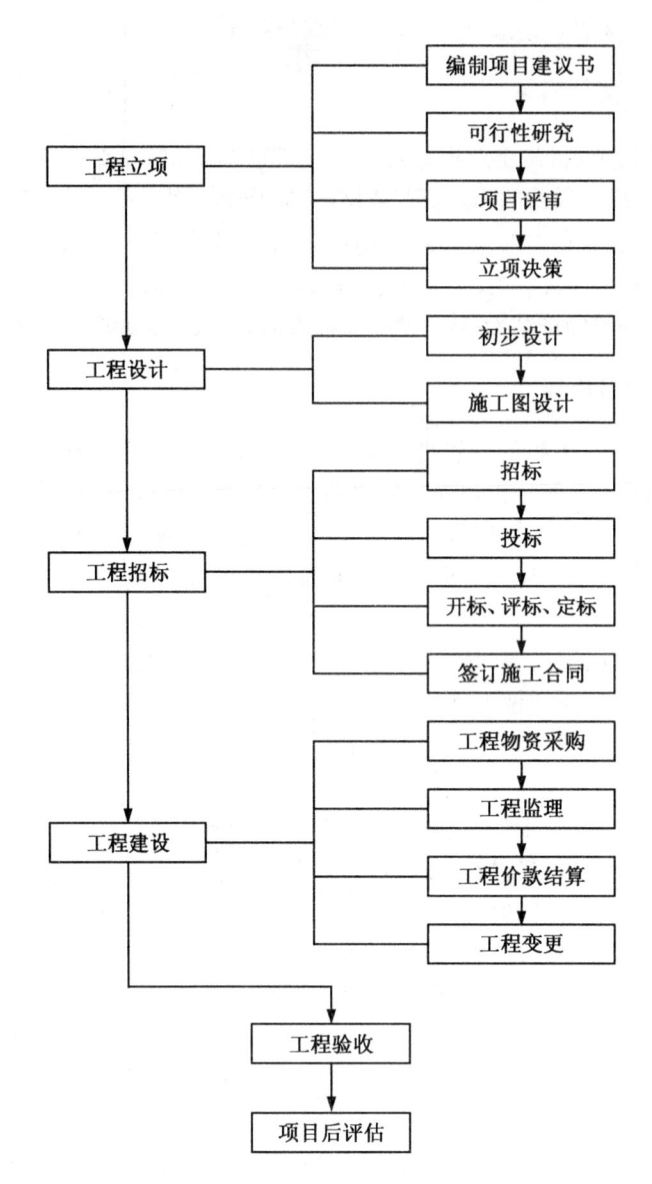

```
工程立项 ──┬── 编制项目建议书
           ├── 可行性研究
           ├── 项目评审
           └── 立项决策
    │
工程设计 ──┬── 初步设计
           └── 施工图设计
    │
工程招标 ──┬── 招标
           ├── 投标
           ├── 开标、评标、定标
           └── 签订施工合同
    │
工程建设 ──┬── 工程物资采购
           ├── 工程监理
           ├── 工程价款结算
           └── 工程变更
    │
工程验收
    │
项目后评估
```

图3-10　工程项目的基本流程

（五）竣工验收

竣工验收是指工程项目竣工后由建设单位会同相关部门对该项目是否符合规划设计要求以及对建筑施工和设备安装质量进行全面检验的过程。企业的建设项目已经按照要求全部建设完成，符合规定的建设项目竣工验收标准，在收到承包单位的工程竣工报告后，应当及时编制竣工决算，进行竣工决算审计，组织设计、施工、监理等有关单位进行竣工验收。

（六）项目后评估

项目后评估是指在建设项目已经完成并运行一段时间后，对项目的目的、执行过程、效益、作用和影响进行系统的、客观的分析和总结的一种技术经济活动。项目后评估通常安排在工程项目竣工验收后6个月或1年后，多为效益后评价和过程后评价。工程项目后评估本身就是一项重要的管控措施。

三、工程项目的主要风险点及管控措施

(一) 工程立项

1. 编制项目建议书

该环节的主要风险:项目建议书的编制不符合企业经营管理实际,出现项目脱离企业发展战略、拟建规模及标准不明确、资金安排与项目进度不协调等现象。

主要管控措施:企业应当依据所处行业和地区的相关政策规定,结合实际建设条件和经济环境因素,客观分析投资机会,确定工程投资意向,明确项目建议书的主要内容、格式及要求;在编制过程中,项目建议书要包括项目建设的必要性、项目规模和选址、投资估算及资金筹措方案、项目进度安排、经济和社会效益的估计、环境影响的评估等重要内容,其中,对于工程质量标准、投资规模和进度计划等要进行分析论证。对于专业性较强和较为复杂的工程项目,可以委托专业机构进行工程投资分析。企业决策机构应当对项目建议书进行集体审议决策,并视法规要求和具体情况报有关政府部门审批或备案。必要时,可以成立专家组或委托专业机构进行评审,承担评审任务的专业机构不得参与项目建议书的编制。

2. 项目可行性研究

该环节的主要风险:项目可行性研究不充分,流于形式,无法为项目决策提供充分、可靠的依据,导致决策不当,难以实现预期效益等问题。

主要管控措施:企业在提出并经过审批的项目建议书后,需要进行项目的可行性研究,并编制可行性研究报告。可行性研究的内容要完整,突出重点,研究充分。企业应当根据国家和行业的有关规定,结合企业经营的实际状况,确定可行性研究报告的内容和格式,明确编制要求,在编制过程中,要对项目建议书中的重点内容进行评估;可行性研究过程中需要专业机构参与的,根据项目的性质,要选择合适的并具有相关资质的专业机构进行可行性研究,确保可行性研究科学、合理;企业要对投资、项目质量和进度控制进行统筹协调,建设标准要符合企业实际情况和财力、物力的承受能力;技术要先进、适用,避免盲目追求技术先进而造成投资损失、浪费;项目进度要根据项目特点和企业实际进行适度控制。

【例3—28】 某市的环保工程是与国家环保政策相配套的项目。2000年,国家计委批准了该环保工程的可行性报告,概算为12亿元。该市对这个国家重点项目抱有很大的期望。2001年,相关部门和投资公司将工程概算调整到了18.2亿元。之后又将概算提升到了23亿元,相当于该市5年的财政收入之和。该项目于2005年开工建设,但由于资金缺乏,在2008年年底停建,与此同时,国家计委责令停建,但已耗资10多亿元。

【分析】 由上述资料可知,该项目在立项阶段存在可行性研究不充分的控制缺陷,该缺陷导致资金流断裂。由于建设单位盲目追求建设规模,对该项目没有进行科学、有效的可行性研究,尤其是没有进行财务可行性和经济可行性评估,最终给国家带来了重大的经济损失。

3. 项目评审

该环节的主要风险:评审决策程序不规范,可能导致决策失误等问题。

主要管控措施:企业在项目评审中,要重点关注项目投资方案、投资规模、资金筹措、生产规模、布局选址、技术、安全、环境保护等方面,核实相关资料的来源和取得途径是否真实、可靠;企业可以委托具有资质的专业机构对可行性研究报告进行评审,且该专业机构不得参与项目可行性研究;企业应当按照规定的权限和程序对工程项目进行决策,决策过程必须有完整的书面记录。重大工程项目应当报经董事会或者类似决策机构集体审议批准,任何个人不得单

独决策或者擅自改变集体决策意见;企业要建立工程项目决策和实施的责任制度,明确相关部门和人员的责任,定期或不定期进行检查;工程项目立项后、正式施工前,还应当依法取得建设用地、城市规划、环境保护、安全、施工等方面的许可。

【例 3—29】 沿用例 3—28 资料。

【分析】 该案例除了存在可行性研究不充分的控制缺陷外,还存在项目评审与决策不科学、不规范的控制缺陷。项目评审流于形式,对环保项目没有进行科学、充分的分析、研究和评审,也没有起到应有的监督控制作用。最后,该项目非但没有达到预期的经济效益,还给国家造成了重大的经济损失。

(二)工程设计

1. 工程初步设计

该环节的主要风险:设计单位不符合项目资质要求;初步设计未进行多方案比选;设计深度不足,初步设计出现疏漏;等等。这些都会导致施工组织不周密、工程质量存在隐患、运行成本过高等问题。

主要管控措施:第一,企业要根据项目特点选择具有相应资质和相关经验的设计单位,可以引入竞争机制,尽量采用招标方式确定设计单位。第二,应当向设计单位提供开展设计所需的详细的基础资料,并进行有效的技术经济交流,在此基础上形成最优的技术方案,其中,重要的技术方案需要进行技术经济分析,从而选择最佳方案。第三,当项目由几个单位共同设计时,要指定一个设计单位为主体设计单位,主体设计单位对建设项目设计的合理性和整体性负责。第四,建立严格的初步设计审查和授权批准程序,通过严格的复核、专家评议等制度,确保评审工作质量。

【例 3—30】 某市在 1977 年决定筹建体育馆,于 1980 年竣工投入使用。按照一般的建筑设计要求,体育馆的使用年限应为 50 年。但在 1993 年,经国内多家媒体披露,该场馆地基出现不均匀下沉,75%以上的地板与墙体易出现开裂的情况,存在重大安全隐患。根据档案记载:"由于开工较晚,设计仓促,所以在施工过程中不断出现修改,设计变更较多。有些问题考虑得不周全,存在专业不熟悉、漏洞忽视等问题。"

【分析】 该场馆在设计阶段存在明显的控制缺陷。由于设计评审控制缺失,导致进入施工阶段后设计不断更改,并且在初步设计的拟建工程的工期问题上没有进行可行性分析,导致后来不切实际地赶工期的情况发生,从而影响了工程的质量,带来了巨大的经济损失。

2. 施工图设计

该环节的主要风险:一是施工图预算脱离实际,导致项目投资失控;二是工程设计与后续施工未有效衔接而导致技术方案未得到有效落实。两者都会影响工程质量,给企业带来经济损失。

主要管控措施:企业在施工图设计环节,首先要建立严格的概预算编制与审核制度。概预算的编制要严格执行国家、行业和地方政府有关建设和造价管理的各项规定和标准,完整、准确地反映设计内容和当时当地的价格水平。企业应当组织工程、技术、财会等部门的相关专业人员或委托具有相应资质的中介机构对编制的概算进行审核,重点审查编制依据、项目内容、工程量的计算、定额套用等是否真实、完整和准确。其次,建立严格的施工图设计管理制度和变更管理制度,重点审查施工图的设计深度是否符合要求、设计质量是否合规等方面;同时,设计单位应当提供全面、及时的现场服务,避免设计与施工相脱节的现象,减少设计变更的发生,对确需进行的变更,应尽量控制在设计阶段,并进行相关授权审批。因设计单位的过失造成设计变更的,应由设计单位承担相应责任。

(三)工程招标

1. 招标

该环节的主要风险:企业违背工程招标计划,肢解建设项目;投标资格条件不公平、不合理,可能导致中标人并非最优选择;相关人员违法违纪泄露标底,存在舞弊行为;等等。

主要管控措施:第一,企业应当就是否采用招标方式及相关方案报经招标决策机构集体审议通过后执行。第二,不得违背工程施工组织设计和招标设计方案,将应当由一个承包单位完成的工程项目肢解成若干部分发包给几个承包单位。第三,招标公告的编制要公开、透明,包含招标工程的主要技术要求、合同条款、评标标准、开标与定标程序等内容。第四、严格根据项目特点和招标公告对投标人进行实质审查,确定具有相关资质的投标人,防止假资质中标和借资质中标。

【例3—31】 A公司下属B分公司拟建设储存仓库。2000年5月10日,B分公司会议商议决定由于时间紧迫,一面向母公司报批,一面开始施工建设。6月11日,通过邀请投标的方式确定了施工单位,6月30日取得了母公司总部的立项审批。2000年末该工程完工。

【分析】 A公司在工程招标环节存在明显的控制缺陷。B分公司在未履行完成立项阶段的审批手续时就进行设计和开工建设,A公司并未及时制止和纠正,并且B分公司本应采用公开招标的方式进行招标,但实际采用的是邀请招标,不符合公司的管理规定。

2. 投标

该环节的主要风险:招标人与投标人串通投标,存在舞弊行为;投标人的资质条件不符合要求,冒用他人名义投标,可能影响工程质量。

主要管控措施:第一,对投标人的信息采取严格保密措施,防止投标人之间串通舞弊。第二,在确定中标人之前,企业不得与投标人就投标价格、投标方案等内容进行谈判。第三,严格按照招标公告或资格预审文件中确定的投标人资格条件对投标人进行实质审查,确定投标人的实际资质,预防假资质中标。第四,建设单位应当履行完备的标书签收、登记和保管手续,保证投标文件的安全保密性。

3. 开标、评标和定标

该环节的主要风险:开标不公开、不透明,损害投标人利益;评标委员会成员缺乏专业水平,定标不合理、不科学;评标委员会成员与投标人串通作弊,损害招标人利益。

主要管控措施:第一,企业依法组建评标委员会,成员应当由企业的代表和有关技术、经济方面的专家组成,遵循职业道德,保持客观和独立性,对其出具的评审意见承担责任。第二,评标委员会成员和参与评标的有关工作人员不得透露投标文件的评审情况、中标候选人推荐情况及其他与评标相关的信息,不得私下接触投标人,不得收受投标人任何形式的商业贿赂。第三,企业应当按照规定的权限和程序择优确定中标人,及时向中标人发出中标通知,在规定的时间内与中标人签订合同,明确双方的权利、义务和责任。

(四)工程建设

1. 工程监理

该环节的主要风险:施工单位对工程项目进度把握不合理,出现质量不达标、费用超支以及监管不到位而造成的安全问题。

主要管控措施:第一,监理单位应当根据合同规定的工程进度计划,结合建设过程中的实际情况,对工程的进度进行监督和检查;需调整进度的,必须优先保证质量,并与建设单位、承包单位达成一致意见。第二,监理单位要按照国家相关法律法规规定的标准并结合建设单位的实际,对承包单位的建设质量、施工工艺等方面进行检查,发现工程质量不符合要求的,应当要求承包单位立即返工修改,直至符合验收标准。第三,工程监理单位应当按照法律法规和工程建设强制性标准实施监理,并对建设工程安全生产承担监理责任。在实施监理过程中,发现存在安全事故隐患的,应当要求施工单位整改;情况严重的,应当要求施工单位暂时停止施工,并及时报告建设单位。

2. 工程物资采购

该环节的主要风险:工程物资采购过程控制不力,材料和设备质次价高,不符合设计标准和合同要求,影响工程质量和进度。

主要管控措施:企业在工程物资采购管理方面应当遵循《企业内部控制应用指引第7号——采购业务》的统一要求,对于重大设备和大宗材料的采购,应当采用招标方式进行;对于由承包单位购买的工程物资,建设单位应当确保工程物资符合设计标准和合同要求,加强监督,明确责任追究方式。

【例3-32】 B公司投资兴建小型水电站的项目获得批准。在经过为期两年的建造后于2009年被施工单位宣告竣工。经质检部门检查发现,该工程存在重大质量问题,施工单位使用的工程材料不符合水电站建设要求,一旦水量增大到一定程度,将会被冲垮。

【分析】 该工程在工程建设方面存在控制缺陷。在采购工程物资时未按照水电站相应的建设要求进行购置,导致采购的工程物资不合格,在一定程度上影响了工程的质量,从而导致水电站工程无法投入使用,在给公司带来巨大的经济损失的同时,威胁到人民群众的财产和人身安全。

3. 工程价款结算

该环节的主要风险:建设资金使用管理混乱,项目资金不落实,因价款拖欠问题导致工程进度延迟或中断。

主要管控措施:第一,完善工程价款结算管理制度,明确工作流程和职责权限划分,安排专门的工程财会人员,认真开展工程项目的财务管理工作。第二,资金筹集和使用应与工程进度协调一致,建设单位应当根据项目组成,结合时间进度编制资金使用计划。第三,财会部门应当加强与承包单位和监理机构的沟通,准确掌握工程进度,根据施工合同约定的付款方式,按照规定的审批权限和程序办理工程价款结算,既不应违规预支,也不得无故拖欠。第四,在施工过程中,如果工程的实际成本超出预算,建设单位应当及时分析原因,按照规定的程序予以处理。

【例3-33】 某企业在建的一项工程由于拖欠工程中期款,导致工人集体罢工,耽搁了工程进度,使得工程无法在计划期内交工,给企业带来了经济损失。

【分析】 该案例在工程建造环节存在控制缺陷。由于企业与承包单位之间工程价款结算不及时导致工人集体罢工,而罢工导致工程进度被中断,延长的工期使得企业可能会承担一定的经济损失和其他不可预知的风险。

4. 工程项目变更

该环节的主要风险:变更程序不规范,出现不必要的变更及频繁变更等问题,导致费用超支、工期延误。

主要管控措施:第一,企业要建立严格的工程变更审批制度,严格控制工程变更,确需变更的,要按照规定程序办理变更手续。第二,重大的变更事项必须按照项目决策和概算控制的有关程序和要求重新履行审批手续,依法需报有关政府部门审批的,必须取得同意变更的批复文件。第三,工程变更获得批准后,应尽快落实变更设计和施工,承包单位应在规定期限内全面落实变更指令,防止工期延误造成的经济损失。第四,因设计失误、施工缺陷等人为原因造成的工程变更,应当追究当事单位和人员的责任。

(五)竣工验收

该环节的主要风险:竣工验收程序不规范,出现工程质量不达标等问题;虚报项目投资完成额、虚列建设成本或者隐匿结余资金,导致竣工决算失真。

主要管控措施:第一,建设单位应当健全竣工验收各项管理制度,明确竣工验收的条件、标准、程序、组织管理和责任追究等。第二,竣工验收必须履行规定的程序,至少应经过承包单位初检、监理机构审核、正式竣工验收三个程序;正式验收时,应当成立由建设单位、设计单位、施工单位、监理单位等组成的验收组,共同审验;重大项目的验收可聘请相关方面的专家组进行评审。第三,初检后,确定固定资产达到预定可使用状态的,承包单位应及时通知建设单位,建设单位会同监理单位初验后应及时对项目价值进行暂估,转入固定资产核算。建设单位财务部门应定期根据所掌握的工程项目进度核对项目固定资产暂估记录。第四,建设单位应当加强对工程竣工决算的审核,委托具有相应资质的中介机构实施审计,未经审计的,不得办理竣工验收手续。

【例3—34】 某市为迎接亚运会的到来决定筹建体育博物馆,由于在所有亚运工程项目中该栋体育博物馆开工最晚,因此该博物馆仓促赶工期以期与其他配套工程同时竣工,而验收仅仅是走个过场。

【分析】 该工程在最后的竣工验收环节存在控制缺陷。不切实际地赶工期在一定程度上会影响工程的质量,而在最后的竣工验收环节控制的缺失很有可能会导致不合格的工程项目被验收通过并投入使用,最终产生不可估计的后果,造成经济损失。

关键概念

工程项目　　工程招标　　工程设计　　工程建设

本节综合案例

某业主与承包商签订了某建筑安装工程项目总承包合同,合同总价为800万元,工期为24个月。合同规定:

(1)业主应向承包商支付当年合同价40%的工程预付款。

(2)当工程进度款达到合同价的80%时,开始从超过部分的工程结算款中按80%抵扣工程预付款,施工前全部扣清。

(3)除设计变更等不可抗力因素外,合同价调整不得超过5%。但在施工过程中,由于未知原因,发包人超过约定的支付时间没有支付工程款,且发包人出于设计需要,要求扩大其施工范围。

【思考】

(1)对于发包人超过约定支付时间没有支付工程款的,应如何处理?

(2)在施工结算中,要处理发包人扩大其施工范围的问题吗?应如何处理?

【案例分析】 (1)承包人可以向发包人发出要求付款的通知,发包人接到承包人通知后仍不能按要求付款的,可以与承包人协商确定延期支付的时间和从计算结果确认的第五天起计算应付款的贷款利息。发包人不按合同约定支付预付款，而又未达成延期付款协议导致施工无法进行的，承包人可停止施工，由发包人承担违约责任。

(2)关于合同价和施工范围的调整规定应在合同规定中体现出来。具体处理如下：对发包人要求扩大的施工范围和由于设计修订、工程变更、现场签证引起的增减预算进行检查、核对，如无误，则应分别计入相应的单位工程预算。

练习题

一、单项选择题

1. 工程项目在验收合格后应当及时办理交付使用手续，在办理手续前应编制（　　）。
   A. 竣工结算　　　　　　　　　　B. 竣工决算
   C. 竣工决算审计报告　　　　　　D. 交付使用财产清单

2. 项目建议书和可行性研究报告中对于投资的估算是一个项目立项的重要依据，也是分析、研究该项目投资可获得的经济效果的重要条件。可行性研究报告一经批准，投资估算就是建设项目控制造价的依据，即具体项目投资的最高限额，其误差一般应控制在（　　）以内。
   A. 5%　　　　B. 10%　　　　C. 15%　　　　D. 20%

3. 对建设单位来说，（　　）是确定工程招标控制价格的依据，也是办理工程结算及拨付工程款的依据。
   A. 工程项目合同　　　　　　　　B. 设计概算
   C. 施工图预算　　　　　　　　　D. 可行性研究报告

4. 对于验收合格的工程项目，应编制交付使用（　　），以便及时办理资产移交手续。
   A. 设备清单　　B. 财产清单　　C. 物资清单　　D. 工程量清单

5. 企业应当建立完工项目（　　），重点评价工程项目预期目标的实现情况和项目投资效益等，并以此作为绩效考核和责任追究的依据。
   A. 预评估制度　　　　　　　　　B. 过程评估制度
   C. 后评估制度　　　　　　　　　D. 特殊评估制度

6. 与企业的其他经营活动相比，工程项目需要满足的要求较多。比如，国家规定年产50万吨及以上钾矿肥项目由国务院投资主管部门批准，其他磷、钾矿肥项目由地方政府主管部门核准；建筑工程开工前，建设单位应当向工程所在地县级以上人民政府建设行政主管部门申请领取施工许可证。这反映了全面梳理工程项目各环节业务流程，应当遵循（　　）原则。
   A. 保证基本流程的完整性　　　　B. 保证基本流程的客观性
   C. 工程项目的计划性　　　　　　D. 确保法规的遵循性

二、多项选择题

1. 以下关于工程设计业务流程的表述中，正确的有（　　）。
   A. 技术简单的小型工程项目经项目相关管理部门同意可以简化为施工图设计一个阶段
   B. 一般工业项目设计可按初步设计和施工图设计两个阶段进行
   C. 技术复杂、设计时有一定难度的工程，可以按照初步设计、技术设计和施工图设计三个阶段进行
   D. 牵涉面较广的大型建设项目应当按照初步设计、技术设计、施工图设计和总体规划设计（或总体设计）进行

2. 企业应当及时组织工程项目竣工验收。交付竣工验收的工程项目，应当具备的条件有（　　）。
   A. 符合条件的质量标准　　　　　B. 有完整的工程技术经济资料
   C. 交付使用财产清单　　　　　　D. 国家规定的其他竣工条件

3. 项目建议书是建设单位根据工程投资意向，综合考虑产业政策、发展战略、经营计划等提出的建设某一工程项目的建议文件，是对拟建项目提出的框架性总体设想。项目建议书的内容一般包括（　　）。

A. 项目的进度安排　　　　　　　　　B. 建设规模和建设内容
C. 项目的必要性和依据　　　　　　　D. 经济社会效益

4. 工程建设具有专业性和复杂性的特点,建设过程中涉及的利益主体较多,包括勘察单位、设计单位、监理单位、施工单位等。以下关于这些主体之间关系的表述中,正确的有(　　)。
A. 对于自建项目,建设单位和监理单位就是同一家
B. 具有监理资质的设计单位不得承担同一项目的监理工作
C. 对于大型企业集团而言,勘察单位、设计单位、施工单位等可能是其二级单位
D. 上述主体重合的前提是执行和监督必须相互独立,严禁在同一经营实体或同一行政单位直接管辖范围内搞设计、施工、建立"一条龙"作业

5. 以下选项中,属于工程项目设计阶段的工作的有(　　)。
A. 根据批准的可行性研究报告进行初步设计
B. 根据批准的初步设计进行施工图设计
C. 根据批准的施工图设计文件进行施工前的各项准备工作
D. 组织工程施工和设备安装

6. 企业应当组织工程、技术、财会等部门的相关专业人员或委托具有相应资质的中介机构对编制的工程项目概预算进行审核,重点审查(　　)等是否真实、完整和准确。
A. 编制依据　　　B. 项目内容　　　C. 工程量的计算　　　D. 定额套用

7. 企业应当实行严格的工程监理制度,委托经过招标确定的监理单位进行监理,未经工程监理人员签字,工程物资不得(　　)。
A. 在工程上使用或安装　　　　　　　B. 进行下一道工序施工
C. 拨付工程价款　　　　　　　　　　D. 进行竣工验收

三、判断题

1. 重大工程项目的立项,总会计师或分管会计工作的负责人应当参与项目决策。（　　）
2. 企业应当按照规定的权限和程序对工程项目进行决策,决策过程不一定有完整的书面记录,但必须实行决策责任追究制度。（　　）
3. 企业应当按照规定的权限和程序对工程项目进行决策,决策过程应有完整的书面记录。（　　）
4. 工程项目概预算一经编制即可执行。（　　）
5. 承担项目评审任务的专业机构不得参与项目建议书的编制。（　　）
6. 对于使用政府补助、转贷、贴息投资建设的项目,其项目建议书和可行性研究报告需要取得政府部门的审批。（　　）
7. 对于非重大项目,可不编制项目建议书,但仍需进行可行性研究。（　　）
8. 工程初步设计阶段的一项重要功能是由设计单位编制设计概算。（　　）
9. 在工程项目的初步设计审查中,技术方案是审查的核心和重点,重大技术方案必须进行技术经济分析比较、多方案比选。（　　）
10. 招标文件经审批后,由采购部门向供应商发出投标邀请书和招标文件。（　　）

四、简答题

1. 工程项目的风险与控制可分为哪几个环节?
2. 工程设计的关键风险点有哪些?如何进行控制?
3. 简述工程项目的基本业务流程。
4. 工程招标的流程是什么?其中招标环节的主要风险及管控措施有哪些?
5. 工程建设监理环节的主要风险及管控措施有哪些?

五、案例分析题

2011年12月20日,审计署发布中国长江三峡集团公司、中国大唐集团公司等17家央企2007~2009年财务收支审计结果。据初步统计,被查的17家企业中有8家涉及违规招标。其中,2008~2009年,大唐集团82个重点项目的946份合同中,有345份未按规定进行公开招投标,涉及合同总金额103.27亿元。

在涉及违规招投标的8家企业中,审计署只是披露了违规招投标的事实,而没有披露违规招投标引发的具体损失。这次发现的违规招投标主要表现在:违规借用或出借资质参与招投标以及违规转包、分包,与无建设工程设计职业资格的自然人签订设计合同,如中国交通建设集团有限公司下属7家单位、中国铝业下属贵州铝厂等11家企业;未实行公开投标而是直接指定施工单位,如中国兵器装备集团公司下属重庆长安汽车股份有限公司;未经招投标对外发包工程、采购设备,或将应公开招投标项目违规改为邀请招标,如中国船舶重工集团公司下属大连海洋工程有限公司等5家单位。

公开招投标本身会形成对企业的制约,防止采购、工程等出现寻租、出租行为,同时也是维护市场竞争公平的要求,可以提高效率,更可以让采购、工程等处于社会监督之下,接受纳税人、社会公众的关注。一旦违规招投标,工程质量往往得不到保证,而且合同价款有失合理,客观上会提高成本。"阳光是最好的防腐剂"。没有了"阳光",浪费、利益受损、腐败均难以避免。

【要求】 结合材料,简要说明如何应对工程项目招投标过程中存在的风险。

第七节 担保业务

本节要点提示

了解担保业务的流程;

掌握担保业务的内容;

掌握担保业务内部控制的主要风险点及管控措施。

本节内容提要

担保制度起源于商品交易活动,随着商品交换形式不断发展,商品和货币的交付有了时间差,债权债务应运而生,在对债务人没有百分之百信赖的情形下,债权人需要通过某种方式确保债权的实现,而担保制度正好满足了这种需要。在现代市场经济中,担保一方面有利于银行等债权人降低贷款风险,另一方面使债权人与债务人形成了稳定、可靠的资金供需关系。但是担保业务具有"双刃剑"的特征,企业因为担保发生经济纠纷,导致重大经济损失的事件时有发生。因此建立完善的担保业务内部控制制度有利于企业及时发现和解决问题,防止欺诈和舞弊行为,从而使企业在获得经济效益最大化的同时降低担保风险,减少企业损失。

一、担保业务的含义

担保,是指企业依照法律规定和合同、协议,按照公平、自愿、互利的原则,向被担保人提供一定形式的担保,当债务人不履行债务时,承担相应法律责任的行为。担保业务属于企业的一项或有负债,与企业的资金运转有着密切的关系。担保对象一般包括合营公司、联营公司、子公司、主要客户、主要供应商以及与本公司经济利益有密切关系的企业。被担保人应当有良好的经营业绩与发展前景,财务状况良好,信用状况良好,近两年没有违法行为或恶意损害股东及债权人利益的行为。

二、担保业务的流程

企业应当设置科学、合理的担保业务流程,对每一担保环节可能存在的风险都实行有效的监督和控制,并不断改进和完善,确保企业在担保业务中不受损失或少受损失。担保业务基本流程如图3—11所示。

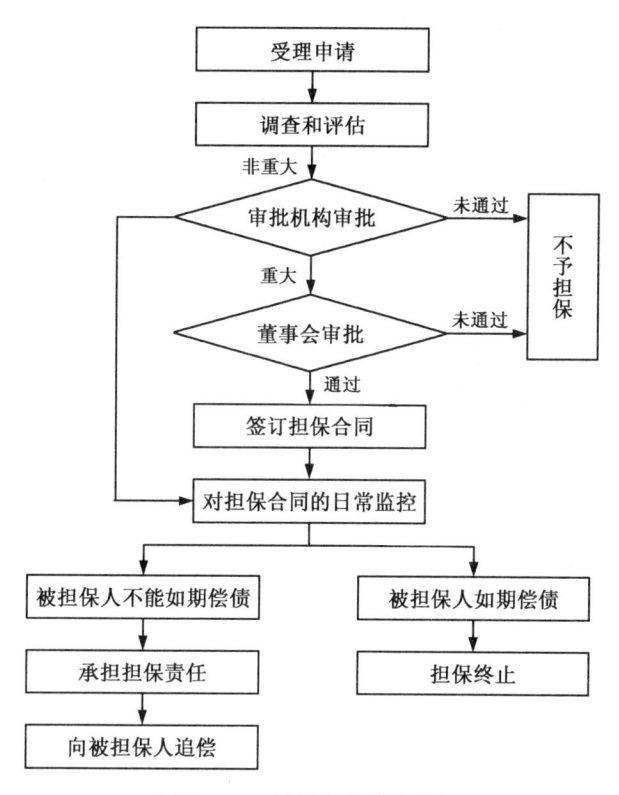

图3—11 担保业务基本流程

(一)受理申请

受理申请是企业办理担保业务的第一道关口。在受理担保业务时,担保人应当要求被担保人提供完整的资料,如担保申请书、被担保事项的经济合同、反担保的相关文件。审查的内容包括被担保企业提交的资料是否齐全,申请事项是否真实、合法,是否符合企业规定的担保原则和担保条件等。

(二)调查和评估

企业在受理担保申请后,要对担保申请人进行资信调查和风险评估,这是办理担保业务不可或缺的重要环节,对担保业务的未来走向有很大影响。企业应当指定相关部门负责对担保申请人进行资信调查和评估工作,并对评估结果出具书面报告,或者委托中介机构负责担保工作。

(三)审批

审批环节在担保业务中具有承上启下的作用,既是对调查评估结果的判断和认定,也是担保业务能否进入实际执行阶段的必经之路。审批人员通过对审批报告及相关资料的审查,分析被担保企业的履约能力、反担保情况,对照本企业的担保责任、担保条件及本企业可能获得的相关利益等,决定是否办理该担保业务。

(四)签订担保合同

担保合同是审批机构同意办理担保业务的直观表现形式,根据对被担保企业财务和经营状况的调查,以及本企业的担保政策和担保条件,获得审批后即可与被担保企业签订担保合同。担保合同一般一式三份,一份交被担保人,一份交会计部门,一份交经办部门存查。合同签订后,经办人员还要及时登记担保业务台账。签订担保合同标志着企业的担保权利和担保责任进入法律意义上的实际履行阶段。

(五)日常监控

在担保期内,企业应当加强对担保合同执行情况的日常监控,对被担保人的经营状况、财务状况和担保项目进展情况进行及时的跟踪和监督,或根据担保期限的长短规定检查的时限周期,促使被担保企业及时履行合同,最大限度地实现企业担保权益,降低企业担保责任。

(六)会计控制

担保业务直接涉及担保财产、费用收取、财务分析、债务承担、会计处理和相关信息披露等,决定了会计控制在担保业务经办中的重要作用。

(七)代为清偿和权利追索

如果在担保期间内被担保人偿还了债权人的债务,并且按时足额地向担保企业缴纳了担保费用,那么担保合同在缴清费用后即终止,担保责任解除。但如果被担保人到期没有偿还债务,那么担保企业就必须根据担保合同条款为被担保企业偿还债务。所以,担保企业在代替被担保企业偿还债务后依法向被担保人行使追索权就成为担保企业减少损失的最后一步。

三、担保业务的主要风险点及管控措施

(一)受理申请

该环节的主要风险:企业制定的担保管理制度和担保政策不健全,难以初步评价和审核担保申请;或是尽管制定了相关管理制度和担保政策,但对担保申请的审查不严,使担保申请的受理流于形式而并未发挥真正作用。

主要管控措施:第一,依法制定和完善企业的担保管理制度和担保政策。受理担保事项时,要让被担保企业提供完整的资料,同时明确担保的程序、条件、限额及禁止担保的事项。第二,严格按照担保制度和担保政策审核被担保企业提出的担保申请。如果被担保企业是本企业的子公司或存在控制关系,或者与本企业有密切的业务往来或潜在重要业务关系,都可以考虑提供担保;如果担保申请企业财务状况很好、经济实力较强、信用程度较高,可以考虑接受申请;如果担保申请人准备的申请资料齐全,内容真实、有效,也可以考虑受理申请。

【例3-35】 A国有企业在账外为其他企业提供银行借款和贸易借款担保,各类担保金额达到二十多亿元,其中逾期未还的比例接近80%,导致企业偿还担保债务的负担极其沉重。据悉,该集团并没有建立完善的担保管理制度,也未设定专门的担保业务部门,集团担保的对象大多为私营企业,并且对外担保多数不是为了企业的商业利益,而是高层领导为了私人利益,贪污公款和收受贿赂,最终导致国有企业的资产严重损失。

【分析】 企业没有健全的担保制度,在选择对外担保对象时,管理层可能会为了私人利益而不顾企业利益,不详细考察申请企业的经营状况和信誉状况就为其提供担保。为了降低国有企业的担保风险,国有企业应当建立完善的担保制度和担保政策,明确担保的程序、条件、限额,设定专门的担保业务部门,具体落实担保责任。国有企业应严格执行担保制度和担保政策的规定,重视受理申请环节的风险把控。如果被担保企业是本企业的子公司或存在控制关系、与本企业有密切的业务往来,或担保申请企业财务状况和信用状况很好、申请资料真实完整,那么可以考虑接受申请;如果担保申请人信用状况有过不良记录或是经营状况还不稳定的私

营企业,那么受理担保申请时,一定要尤其慎重。

(二)调查和评估

该环节的主要风险:对担保申请人的资信调查不够深入、彻底,对担保风险的评估不够系统、科学,导致企业在进行担保决策时出现失误或受到欺骗,给担保企业留下了很大的风险隐患。

主要管控措施:第一,任命专业人员对担保申请企业进行调查和评估。调查评估人员和担保审批人员不应存在关联关系,应该做到职权分离。企业可以自己对担保申请人的资信情况和项目存在的风险进行全面的调查和评估,也可以委托中介机构负责调查和评估,评估之后应针对评估结果出具书面报告。

第二,在对担保申请人进行调查和评估的过程中,应该重点调查以下内容:一是担保业务是否符合法律法规及本企业的担保政策;二是担保申请人的资信情况,包括基本状况、经营状况、财务状况、信用程度等;三是担保申请人用于担保的资产或第三方担保的资产状况及权利归属;四是企业要求担保申请人提供反担保的,还应当评估与反担保有关的资产状况。

第三,明确规定不予担保的情况。下列情况不能提供担保:一是不符合国家法律法规及本企业担保政策的担保项目;二是担保申请人财务状况恶化、管理混乱、经营风险较大的;三是申请担保的企业与本企业存在过担保纠纷并且仍然没有妥善解决的,或者没有足额及时地交纳担保费用的;四是申请担保的企业与其他企业存在较大的经济纠纷,可能承担较多赔偿责任的;五是申请担保的企业已进入破产清算、重组、兼并或托管等程序的。

【例3-36】 2002年,甲公司下属子公司与其他两家公司合资成立乙公司。2004年,乙公司分别向农业银行和交通银行借款200万美元,甲公司的总经理在担保合同上签字,为乙公司的银行借款提供全额担保。2009年,因乙公司到期无法偿还借款本息,两家银行向法院提起诉讼,法院判决甲公司负连带给付责任。在银行提起诉讼后,甲公司派人了解乙公司的资产和负债情况,并审查子公司和乙公司账目,结果显示乙公司基本没有实物资产,只有大量无据可查的预付和应收款项,并且乙公司在取得借款后,没有用于正常业务经营和投资,而是由多位高级管理人员利用职权,巧立名目,侵占、挪用乙公司资金,将公司资产转入个人账户,非法占为己有。

【分析】 甲公司提供担保前没有对担保企业进行详细的调查和评估,担保的调查评估环节控制不完善。甲公司之前没有对担保申请人的经营状况、财务状况和资信状况进行深入调查,在遭到起诉后才着手调查,并且没有按既定程序受理担保,因为是其子公司参股的公司而放松了警惕,这些都直接导致了公司在担保活动中蒙受了经济损失。

(三)审批

该环节的主要风险:没有建立有效的担保授权审批制度,担保业务的审核和批准不够规范;由于审批规范不严,存在没有审批权、越权审批或审批过程存在舞弊等现象,容易使担保决策出现失误而给企业造成损失。

主要管控措施:第一,建立健全担保授权和审核批准制度,明确规定审批程序、审批方式、审批人的权限和责任以及其他控制措施,规定审批的权限范围,按规定审批权限进行审批,不能越权;一旦越权,审批的担保业务就不予办理。第二,对于重大担保事项,建立集体决策审批制度。企业应当明确重大担保业务的审批程序和审批权限,由董事会或类似权力机构集体决策,审批通过后才能进行对外担保。第三,加强审查担保申请人的调查评估报告,综合自身的财务状况和担保状况,合理设置企业的担保金额。第四,对担保事项的变更审批要严格管理。

如果被担保人要求变更担保业务，企业就必须重新进行调查和评估，根据最新的调查结果审批。

【例3—37】 A企业建立了严格的担保审批制度，并且建立了专门的担保审批小组，小组人员独立行使职权。企业的担保业务必须由审批小组审批才可办理，否则不予办理。担保限额不得超过2 000万元，500万元以上的担保必须经过集体决策，由2/3以上小组人员同意才可提供担保。

【分析】 A企业建立了严格的担保授权和审批制度，明确规定了审批的权限范围，越权审批的担保业务不予办理，并根据企业自身情况合理设置担保限额。对于重大担保事项，建立了集体决策审批制度，很好地确保了担保审批制度严格、有效地执行。

（四）签订担保合同

该环节的主要风险：签订人没有被授权就与其他企业签订担保合同，或者担保合同的内容存在欺诈或重大疏漏，使企业担保的风险增大。

主要管控措施：第一，担保业务要严格审核，批准后才能签订担保合同。合同中应当清楚列明担保双方的权利、义务及违约事项，同时定期要求被担保人提供财务报告等相关材料，将担保事项的实施进展情况及时整理通报。若担保申请企业同时向多个企业申请担保，那么企业应当在担保合同条款中清楚写明本企业会承担的担保份额及担保责任。第二，签订担保合同时采取会审联签制度。企业在签订担保合同时，应当倡导除担保经办部门外的审计部门、财会部门、法律部门等一起对担保合同进行会审联签，这样可以有效避免合同中存在的疏漏，减少合同纠纷的风险。第三，加强对企业人员身份证明及印章的管理。企业人员的身份证明及印章要妥善保管，不轻易外借，防止在担保业务中相关人员的身份证明或印章被盗用，从而使企业蒙受严重的担保损失。

【例3—38】 M公司和N公司是长期的合作伙伴。M公司的职员李某利用N公司的管理漏洞，盗取了N公司的公章，伪造了一份N公司为M公司提供的担保合同，并注明是连带保证责任。贷款到期时M公司无力偿还，银行要求N公司承担偿付责任，此时N公司才知道此事，遂向公安机关报案。经法院判决担保合同无效，但N公司仍要对不足以清偿债务部分的1/3承担赔偿责任。

【分析】 N公司的担保管理制度存在漏洞，没有设立专门的公章管理人员，印章保管不严，才会使李某轻易盗得公章而毫无察觉。虽然法院判决担保合同无效，但银行根据公章做出担保合同有效的判断是成立的。基于保护善意第三人的合法权利，N公司仍然要承担过错责任，为管理上的漏洞付出代价。

（五）日常监控

该环节的主要风险：对担保合同的监督和管理不当，遇到紧急情况无法进行及时应对和处理，从而增加了企业的担保风险，容易给企业带来损失。

主要管控措施：第一，企业应当设定专门岗位，对被担保人的财务状况与经营状况进行定期监测，监督项目的执行、资金的使用、资金归还日期等情况，保证担保合同能有效执行。第二，对于被担保人在担保期间出现的财务困难、负债严重或违反合同等异常情况，企业监测人员要及时汇报给管理人员，便于管理人员及时采取相关举措处理相应问题。

【例3—39】 A企业是某市重点企业之一，财务状况和资信状况良好。A企业向银行申请2 000万元贷款，向B企业申请担保。B企业认为A企业是当地重点企业，且各方面状况都很好，因此同意为其提供担保。但随后几年，A企业经营状况不断恶化，还款能力逐渐降低，这期间B企业从来没有对A企业的还款能力产生怀疑,更没有采取预防措施。至贷款到期时A企业已无力偿还贷款,按照担保合同只能由B企业进行代偿。

【分析】 B企业对担保合同的监督和管理不当,没有对被担保人的财务状况与经营状况进行持续定期监测,对项目的执行、资金的使用、资金归还日期等情况都没有监督,对于担保期间被担保人出现的财务困难或违反合同等异常情况没有及时发现,更没有事先采取预防措施,最终导致企业经济损失严重。

(六)会计控制

该环节的主要风险:会计控制不到位,导致会计记录不完整,监督控制不力,或者担保信息的披露内容不符合相关监管规定,使企业受到行政处罚。

主要管控措施:第一,为每个担保事项设立专门账,对担保的对象、期限、金额、抵押物或质押物及其他相关问题进行详细的记录,并及时、足额地向被担保人收取担保费用,保护企业正当利益。第二,企业财务部门应注重对被担保企业财务和经营状况、财务报告、担保合同执行情况等资料的分析和关注,协助担保业务部门有效地进行风险防范。第三,对担保业务的会计处理要严格遵循会计制度和准则,如果被担保人出现财务危机、负债严重或破产重组等状况,应当及时确认预计负债和损失。对于上市公司,还应根据不同问题依法进行公告。第四,加强反担保财产的管理,妥善保存反担保的相关凭证,对财产的价值和存续进行定期核查,保证反担保财产的安全。第五,建立严格的合同管理制度,对相关担保合同、权利凭证及原始凭证都要进行详细登记和妥善保存,使担保合同按流程进行规范管理,以方便日后的清查和使用。

(七)代为清偿和权利追索

该环节的主要风险:违反担保合同的约定,不为被担保企业承担代为清偿的责任,给企业带来法律纠纷,对企业名誉造成不利影响;或是为被担保企业承担了代为清偿的责任,但是向被担保人的权利追索不力,给企业带来经济损失。

主要控制措施:第一,根据担保合同约定,自觉为被担保人没有偿还的合同债务履行代为清偿的责任,维护企业信誉和市场形象。第二,企业各部门通力合作,通过法律途径向被担保人行使追索赔偿的权利,并依法处置反担保财产,尽可能降低经济损失。第三,实行担保业务的责任追究制度,对不符合担保规定、没有采取集体审批、有重大决策失误的相关部门及人员,追究其经济责任和行政责任,严格控制企业担保风险。

【例3—40】 甲公司为乙公司提供了一个4年期4 000万元的银行贷款担保。4年后,乙公司无法偿还贷款,按约定由甲公司承担全部还款责任。1年后,甲公司调查发现,乙公司在担保期间曾收到其他公司2 000万元的还款,在贷款到期时仍有1 500万元在证券公司委托管理。甲公司向法院提起诉讼,要求对该1 500万元进行冻结,防止被乙公司私自转移。法院经查实后,冻结了乙公司在证券公司的该笔资金,最终甲公司追回了1 300多万元。

【分析】 甲公司能成功追回部分担保款,主要是由于甲公司的担保部门在追偿的过程中密切关注被担保人的财务状况和经营状况,发现可疑现象后迅速进行追踪调查,一经查实马上采取法律行动,及时地行使了追索权,从而最大限度地降低了担保损失。

关键概念

担保合同　　调查评估　　权利追索

本节综合案例

甲公司由于日常营业活动中担保业务比重较大,因此专门设立担保业务部,负责办理担保业务的全过程。2012年乙公司将其房地产作为抵押,要求甲公司为乙公司申请的5 000万元银行贷款提供担保。应甲公司的要求,乙公司将该房地产的房屋所有权证、土地使用权证交付甲公司持有。甲公司担保业务部认为两份合法证件都在自己手中,应该没有风险,就没有办理抵押登记手续,并决定对贷款行为提供担保。1年后,乙公司经营状况恶化,资金周转困难,于是乙公司以房地产有关权属证书遗失为由申请补办了上述两证,将该房地产转让给另一家公司,并办理了过户手续。贷款期满时,乙公司无力偿还贷款,甲公司依法承担担保责任后,在准备处置该抵押物时发现房地产已经易主。法院审理此案时认为,甲、乙公司之间的抵押合同无效,因乙公司破产财产不足以抵偿债务,所以甲公司净亏损4 000万元。

【思考】 甲公司担保方面的内部控制存在哪些问题?应当怎样控制担保业务中存在的风险?

【案例分析】 甲公司担保方面的内部控制制度存在的问题主要有:

(1)在岗位设置方面,专门设立担保业务部办理担保业务的全过程,不符合不相容岗位相分离的要求。担保业务在评估和审批时,应分别设立审批、执行和监督岗位,不能由一个人或者一个部门办理担保业务的全过程。

(2)重大担保业务应该集体决策,但甲公司所有业务都是由担保业务部决策,违背了分级授权批准的要求,属于授权不当。

(3)甲公司对被担保人的生产经营情况、资金流向等疏于监督,认为证件在自己手中就没有风险,没有办理抵押登记手续,结果没有针对被担保方财务状况恶化的问题及时采取措施,导致经济损失。

企业在提供担保时,应当加强对被担保单位、被担保项目资金流向的日常监测,注重对被担保企业财务和经营状况、财务报告、担保合同执行情况等资料的分析和关注,定期了解被担保单位的经营管理情况,对异常情况应及时采取有效措施化解风险;同时,加强反担保财产的管理,妥善保存反担保的相关凭证,对财产的价值和存续进行定期核查,保证反担保财产的安全。

练习题

一、单项选择题

1. 担保是指企业作为担保人按照公平、自愿、互利的原则与( )约定,当债务人不履行债务时,依照法律规定和合同、协议承担相关法律责任的行为。

   A. 债务人　　　　　B. 债权人　　　　　C. 当事人　　　　　D. 第三方

2. 企业办理担保业务,受理申请后的下一流程是( )。

   A. 调查评估　　　　B. 审批　　　　　　C. 签订担保合同　　D. 进行日常监控

3. 企业对外部强制力强令的担保事项,有权拒绝办理。未拒绝办理的,因该担保事项引发的法律后果和责任,由( )承担。

   A. 企业负责人　　　B. 会计主管人员　　C. 总会计师　　　　D. 担保决策的人员

4. 以下选项中,( )是签订担保合同的主要风险。

   A. 未经授权对外订立担保合同
   B. 会计系统控制不力
   C. 对担保合同履行情况疏于监控或监控不当
   D. 违背担保合同约定不履行代为清偿义务

5. 下列选项中,不属于不予担保的情形的是( )。

   A. 担保申请人财务状况恶化、资不抵债、管理混乱、经营风险较大的

B. 担保申请人与其他企业存在较大经济纠纷,面临法律诉讼且可能承担较大赔偿责任的
C. 担保申请人与本企业已经发生过担保纠纷且已妥善解决,并能及时足额交纳担保费用的
D. 担保申请人已进入重组、托管、兼并或破产清算程序的

6. 在调查和评估这一流程中,以下选项中,(　　)不是应重点采取的措施。
A. 依法制定和完善本企业的担保政策和相关管理制度,明确担保的对象、范围、方式、条件、程序、担保限额和禁止担保的事项
B. 委派具备胜任能力的专业人员开展调查和评估
C. 对担保申请人资信状况和有关情况进行全面、客观的调查评估
D. 对担保项目经营前景和盈利能力进行合理预测

7. 担保业务不相容岗位不包括(　　)。
A. 担保业务的评估与审批　　　　　　B. 担保业务的审批与执行
C. 担保业务的执行和核对　　　　　　D. 担保业务的审批与核对

二、多项选择题

1. 公司担保存在的主要问题有(　　)。
A. 担保风险观念淡薄
B. 担保行为不规范
C. 没有制定或遵守担保政策
D. 没有严格按照担保业务流程执行担保业务

2. 关于企业担保业务内部控制,下列说法中正确的有(　　)。
A. 企业应当建立担保授权和审批制度,规定担保业务的授权批准方式、权限、程序、责任和相关控制措施,在授权范围内进行审批,不得超越权限审批
B. 企业应当采取合法有效的措施加强对子公司担保业务的统一监控,企业内设机构未经授权不得办理担保业务
C. 企业为关联方提供担保的,与关联方存在经济利益或近亲属关系的有关人员在评估与审批环节应当回避
D. 被担保人要求变更担保事项的,企业应当重新履行调查评估与审批程序

3. 担保业务不相容岗位至少包括(　　)。
A. 担保业务的评估与审批
B. 担保业务的审批与执行
C. 担保业务的执行和核对
D. 担保业务相关财产保管和担保业务记录

4. 企业至少应当关注涉及担保业务的风险有(　　)。
A. 担保违反国家法律法规,可能遭受外部处罚、经济损失和信誉损失
B. 担保业务未经适当审批或超越授权审批,可能因重大差错、舞弊、欺诈而导致损失
C. 担保评估不适当,可能因诉讼、代偿等遭受损失
D. 担保执行监控不当,可能导致企业经营效率低下或资产遭受损失

三、判断题

1. 如果担保申请人同时向多方申请担保,企业应当在担保合同中明确约定本企业的担保份额和相应的担保责任。(　　)
2. 拟订担保合同的人员可以同时担任担保合同的复核工作。(　　)
3. 参与担保评估的人员不得参与担保项目的审批。(　　)
4. 担保项目评估结论是担保企业决定是否提供对外担保的依据。(　　)

四、简答题

1. 简述担保业务的流程。
2. 为什么要对担保业务进行审批？
3. 签订担保合同时有哪些注意事项？
4. 受理申请是企业办理担保业务的第一步，其可能存在的风险及主要控制措施有哪些？
5. 企业在调查评估环节应当关注的风险有哪些？
6. 企业在担保业务中应当如何进行日常监控？

五、案例分析题

经调查，截至2013年11月，甲公司披露的贷款担保总额为79 980万元，因故未按规定履行信息披露义务的对外担保决议总额为98 786.07万元。截至2013年12月31日，甲公司及控股子公司对外担保已累计18.57亿元，其中属于应披露的对大股东及关联方的违规担保2.63亿元，违规担保中已涉诉担保为2.3亿元，公司大股东及关联方占用公司的资金金额为1.69亿元。而截至当年9月，甲公司的总资产也只有220 959.67万元，净资产为60 122.62万元。甲公司对外担保的金额占总资产的比例超过80%，是净资产的近3倍之多。另外还发现，甲公司前两大股东公司的实际掌控人都是张某，在为上述两家公司提供担保而召开的董事会会议上，张某曾多次进行游说并参与投票。同时，甲公司于2012年首次聘请了两位独立董事，但其中一位在负责甲公司年报审计的中介机构担任职务，而另一位与甲公司有密切业务往来。2014年，因巨额担保导致巨亏12.15亿元的甲公司终于为其违法行为付出代价。

【要求】 请给出甲公司担保业务的内部控制措施。

第八节 业务外包

本节要点提示

了解业务外包的流程；

掌握业务外包内部控制的主要风险点及管控措施。

本节内容提要

业务外包在企业的生产经营中发挥着重要的作用，能够使企业专注核心业务，降低企业运营成本，提高资源使用效率和企业运营效率，增强自身核心竞争力。然而由于制定和实施业务外包过程中会面临许多不确定因素，从而给企业经营带来风险，因此，企业进行业务外包要充分考虑影响业务外包的因素，完善外包管理制度，规范业务外包行为，规避外包风险，充分发挥业务外包的优势。本节在梳理外包业务基本流程的基础上，分析了各环节可能存在的风险点，并提出了相应的控制措施，以保障企业外包业务的安全。

一、业务外包的含义

业务外包，是指企业利用专业化分工优势，将日常经营中的部分业务委托给本企业以外的专业服务机构或经济组织（承包方）完成的经营行为，通常包括研发、资信调查、可行性研究、委托加工、物业管理、客户服务、IT服务等。

二、业务外包流程

业务外包的基本流程包括制定业务外包实施方案、方案审批、选择承包方、签订业务外包合同、业务外包的实施与监控、验收等环节,如图 3－12 所示。

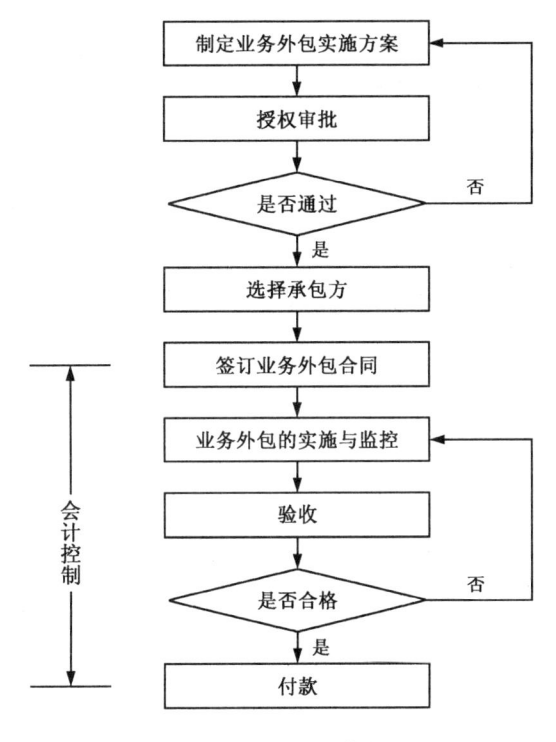

图 3－12　业务外包基本流程

(一)外包实施方案制定

业务外包实施方案,是指企业根据年度生产经营计划和业务外包管理制度,结合确定的业务外包范围制定的具体实施方案,业务外包方案主要包括外包条件、外包范围、外包方式、外包程序等内容。科学、合理的外包方案是企业进行外包业务的重要依据。

(二)业务外包审核

企业在制定外包实施方案后,要按照规定的权限和程序对其进行审核和批准。企业要对业务外包方案的合理性、可行性、经济性进行决策,并遵循严格的授权审批程序,防止业务外包决策出现重大疏漏而引发严重后果。

(三)承包方选择

业务外包实施方案经过审核批准后,企业要据此选择具有相应资质、合法的承包方来完成企业的外包业务。承包方在整个外包流程中扮演重要的角色,承包方的技术水平、项目经验、相关资质会直接影响外包业务是否符合企业预期目标。

(四)签订业务外包合同

企业在确定承包方后,应当及时与选定的承包方签订业务外包合同。合同主要包括业务外包的内容和范围、双方的权利和义务、服务和质量标准、保密事项、费用结算标准以及违约责任等事项,为业务外包顺利进行提供保障。

(五)业务外包的实施

组织实施业务外包,是指企业严格按照业务外包制度、工作流程和相关要求,组织业务外包过程中人、财、物等方面的资源分配,建立与承包方的合作机制,为下一环节的业务外包过程管理做好准备,确保承包方严格履行业务外包合同。

(六)验收

承包方依据业务外包合同完成业务外包项目后,企业应当组织相关部门或人员,依据相应的验收标准和验收程序对完成的业务外包项目进行验收,及时发现业务外包的质量问题,避免企业遭受损失。

(七)会计控制

业务外包中的会计控制是指财务部门根据国家统一的会计准则制度,加强对外包业务的核算与监督,并做好外包费用结算工作。实施业务外包会计系统控制,能全面真实地记录和反映企业业务外包各环节的资金流和实物流情况,保障企业资产的完整。

三、业务外包环节的主要风险点及管控措施

(一)外包实施方案制定

该环节的主要风险:业务外包管理制度不完善,出现外包计划不符合企业业务实际、外包范围不明确、核心业务外包等问题。

主要管控措施:第一,企业要完善业务外包管理制度,合理确定业务外包的范围、方式、条件、程序和实施等相关内容。第二,企业应该根据业务的特点,对外包业务分类管理,突出重点,同时避免将核心业务外包。第三,企业要根据生产经营计划,对实施方案的可行性进行评估,确保成本效益及风险达到最优。

【例3—41】 某IT企业在实施业务外包时,由于缺乏相关经验,在制定外包相关制度时,基本借鉴了行业内其他相似公司的外包制度来制定本公司的外包制度。

【分析】 该公司制定业务外包方案的行为不合理,会导致相应的风险出现。不同的公司,其业务也不会完全相同,仅根据相似公司的制度来制定本公司制度可能会导致业务外包的失败。应明确本公司的业务外包范围,制定符合公司生产经营特点的业务外包实施方案。

(二)业务外包审核

该环节的主要风险:外包实施方案审批制度不完善,未按照规定的权限和程序对其进行审核和批准,出现因审批不规范而导致外包业务出现漏洞,甚至导致外包失败等问题。

主要管控措施:第一,企业在进行外包业务审核的过程中,要建立和完善业务外包的审核批准制度,明确授权批准的方式、权限、程序、责任。第二,在审批过程中,要对外包业务项目的合理性和可行性进行充分论证,对项目的相关风险和收益做出科学的评估。第三,企业的总会计师或分管会计工作的负责人应当参与重大业务外包的相关决策。对于重大业务外包方案,应当提交董事会或类似权力机构审批。

(三)调查评估不足,承包方选择不当

该环节的主要风险:相关调查评估不足,承包方选择不符合相应资质,甚至不合法,出现外包业务损失、业务外包的优势发挥不明显以及商业贿赂等舞弊问题。

主要管控措施:第一,企业在选择承包方的过程中,事先要对承包方的合法性、相应资质、专业水平、行业信誉等信息进行充分调查,确保选择到适合项目特点、资质好、技术水平高的承包方。第二,承包方的选择标准要综合考虑企业内外部因素,合理确定外包价格,严格控制业务外包成本,既要达到企业的外包质量要求,又要最大限度的优化外包成本。第三,企业要规范承包方的选择程序,遵循公开、公平、公正的原则,择优选择承包方。第四,要建立相应的权力制衡机制,完善严格的回避制度和监督制度,对其中出现的受贿和舞弊行为进行严厉处罚。

【例 3—42】 A 公司拟进行业务外包。在选择承包商时,采取了以下步骤和措施:(1)对候选承包方进行调查和评估(包括营业执照、专业资质认证、信誉和团队人员情况等);(2)根据调查和评估的结果,对候选承包方按质量来划分层次;(3)向候选承包方发放标书;(4)由各部门的负责人组成外包工作组,对投标情况进行研究分析,并结合 A 公司的具体情况和业务外包的目标来确定最终承包方。

【分析】 该企业在选择承包方时,在事前对各承包方进行了细致的调查和评估,并且在最后的研究分析阶段由各部门的负责人组成外包工作组,合理避免了受贿、舞弊的现象发生,从而在一定程度上避免了企业遭受损失的风险。

(四)签订业务外包合同

该环节的主要风险:外包合同相关条款不完整、不清晰,出现漏洞或欺诈等问题;另外,对合同中的涉密信息保护不当也会给企业带来经济损失。

主要管控措施:企业在签订业务外包合同过程中,要对业务外包的内容和范围、双方的权利和义务、服务和质量标准、保密事项、违约责任等内容进行明确规定。对于外包业务需要保密的,应在合同中具体约定对于涉及本企业机密的业务和事项,承包方有责任履行保密义务。

【例 3—43】 某企业将一项工程承包给长期合作伙伴 A 承包方,但在签订合同时没有仔细确认相关条款,致使合同出现漏洞并导致在约定日期未能完工,影响了工期,从而使企业遭受经济损失。

【分析】 该企业在业务外包合同环节存在一定的漏洞。在签订合同时,因为是长期合作伙伴而没有确认合同相关条款的完整性和清晰性,也没有对合同内容进行明确,由于该项内部控制的疏漏,导致企业遭受了经济损失。

(五)业务外包的实施与监控

该环节的主要风险:企业在组织实施业务外包过程中,对承包方提供服务或产品的工作流程、模式、职能架构、项目实施计划等内容的规定不够明确,出现因对接工作不到位、承包方未按规定履约等问题而给企业造成经济损失。

主要管控措施:第一,企业要按照业务外包制度、工作流程和相关要求,制定业务外包实施全过程的管控措施。第二,与承包方建立并保持畅通的沟通协调机制,以便及时发现并有效解决业务外包过程存在的问题。第三,对承包方的履约能力进行持续评估,主要评估承包方的技术水平、财务状况等是否满足项目的要求,其提供的产品或服务是否符合企业预期目标。第四,建立监控反馈机制,一旦发现偏离合同目标等情况,应及时要求承包方调整、改进。第五,对重大业务外包的各种意外情况做出充分预计,建立相应的应急机制,避免业务外包失败造成企业生产经营活动中断。有确凿证据表明承包方存在重大违约行为造成企业经济损失的,要及时终止合同,并按照法律程序向承包方索赔。

(六)验收

该环节的主要风险:企业验收程序不规范、验收标准不明确、未及时发现业务外包中的质量问题等,使企业遭受损失。

主要管控措施:第一,企业要根据承包方业务外包成果交付方式的特点,采取不同的验收方式,包括一次性验收、分阶段验收等。第二,企业要组织有关职能部门相关人员对业务外包成果进行验收,确保产品或服务达到企业预期目标,并出具验收证明。第三,验收过程中发现异常情况的,应当立即报告,查明原因,采取恰当的处理措施。第四,企业根据验收结果对业务外包成果进行总体评价,并据此对业务外包管理制度和流程进行改进和优化。

【例 3—44】 某公司通过合理的招标方式委托 A 公司进行 IT 业务外包。为确保该系统能达到公司的质量管理要求,公司在合同中规定了验收测试的流程。但在实际交付验收时,发现该系统在业务逻辑上存在一些细节问题,导致无法为公司所使用。

【分析】 本例反映的是验收程序不规范而导致的风险。在最后交付验收时才发现存在问题,导致无法使用,这需要承包商进行大量的修改,而这又会导致项目的延误。避免这种风险的办法是验收伴随着开发进程一起实施,而不是等到完全开发结束后再验收。开发与验收同时开始、同时结束的策略能够保证最后的验收不会大幅度地偏离预想的结果。

(七)会计控制

该环节的主要风险:外包业务会计处理不规范,导致财务报告信息失真、资金损失或信用受损等问题。

主要控制措施:企业要加强业务外包会计系统控制,财会部门应当根据国家统一的会计准则和制度,确定科学的会计核算方法,确保业务外包各环节的资金流和实物流情况被全面、真实地记录,对业务外包过程中各环节加强核算与监督;企业应当依据验收证明,严格按照合同约定的结算条件、方式和标准向承包方结算费用。

关键概念

业务外包　　承包方　　会计控制

本节综合案例

通用汽车公司(以下简称通用)是全球最大的制造公司,它在全球五十多个国家拥有汽车制造、销售、仓储管理及技术服务中心。通用通过业务外包,把零部件的运输和物流业务承包给了里斯维物流公司,而将自己的核心力量集中于汽车的制造。里斯维物流公司拥有自己的卫星系统,可以保证运输路线的合理组合,能处理交叉、复杂的运输路线,可以利用电子技术排列路线并跟踪装运情况。该物流公司负责将零部件运到北美的组装厂中。里斯维物流公司的"可视路线"保证了通用生产线的低库存水平。通用与里斯维物流公司的外包合作开始于 1991 年,节约了约 10% 的运输成本,缩短了 18% 的运输时间,减少了不必要的物流支出,在供应链运作中提供了高效的反应力。

【案例分析】 根据案例可知,通用采用了科学、合理的业务外包,避免了外包风险。在选择合作伙伴时,通用看中了里斯维物流公司先进的电子技术和卫星系统,利用该优势可以准确地调整运输路线、提高运输效率、节约运输成本。同时,通用准确定位了自身的核心业务,将非核心的物流业务外包给了物流公司,把资源集中在核心业务上,以期获得最大的经济利益。

练 习 题

一、单项选择题

1. 研发外包过程中存在一系列风险。下列选项中,对于研发外包环节存在的风险提出的管控措施中有可能无效的是( )。

　A. 认真审核、签订技术合作合同,对其合法性、合理性、可能性逐条逐句地进行分析

　B. 建立健全技术验收制度,严格执行测试程序

　C. 建立相互信任的外包关系,树立"双赢"的企业合作理念

　D. 重视知识产权法律法规知识的普及和宣传,以法律保护自己的合法权益

2. 研发外包单位的职业道德缺失导致的泄露机密、不履行承诺、提供虚假信息等会给企业造成损失,该风险属于( )。
　　A. 研发外包沟通风险　　　　　　　　B. 研发外包知识产权风险
　　C. 壮大竞争对手风险　　　　　　　　D. 外包单位选择的风险
3. 研发外包是指企业将日常经营中的科研部分业务委托给本企业以外的专业服务机构或经济组织(承包方)完成的经营行为。以下选项中,不属于研发外包环节需要关注的风险的是( )。
　　A. 外包单位选择的风险　　　　　　　B. 外包方案的审批风险
　　C. 知识产权风险　　　　　　　　　　D. 壮大竞争对手的力量
4. 关于业务外包内部控制,下列说法中不正确的是( )。
　　A. 总会计师或分管会计工作的负责人应当参与所有业务外包的决策
　　B. 重大业务外包方案应当提交董事会或类似权力机构审批
　　C. 企业应当按照规定的权限和程序从候选承包方中确定最终承包方,并签订业务外包合同
　　D. 企业外包业务需要保密的,应当在业务外包合同或者另行签订的保密协议中明确规定承包方的保密义务和责任

二、多项选择题

1. 企业应根据( )等标准确定业务外包的范围,同时明确业务外包的方式、条件、程序和实施等相关内容。
　　A. 各类业务与主业核心能力的关联度
　　B. 企业对外包业务的控制程度
　　C. 外部市场成熟程度
　　D. 外包服务商专业化程度
2. 企业将其某些业务进行外包,可能会给发包企业带来某些风险,这些风险不包括( )。
　　A. 与客户联系减少进而失去客户　　　B. 企业业务转型
　　C. 企业内部员工流失　　　　　　　　D. 服务质量降低
3. 下列与业务外包相关的风险中,属于选择承包商环节应注意的风险的有( )。
　　A. 承包方在合同期内因市场变化等原因不能保持履约能力,导致业务外包失败
　　B. 承包方缺乏应有的专业资质,导致企业遭受损失
　　C. 业务外包成本过高导致难以发挥业务外包的优势
　　D. 承包方不是合法设立的法人主体,导致企业陷入法律纠纷
4.《企业内部控制应用指引第13号——业务外包》规定,外包业务通常包括( )。
　　A. 研发　　　　　B. 可行性研究　　　　C. 委托加工　　　　D. 工程项目

三、判断题

1. 企业应当权衡利弊,避免核心业务外包。　　　　　　　　　　　　　　　　　(　　)
2. 核心外包业务是指对企业的生产经营活动有重大影响的外包业务。　　　　　　(　　)
3. 总会计师或主管会计工作的负责人应参与重大业务外包事项的决策活动。　　　(　　)
4. 企业应当对外包业务进行分类管理,普遍划分为一般外包业务和特殊外包业务。(　　)
5. 对于较为重大的业务外包项目,企业应当注重承包方的履约能力,对紧急情况建立相应的应急机制,避免业务外包失败导致本企业生产经营活动中断。　　　　　　　　　　　　　　　　(　　)

四、简答题

1. 简述业务外包的基本流程。
2. 企业的业务外包至少应当关注哪些风险?

3. 如何应对业务外包过程中选择承包方环节的风险?

五、案例分析题

2003年9月,宝洁与IBM签订了为期10年、价值约5亿美元的人力资源外包合同。从2004年1月起,宝洁全球各地的800名人力资源部门员工转入IBM,协同IBM原有员工一起为全球的宝洁员工提供包括工资管理、津贴管理、补偿计划、移居国外和相关的安置服务,差旅和相关费用的管理以及人力资源数据管理在内的服务。IBM还将利用宝洁公司现有的全球SAP系统和员工门户网站,为宝洁的人力资源系统提供应用开发和管理服务。

【要求】 宝洁公司将什么业务外包给IBM公司?这对宝洁公司的经营管理有何影响?

第九节　财务报告

本节要点提示

了解编制财务报告的流程;

掌握财务报告的内容;

掌握财务报告内部控制的主要风险点及管控措施。

本节内容提要

财务报告是企业内部决策和社会外部投资决策的重要依据。前些年发生的"安然""银广夏""琼民源"等一系列财务丑闻都产生了严重的不良后果,原因之一就是企业财务报告的内部控制不健全甚至缺失。本节在梳理财务报告基本流程的基础上,分析了各环节可能存在的风险点,并提出了相应的管控措施,从而保障企业财务报告真实、可靠。

一、财务报告内部控制概述

财务报告是指企业对外提供的反映企业某一特定日期的财务状况和某一会计期间的经营成果和现金流量等会计信息的文件。财务报告包括财务报表及附注、其他应在财务报告中披露的相关信息和资料。财务报表一般包括资产负债表、利润表、现金流量表等报表,附注是对报表中列示项目的详细资料或文字解释,以及没有列示在报表中的项目说明等。财务报告是综合反映企业经营状况的文件,是内部控制制度是否有效运行的综合体现,财务报表的编制和披露是会计信息准确性的重要保证,也是企业控制风险的重要依据。内部控制的运行效果、财务报告的可靠性是财务报告内部控制的组成部分,会对财务报告产生重大影响。

二、财务报告业务的流程

科学、合理的财务报告业务流程设置及相应的内部控制措施安排是企业正常运营、实现发展目标的重要保证。企业应对财务报告的每个环节可能存在的风险都实行有效的监督和控制,提高会计信息的质量,保证财务报告的真实、可靠,有效防范财务风险。财务报告业务的基本流程如图3—13所示。

(一)制定财务报告编制方案

在编制财务报告前,企业财会部门应当先制定财务报告编制方案,明确财务报告的编制方法、编制程序、年度财务报告会计调整政策、披露政策、职责分工及报告的时间要求等,并由财

```
          ┌─────────────────────┐
          │  制定财务报告编制方案  │
          └─────────────────────┘
                    ↓
          ┌─────────────────────┐
          │ 确定重大事项的会计处理 │
          └─────────────────────┘
                    ↓
          ┌─────────────────────┐
          │      查实资产债务     │
          └─────────────────────┘
                    ↓
          ┌─────────────────────┐
          │         结账         │
          └─────────────────────┘
                    ↓
          ┌─────────────────────┐
          │    编制个别财务报告   │
          └─────────────────────┘
                    ↓
   →      ┌─────────────────────┐      ←
提出      │    编制合并财务报告   │      未
调整      └─────────────────────┘      通
意见              ↓                     过
                <审核>  ─────────────→
                  ↓ 通过
                <审计>
                  ↓ 通过
          ┌─────────────────────┐
          │    财务报告对外提供   │
          └─────────────────────┘
                  ↓
          ┌─────────────────────┐
          │    财务报告分析利用   │
          └─────────────────────┘
```

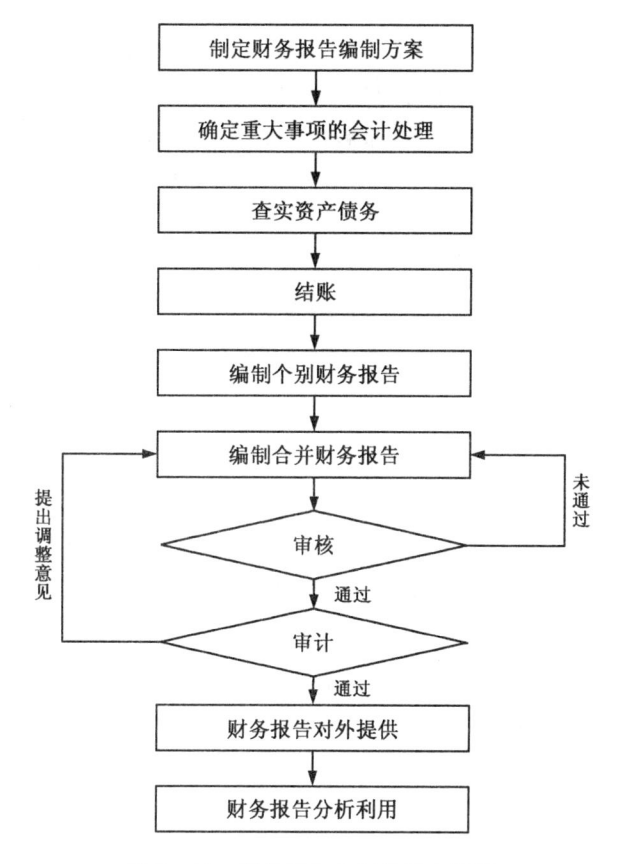

图 3—13　财务报告业务的基本流程

会部门负责人审核。其中,编制方法主要包括会计政策和会计估计、合并方法、范围与原则等。企业负责人要对财务报告的真实性和完整性负责,因此制定财务报告的编制方案时应严格按照法律法规规定,明确编制流程和编制责任,保证财务报告的真实性和有效性。

(二)确定重大事项的会计处理

重大事项是指对企业当期有重大影响的主要事项,如非货币性资产交换、债务重组、公允价值的计量、收购兼并、资产减值等事项。在编制财务报告前,企业必须确定重大事项的会计处理,才能有效防范和解决财务风险。

(三)查实资产债务

查实资产债务要求企业对自身的资产和负债情况进行清查和核实,明确自身的财务状况和经营状况。企业应当建立规范的账务调节制度及各项财产结算的清查制度,明确相关的处理流程和相关人员的责任范围,在编制财务报告前,组织财务和相关部门进行资产清查、减值测试和债权债务的核实工作,避免账证不符、账账不符、账实不符的情况发生。

(四)结账

企业结账是为编制财务报表做准备。企业编制年度财务报告前,在日常定期核对信息的基础上,完成了对账、调账、差错更正等业务后,才能进行结账业务的处理。企业的结账工作必须在会计期末编制报表前进行,不能预先编制财务报表而后结账,更不能为了赶编财务报表而提前结账。

(五) 编制个别财务报告

企业编制财务报告时,应当按照登记完整、核对无误的会计记录和其他有关资料,根据国家会计准则规定的财务报告格式和内容对资产负债表、利润表、现金流量表等报表进行编制,保证报表的内容和金额真实、完整。财务报告能综合反映企业的经营状况,财务报表的编制是会计信息准确性的重要保证,也是企业控制风险的重要依据。

(六) 编制合并财务报告

企业集团应当编制合并财务报告,根据国家会计准则的规定,明确合并报表的编制范围,确定编制方法以及其他相关事项的处理办法,分级收集合并范围内分公司及内部核算单位的财务报告,进而合并全资公司及控股公司财务报告,使报告能真实反映企业集团的财务状况、经营成果及现金流量,并由上级部门审核批准。

(七) 财务报告对外提供

1. 财务报告对外提供前的审核

财务报告对外提供前需按规定程序进行审核,主要包括财务部门负责人审核财务报告的准确性并签名盖章;总会计师或分管会计负责人审核财务报告的真实性、完整性、合法合规性,并签名盖章;企业负责人审核财务报告的整体合法合规性,并签名盖章。

2. 财务报告对外提供前的审计

法律规定企业编制的年度财务报告必须依法经会计师事务所审计,审计报告和财务报告一并对外提供。还有一些法规和政策规定了为特定企业审计的会计师事务所需要具备的资格。所以,企业在财务报告对外提供前,必须按照规定选择具备相关执业资格的会计师事务所进行审计。

3. 财务报告的对外提供

通常企业的财务报告经完整审核并签名盖章后就可以对外提供,上市公司财务报告的对外提供还需经董事会和监事会审批通过。财务报告应与审计报告一同向投资者、债权人、政府监管部门等报送。

(八) 财务报告分析利用

在制定财务分析制度时,企业财会部门应在对企业基本情况进行分析研究的基础上,提出财务报告分析制度草案,并经财会部门负责人、总会计师或分管会计工作的负责人、企业负责人检查、修改、审批。

三、财务报告内部控制的主要风险点及管控措施

(一) 制定财务报告编制方案

该环节的主要风险:会计政策、会计估计没有及时更新,导致不符合相关法律规定;重要会计政策和会计估计的变更没有经过审批,导致会计政策使用不当;各部门职责分工不明确,时间安排不合理,导致编制进度延误。

主要管控措施:第一,会计政策和会计估计应当及时更新,以符合国家法律法规的最新要求。企业应当根据国家最新会计准则规定,结合企业本身实际情况,选择和制定恰当的会计政策和会计估计方法,并及时更改企业内部的相关制度和财务报告流程。第二,重要会计政策和会计估计的变更要根据企业规定的程序和权限进行审批,未按程序审批或没有权限审批的不能生效。第三,企业应明确各部门的职责分工。总会计师或分管会计工作的负责人负责组织领导,财务部门负责编制财务报告,其他部门负责提供编制财务报告所需的相关信息。各部门

分工合作,明确责任,合理安排财务报告的编制时间,确保编制进度不被延误。

【例3-45】 甲公司在20××年计提了大量的坏账准备,使当年的财务报表中显示了亏损。第二年,甲公司没有经过任何审批程序,随意将之前的坏账准备转回,从而使管理费用大大降低,让企业实现了巨额盈利。

【分析】 重要会计政策和会计估计的变更要根据企业规定的程序和权限进行审批,未按程序审批或没有权限审批的不能生效。甲公司不经过任何审批程序就随意制定和变更会计政策,以实现粉饰经营业绩的目的,这种做法违反了会计准则和法律法规的相关规定,应受到相关监管部门的处罚。

(二)确定重大事项的会计处理

该环节的主要风险:对重大事项的会计处理不合理,导致会计信息不可靠,不能真实反映企业的实际情况。

主要管控措施:第一,企业应重点关注重大事项的影响,如以前年度损益调整对当期的影响、会计准则或制度的变化对财务报告的影响、新增业务对财务报告的影响等,建立重大事项的业务处理程序,按程序审批后执行。第二,对于需要专业判断的重大会计事项,财务部门要及时与相关部门沟通,将相关信息进行综合汇总整理,确定相应会计处理方法。

【例3-46】 乙公司没有将银行借款的利息计提入账,并且把应付债券的利息和应当计入财务费用的借款计入产成品成本,从而使大量费用漏记,让企业实现了巨额盈利。

【分析】 乙公司没有计提利息,并且把不符合相关条件的借款费用进行资本化,以使企业的利润虚增,这种做法对重大事项的会计处理不合理,不能真实反映企业的实际情况,违反了会计准则的规定。

(三)查实资产债务

该环节的主要风险:资产和负债的实际情况与账证不符,导致资产和负债的虚增或虚减;资产计价方法随意变更;提前、推迟甚至不确认资产、负债等。

主要管控措施:第一,制订具体的资产负债清查核实计划,合理安排工作时间和进度,明确配备人员、确定资产和现金的盘点方法,做好业务的准备工作。第二,做好资产负债的实际查实工作,进行银行对账、盘点现金和实物资产、核查结算款项、核查账面投资等事项,查证账面记录与实际发生额是否一致;同时清查土地房屋的权属证明,确定资产的权利归属。第三,如果清查过程中发现问题,应当分析原因,提出处理办法,将查实结果及处理意见向上级汇报,进行相应的会计处理。

(四)结账

该环节的主要风险:账务处理方式不当,导致账证或账账不符;虚列或隐瞒收入和费用,改变确认收入费用的时间,影响成本核算;结账后随意打开已关闭的会计期间,影响账务的真实性。

主要管控措施:第一,检查账务处理方式是否符合国家会计准则和企业核算方法,核对会计凭证与会计记录的内容、金额是否一致,记账方向是否相符。第二,合理确定当期应计的收入和相关费用,不能随意虚增或隐瞒;不能把本期发生的经济业务延至下期结账,更不能为了赶编财务报告而提前结账,应在当期所有交易或事项处理完毕并审核确认后进行结账处理。第三,结账后不能随意打开已经关闭的会计期间,如果有特殊情况需要重新打开的,要经总会计师或分管会计负责人审批后才能进行。

(五)编制个别财务报告

该环节的主要风险:提供虚假财务报告,误导财务报告使用者,造成决策失误,干扰市场秩序;报表数据不完整、不准确;报表种类不完整;附注内容不完整;等等。

主要管控措施:第一,明确程序和职责分工。财务部门制定财务报告的编制分工表,并由财会部门负责人审核,按照登记完整、核对无误的会计记录和相关资料对会计信息进行汇总编制。第二,企业财务报告列示的资产、负债、所有者权益金额应当真实、可靠。资产计价方法不得随意变更,如有减值,应当合理计提减值准备,不能虚增或虚减资产;不能提前、推迟或不确认负债,从而虚增或虚减负债;做好所有者权益的保值增值工作,不能虚假出资、抽逃出资,导致资本不实。第三,企业财务报告应当如实列示当期收入、费用和利润。收入的确认应当符合规定标准,不能虚列或者隐瞒收入,更不能推迟或提前确认收入;不能随意改变成本费用的确认标准或计量方法,虚列或少列成本费用;不能随意调整利润的计算和分配方法,编造虚假利润。第四,按照国家统一的会计准则和制度编制附注。对报表中反映企业财务状况、经营成果和现金流量的相关事项做出真实、完整的说明,同时检查担保诉讼、资产重组、未决事项等重大事项及或有事项是否在附注中反映和披露。第五,进行财务报告的校验和审核,包括财务报告内项目的对应关系审核、报表前后勾稽关系审核、期初数的核对、期末数与试算平衡表和工作底稿的核对等。

【例3—47】 A公司为了达到上市的目的,在年度报告中少计费用、虚增利润,并且向证监会提供的申报资料存在严重虚假和重大遗漏,不能真实反映公司的实际情况。证监会经调查认定A公司违反了股票发行相关条例规定,不具备上市资格,并且A公司董事长要承担直接责任。

【分析】 企业财务报告应当如实列示收入、费用和利润,收入的确认应当符合规定标准,不能虚列或者隐瞒收入,更不能推迟或提前确认收入;不能随意改变成本费用的确认标准或计量方法,虚列或少列成本费用;不能随意调整利润的计算和分配方法,编造虚假利润。A公司为了达到上市的目的,私自少计费用、虚增利润,没有如实反映实际情况,这种做法违反了相关规定,不但不能上市,还要承担法律责任。

(六)编制合并财务报告

该环节的主要风险:合并范围不完整,合并内部交易和事项不完整,合并抵销分录不准确。

主要管控措施:第一,明确合并财务报表的合并范围和合并方法,由财务部门负责人审核是否符合国家会计准则的规定,确认合并范围是否完整。第二,财务部门应当制定内部交易事项核对表,明确填制要求,由负责人审批后发给纳入合并范围的各单位。财务部门在核对本企业及纳入合并范围的各企业之间的内部交易事项和金额时,如果发现差异,应当及时查明原因并进行调整。第三,合并抵销分录实行交叉复核制度。保留相关标准文件和证据对合并抵销分录提供支持,由财会部门负责人审核。编制完调整分录后即提交复核人审核,审核通过后才可以计入试算平衡表。通过交叉复核制度,保证合并抵销分录的真实性和完整性。

【例3—48】 B公司曾是世界著名的服装公司,一度成为股市中的佼佼者。然而两年后被爆出利用关联公司虚构交易规模、虚报大量利润、隐瞒负债等内幕消息,致使股价一落千丈,公司倒闭,也给证券市场和审计行业带来了不小的震动。

【分析】 企业提供的财务报表应当符合会计准则和相关会计制度的规定,提供的信息要完整、准确。B公司利用关联企业,伪造资产利润、虚构交易规模、虚报大量利润、隐瞒负债,提供虚假的财务报表,没有真实、完整地反映公司的经营情况,违反了法律法规的相关规定。

(七)财务报告对外提供

1. 财务报告对外提供前的审核

该环节的主要风险:财务报告对外提供前没有按照规定程序进行审核,导致财务报告的真实性、完整性和合规性等审核不充分。

主要管控措施:第一,企业应当严格按照规定的财务报告程序进行审批,由各级负责人逐级对财务报告内容的真实性、完整性和合规性等进行审核,建立责任追究制度。第二,应当在财务报告对外提供前装订成册,并由企业负责人、总会计师或分管会计负责人、财会部门负责人签名并盖章。

2. 财务报告对外提供前的审计

该环节的主要风险:财务报告对外提供前未进行审计或审计机构不符合法律法规的规定,审计机构与企业串通舞弊。

主要管控措施:第一,企业应当按照法律法规的规定,选择具备相应资质的会计师事务所对财务报告进行审计,并将出具的审计报告随财务报告一同对外提供。第二,企业不能干预审计人员的独立性,应认真听取审计意见并及时落实。

3. 财务报告的对外提供

该环节的主要风险:对外提供财务报告的编制基础、编制依据、编制原则和编制方法不一致,影响外界对企业的经济判断和经济决策;没有及时对外报送财务报告违反法律法规规定;财务报告在对外提供前泄露,导致内幕交易等,给投资者或企业造成损失。

主要管控措施:第一,企业应当严格遵循财务报告审批程序,由各级负责人逐层把关,确保提供给外部的财务报告的编制基础、编制依据、编制原则和编制方法完全一致。第二,企业应当按照会计准则对报送时间的要求及时对外报送财务报告,对不能按时完成的人员进行相应处罚。第三,企业应当设置严格的保密制度,对财务报告的相关人员进行权限设置,并对财务报告信息的访问情况进行记录,以便查找泄密责任人。

【例3-49】 M上市公司曾是股市中最闪耀的"黑马",股价年涨幅接近2 000%,后因被控财务报告造假而被停牌查处。据调查,M公司对外提供的财务报告中,虚增利润达5亿多元,占年报中所称利润的98%,同时还虚增了6亿多元的资本公积金。经法院审理,该公司董事长因制造虚假财务数据被判处有期徒刑3年。

【分析】 该公司对外提供的财务报告中主要存在虚增利润、虚增资本公积金的重大违规行为,不符合财务报告的相关规定,没有真实、完整地反映公司的经营情况。利用虚假的财务报告谋取暴利,不仅违反了法律法规的相关规定,而且给国家和广大股民造成了重大损失。

(八)财务报告分析利用

该环节的主要风险:制定的财务分析制度不符合企业实际情况;财务分析制度未充分利用企业现有资源,财务分析的流程、要求不明确;财务分析制度未经审批;等等。

主要管控措施:第一,重视财务报告的分析利用,定期召开财务分析会议讨论和完善分析报告的内容,根据财务报告反映的信息,充分分析企业在经营管理中存在的问题,不断改进经营管理。在财务报告的分析和利用中,总会计师或分管会计工作的负责人应当发挥主导作用,同时应组织其他部门负责人参加财务分析会议,结合各部门的意见修改和完善财务分析报告。第二,编写财务分析报告应当结合资料,分析自身的资产分布、负债水平和所有者权益结构,通过计算资产负债率、资产周转率、流动比率等指标分析企业的偿债能力和营运能力;分析各项收入、费用的构成及增减变化,通过计算净资产收益率、每股收益等指标,分析企业的盈利能力和发展能力;分析经营活动、投资活动、筹资活动的现金流量运转状况,防止现金短缺或闲置。第三,财务分析报告应及时报送各部门负责人,由各部门管理人员根据分析结果进行决策和落实整改。明确各部门职责,由财务部门负责监督各部门的责任落实情况。

关键概念

财务报告　　重大事项　　个别财务报告　　合并财务报告

本节综合案例

美国安然公司(Enron)曾被《财富》杂志评为美国最有创新精神的公司,该公司2001年的股价最高达每股90美元,市值约700亿美元。但在安然公司前任财务主管涉嫌做假账,受到美国证券交易委员会(SEC)调查的消息公布后,公司的盈利大幅下调,股价急剧下跌至26美分。安然公司被迫根据美国《破产法》第十一章的规定,向纽约破产法院申请破产保护,以资产总额498亿美元创下了美国历史上最大一宗的公司破产案纪录。

(1)安然公司未将两个特殊国实体的资产负债纳入合并会计报表进行合并处理,而是将其利润包括在公司的业绩之内。其中一个SPE①应于1997年纳入合并报表,另一个SPE应于1999年纳入合并报表。该方式使安然公司通过高估利润5.91亿美元、低计负债25.85亿美元的方式在华尔街筹集了巨额资金。

(2)安然公司利用担保合同上的某种安排,虚列应收票据和股东权益12亿美元。

(3)在IT业及通信业持续不振的情况下,安然公司在2000年至少通过关联企业从互换协议中受益5亿美元,2001年受益4.5亿美元。安然公司只将合约对自己有利的部分记入财务报表,尽管按照美国现有的会计规定,对于预计未来期间能够实现的收益可以作为本期收入入账,但安然公司缺少对未来不确定因素的合理预期,也未对相关假设予以充分披露。

(4)利用金字塔构架下的合伙制网络组织,自我交易,虚增利润13亿美元。

【思考】　安然公司提供的财务报告中存在哪些问题?企业提供的财务报告应符合哪些要求?

【案例分析】　安然公司提供的财务报告中存在隐瞒负债、虚增资产和所有者权益、虚增利润等问题。安然公司未将两个特殊国实体的资产负债纳入合并会计报表进行合并处理,而是将其利润包括在公司的业绩之内,利用担保合同上的某种安排,虚列应收票据和股东权益,将未来期间不确定的收益计入本期收益,未充分披露其不确定性,只将合约对自己有利的部分记入财务报表,从而使资产、所有者权益和利润都虚增、负债低计,财务报告未能真实反映企业的经营状况。

企业提供的财务报告,其列示的资产、负债、所有者权益金额应当真实、可靠。资产计价方法不得随意变更,如有减值,应当合理计提减值准备,不能虚增或虚减资产;不能提前、推迟或不确认负债,从而虚增或虚减负债;做好所有者权益的保值增值工作,不能虚假出资、抽逃出资,导致资本不实。应当如实列示当期收入、费用和利润。收入的确认应当符合规定标准,不能虚列或者隐瞒收入,更不能推迟或提前确认收入;不能随意改变成本费用的确认标准或计量方法,虚列或少列成本费用;不能随意调整利润的计算和分配方法,编造虚假利润。必须按照国家统一的会计准则和制度对报表中反映企业财务状况、经营成果和现金流量的相关事项做出真实、完整的说明。

---

① SPE是一种金融工具,企业可以通过它在不增加企业资产负债表中负债的情况下融入资金。

练习题

一、单项选择题

1. 财务报告是指（　　）。
   A. 资产负债表、利润表、现金流量表等财务报表
   B. 资产负债表
   C. 反映企业特定时期的财务状况和某一会计期间经营成果和现金流量的报表
   D. 反映企业特定时期的财务状况和某一会计期间经营成果和现金流量的文件

2. 负责财务报告的编制、对外提供和分析工作的是（　　）。
   A. 总会计师或会计工作负责人　　　B. 董事长
   C. 总经理　　　　　　　　　　　　D. 财务顾问

3. 以下选项中，关于资产负债表编制要求说法错误的是（　　）。
   A. 企业选择各项资产计价方法应前后一致，不得随意变更
   B. 企业不得提前、推迟或不确认负债
   C. 严禁虚增或虚减负债
   D. 所有者权益由实收资本和资本公积构成

4. 对财务报告的真实性和完整性负责的是（　　）。
   A. 注册会计师　　　　　　　　　　B. 财务报告编制人
   C. 总会计师　　　　　　　　　　　D. 企业负责人

5. 企业在编制年度财务报告前，应当进行必要的资产清查、减值测试和（　　）。
   A. 关联方交易审查与核实
   B. 债权债务核实
   C. 可持续经营假设的成立与否评定
   D. 资产与负债形式的界定

6. 企业编制合并财务报表时，要明确合并财务报表的合并范围和（　　），如实反映企业的财务状况、经营成果和现金流量。
   A. 合并的重要细节　　　　　　　　B. 合并方法
   C. 合并的关联事项　　　　　　　　D. 合并过程

7. 财务报告须由（　　）进行审计。
   A. 注册会计师　　　　　　　　　　B. 审计处
   C. 财政局和税务局　　　　　　　　D. 国家或地方审计署

8. 企业关注现金流量，重点要关注（　　）。
   A. 保证有足够现金流支付债务和利息
   B. 保证有足够现金流支付职工薪酬与福利
   C. 保证有足够现金流维持企业正常的生产经营
   D. 保证有足够现金流支付企业正常的盈利活动

9. 需要与财务报告一同出具的是（　　）。
   A. 企业的营业执照　　　　　　　　B. 企业的纳税证明
   C. 财务报告的审计报告　　　　　　D. 企业重要事项的声明文件

二、多项选择题

1. 委托关系中的悖逆矛盾会使企业对外部提供的财务报告中出现的风险有（　　）。
   A. 编制财务报告违反相关法规的，可能导致企业承担法律责任和声誉受损

B. 提供虚假财务报告，会误导财务报告使用者，造成决策失误
C. 提供虚假财务报告，可能干扰市场秩序
D. 不能有效利用财务报告，可能导致财务和经营风险失控

2. 以下选项中，属于财务报告分析内容的有（　　）。
A. 资产分布、负债水平
B. 所有者权益结构
C. 净资产的增减变化
D. 各项收入、费用的构成及增减变动情况

3. 企业编制财务报告时，应重点关注（　　）。
A. 会计政策　　　　B. 会计估计　　　　C. 会计原则　　　　D. 会计假设

4. （　　）是企业对外财务报告的使用者。
A. 政府　　　　　　B. 股东　　　　　　C. 投资者　　　　　D. 债权人与债务人

5. 财务合并报表主要反映企业的（　　）。
A. 财务状况　　　　B. 经营成果　　　　C. 现金流量　　　　D. 管理层情况

三、判断题

1. 企业应严格按照规定的财务报告编制中的审批程序，由各级负责人逐级把关，对财务报告内容的真实性、完整性，以及格式的合规性等予以审核。（　　）

2. 财务报告在对外提供前应当由总会计师或分管会计工作的负责人、财会部门负责人签名并盖章。（　　）

3. 上市公司的财务报告需经董事会、监事会审核通过后向全社会提供。（　　）

四、简答题

1. 编制财务报告业务的总体要求是什么？
2. 简要描述财务报告的流程。
3. 为什么要编制财务报告方案？
4. 财务报告对外提供的关键风险点有哪些？如何进行控制？
5. 个别财务报告和合并财务报告的风险有哪些不同之处？
6. 企业在什么时候结账？有什么要求？
7. 为什么要编制个别财务报告？编制时应注意什么？
8. 财务报告对外提供前的审计环节存在哪些风险？如何应对这些风险？

五、案例分析题

"莲花味精"2014年8月7日的公告称，2013年年报中披露的第三大客户德宏州中汇仓储物流进出口有限责任公司的名称不准确，实际应为芒市锦利边贸有限责任公司，第一大客户河南莲花生态环保产业有限公司的名称不准确，实际应为河南莲花生态农业有限公司。另外，"莲花味精"2013年列支的"销售费用——返利"是上一年度销售收入产生的返利，不符合会计准则的规定，预付账款应在资产负债"其他非流动资产"科目列示，而不应该在"预付账款"科目列示。另外，将"销售费用——返利"后移属于财务跨期，违反了企业会计准则，致使2012年利润虚增，2013年成本费用增加，影响两个会计年度的真实利润。即使2012年应返利未返利，也应把该款项列为应付账款，而不是直接挪到2013年。2010年4月27日，"莲花味精"因涉嫌违反证券法律法规被证监会立案调查。2014年证监会向"莲花味精"下发了行政处罚决定书，自2006年至2009年"莲花味精"连续4年存在违法披露问题，累计金额近12亿元。

【要求】　结合材料说明如何应对"莲花味精"编制财务报告过程中存在的风险。

第十节 全面预算

本节要点提示

了解编制全面预算基本流程；

掌握全面预算编制各环节存在的风险及管控措施。

本节内容提要

全面预算是指企业对一定期间的经营活动、投资活动、财务活动等做出的预算安排。全面预算作为一种全方位、全过程、全员参与编制和实施的预算管理模式，其计划、协调、控制、激励、评价等综合管理功能在整合和优化配置企业资源、实现企业发展战略方面发挥着重要作用。本节在梳理全面预算基本流程的基础上，分析了各环节可能存在的风险点，并提出了相应的控制措施，以促进全面预算管理在推动企业实现发展战略过程中发挥积极作用。

一、全面预算概述

(一)全面预算的范围

全面预算的范围主要可以解释为"全方位""全过程"和"全员"。全面预算的"全方位"体现在企业的一切经济活动，包括经营、投资、财务等各项活动，以及企业的人、财、物各个方面，供、产、销各个环节，都必须纳入预算管理。因此，全面预算是由经营预算、投资预算、筹资预算、财务预算等一系列预算组成的综合预算体系。全面预算的"全过程"，是指企业各项经济活动的事前、事中和事后都必须纳入预算管理，包括由预算编制、执行、分析、调整、考核、奖惩等一系列环节所组成的管理活动。全面预算的"全员"参与，是指企业内部各部门、各单位、各岗位，上至最高负责人，下至各岗位员工都必须参与预算编制与实施。

(二)全面预算的作用

1. 企业实施内部控制、防范风险的重要手段

全面预算的本质是企业内部管理控制的一项工具，是为实现企业目标所采用的管理与控制手段，从而有效控制企业风险。全面预算的制定和实施过程就是企业不断用量化的工具，使自身所处的经营环境与拥有的资源和企业的发展目标保持动态平衡的过程，也是企业在此过程中所面临的各种风险的识别、预测、评估与控制过程。因此，《企业内部控制基本规范》将预算控制列为重要的控制活动和风险控制措施。

2. 有利于企业优化资源配置、实现发展目标

全面预算以经营目标为起点，将企业的资金流、实物流、业务流、信息流、人力流等进行整合，提高企业经营效率，从而实现企业资源的优化配置，提高企业经济效益。通过实施全面预算，将企业经营目标进行分解、落实，可以使企业的长期战略规划和具体行动方案紧密结合，确保企业发展目标的实现。

3. 有利于完善企业激励机制

全面预算可以将企业各层级之间、各责任单位之间等内部权、责、利关系予以规范化、具体化，有利于对企业经营活动和员工进行有效的计划、控制和管理。通过全面预算的编制，企业可以规范内部各个利益主体对企业具体的约定投入、约定效果及相应的约定利益；通过全面预算执行及监控，可以真实反馈内部各个利益主体的实际投入及其对企业的影响并加以制约；通

过全面预算执行结果的考核,可以检查契约的履行情况并实施相应的奖惩,从而调动和激励员工的积极性,最终实现企业目标。

二、全面预算的业务流程

企业全面预算业务的基本流程一般包括预算编制、预算执行和预算考核三个阶段。图3—14列示了各类企业全面预算的基本业务流程。

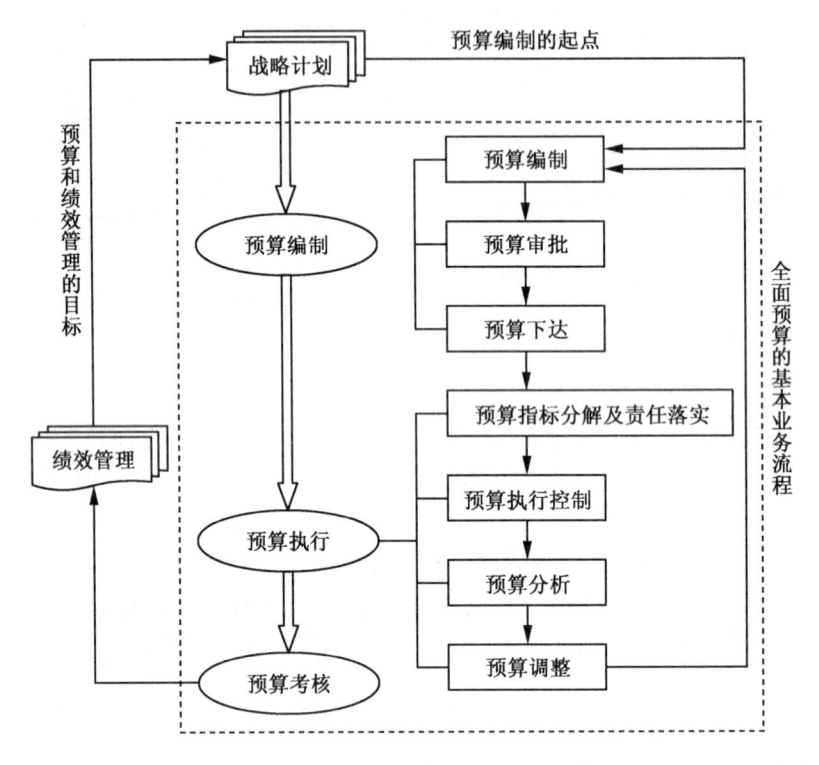

资料来源:财政部会计司编,《企业内部控制规范讲解(2010)》,经济科学出版社2010年版。

图3—14 全面预算的基本业务流程

(一)预算编制

预算编制是企业实施全面预算管理的起点,企业要明确企业各个部门、单位的预算编制责任,确保企业各个部门、单位的业务活动全部纳入预算管理;要将企业经营、投资、财务等各项经济活动的各个方面、各个环节都纳入预算编制范围,形成由经营预算、投资预算、筹资预算、财务预算等一系列预算组成的相互衔接和勾稽的综合预算体系。

(二)预算审批

预算审批是对预算编制进行决策的环节,通过履行相应的授权审批程序,对预算编制方案的科学性、可行性、准确性等进行决策。企业要完善授权审批程序,避免出现舞弊、越权等问题,为预算的顺利实施提供保障。

(三)预算指标分解

在预算编制过程中,预算指标分解是重要的一环,具体、详细的预算指标可以为企业的预算执行和控制提供有力依据,也有利于落实预算责任制度,完善企业的业绩考核评价体系,增强全面预算的约束力,保障预算目标的实现。

(四)预算执行控制

预算执行环节是将企业的全面预算进行落实的环节,包括预算执行授权审批制度、预算执行监控和预算反馈报告体系等内容。预算执行控制的主要目的是确保预算执行的力度,从而促进预算目标的实现。

(五)预算分析

预算分析主要是对预算执行控制的效果进行评价,企业要及时进行预算分析,制定科学、合理的预算分析体系,确保预算考评客观、公平,预算差异得到有效解决。

(六)预算调整

预算调整是在预算执行过程中因实际情况发生重大变化需要改变原预算安排的行为。预算调整依据充分的条件制定方案,并遵循严格审批程序,从而保证预算调整的科学性、可行性、有效性,以更好地发挥全面预算的作用。

(七)预算考核

预算考核是对企业内部各级责任部门或责任中心预算执行结果进行的考核和评价。企业要制定科学、合理的预算考核制度,明确考核范围,科学设计预算考核指标体系,按照公开、公平、公正原则实施预算考核,保证预算目标的实现。

二、预算流程的主要风险点及管控措施

(一)预算编制

该环节的主要风险:第一,预算编制所依据的相关信息不足,可能导致预算目标与战略规划、经营计划、市场环境、企业实际等相脱离。第二,预算编制范围不全面,以财务部门为主而其他业务部门参与度较低,导致企业在实际预算编制过程中出现预算管理责、权、利不匹配的问题,影响全面预算的形成。第三,预算编制方法选择不当,预算目标及指标体系的设计不够完整,无法使其有效发挥在经营管理、绩效考评等方面的功能。

主要管控措施:第一,企业要依据战略规划制定年度经营目标和计划,作为制定预算目标的重要依据。企业要充分考虑预算期内企业自身现状。同时,要对企业外部环境进行调研和预测,确保预算编制与市场、生产能力、技术水平等自身环境的变化相适应,确保预算编制符合企业生产经营活动的客观实际。

第二,企业应当按照上下结合、分级编制、逐级汇总的程序,编制年度全面预算。首先要建立系统的指标分解体系,并在与各预算责任中心进行充分沟通的基础上分解下达初步预算目标;其次是各预算责任中心按照下达的预算目标和预算政策,结合自身特点以及预测的执行条件,测算并提出本责任中心的预算草案,逐级汇总上报预算管理工作机构;再次是预算管理工作机构应进行充分的协调、沟通,审查、平衡预算草案;最后是预算管理委员会应当对预算管理工作机构在综合平衡的基础上提交的预算方案进行研究论证,从企业发展全局角度提出进一步调整、修改的建议,形成企业年度全面预算草案,并提交董事会审核。

第三,企业应本着遵循经济活动规律,充分考虑符合企业自身经济业务特点、基础数据管理水平、生产经营周期和管理需要的原则,选择或综合运用固定预算、弹性预算、滚动预算等方法编制预算。

第四,预算目标及指标体系设计控制。一是按照"财务指标为主体、非财务指标为补充"的原则设计预算指标体系;二是将企业的战略规划、经营目标体现在预算指标体系中;三是将企业产、供、销、投融资等各项活动的各个环节、各个方面的内容都纳入预算指标体系;四是将预

算指标体系与绩效评价指标协调一致；五是按照各责任中心在工作性质、权责范围、业务活动特点等方面的不同，设计不同或各有侧重的预算指标体系。

第五，预算编制时间控制。企业可以根据自身规模大小、组织结构和产品结构的复杂性、预算编制工具和熟练程度、全面预算开展的深度和广度等因素，确定合适的全面预算编制时间，并应当在预算年度开始前完成全面预算草案的编制工作。

【例3-50】 A公司是一家汽车制造企业，由于管理上的疏忽，在编制全面预算时，为了重点突出，节约人力、物力，只对主要的生产环节编制预算，部分辅助部门的预算未纳入，在市场平稳状态下，这种方法的弊端暂时没有显现。2015年以后，由于汽车行业竞争加剧，加之企业内部管理问题，导致企业的最终预算结果出现了差错，企业的生产经营受到严重影响。

【分析】 由上述资料可以看出，企业在预算编制的环节中，预算编制的范围不够全面，有遗漏的部分导致企业全面预算的最终结果不能全面地反映企业的真实情况，从而为企业后续工作带来了不必要的麻烦。

(二)预算审批

该环节的主要风险：全面预算编制未遵循严格授权审批程序，出现越权审批等问题，可能导致预算权威性不够、执行不力，或可能因重大差错、舞弊而导致损失。

主要管控措施：企业的全面预算应当按照公司法等相关法律法规及企业章程的规定报经审议批准。

(三)预算指标分解

该环节的主要风险：在预算编制过程中，对预算指标的分解不够详细、具体，可能导致企业的某些岗位和环节缺乏预算执行和控制依据；预算指标的分解与业绩考核体系不匹配，导致预算执行不力等问题；预算责任体系不完善，与执行单位或个人的控制能力不匹配，导致预算目标难以实现。

主要管控措施：第一，企业全面预算批准下达后，各预算执行单位应当认真组织实施，将预算指标层层分解。横向将预算指标分解为若干相互关联的因素，寻找影响预算目标的关键因素并加以控制；纵向将各项预算指标层层分解落实到最终的岗位和个人，明确责任部门和最终责任人；时间上将年度预算指标分解细化为季度、月度预算，通过实施分期预算控制，实现年度预算目标。

第二，建立预算执行责任制度，对照已确定的责任指标，定期或不定期地对相关部门及人员责任指标完成情况进行检查，实施考评。可以通过签订预算目标责任书等形式明确各预算执行部门的预算责任。

第三，分解预算指标和建立预算执行责任制应当遵循定量化、全局性、可控性原则。具体而言，就是预算指标的分解要明确、具体，便于执行和考核；预算指标的分解要有利于企业经营总目标的实现；赋予责任部门和责任人的预算指标应当是通过该责任部门或责任人的努力可以达到的，责任部门或责任人以其责权范围为限，对预算指标负责。

【例3-51】 在C公司的全面预算中，在预算指标分解落实方面的做法是：现有预算委员会将经董事会批准的预算目标分解落实到各预算责任中心，再由各预算责任中心结合企业自身状况，将指标进行细分，进一步分解落实到各科室、车间和个人。

【分析】 本例中，企业对预算指标分解的环节进行了良好的内部控制，将预算指标分解和经济责任制有效地结合起来，将预算指标分解到各环节、各科室乃至每个人自身，形成了一种全方位的预算责任体系，为全面预算的执行奠定了坚实的基础。

(四)预算执行控制

该环节的主要风险：预算执行过程中缺乏有效监控，可能导致预算执行不力，预算目标难以实现；缺乏健全、有效的预算反馈和报告体系，可能导致预算执行情况不能及时反馈，使预算监控失效。

主要管控措施：第一，企业在全面预算的执行过程中，要加强资金收付业务的预算控制，严格控制资金的收入和支出，调节资金收付平衡，防范支付风险；同时要对资金支付业务加强审批控制，及时制止不符合预算目标的经济行为。对于预算内非常规或金额重大事项，应经过较高的授权批准层审批；对于超预算或预算外事项，应当实行严格、特殊的审批程序，一般须报经总经理办公会或类似权力机构审批。第二，要建立预算执行实时监控制度，尤其是重大预算项目以及关键性预算指标，要密切跟踪其实施进度和完成情况，实行严格监控。第三，预算管理工作机构应当加强与各预算执行单位的沟通，及时向预算管理委员会和各预算执行单位报告、反馈预算执行进度、执行差异及其对预算目标的影响，促进企业全面预算目标的实现。

(五)预算分析

该环节的主要风险：预算分析不够科学、合理，可能导致预算考评不客观、不公平，导致预算差异未能及时解决，削弱预算执行控制的效果。

主要管控措施：企业应当定期召开预算执行分析会议，根据预算执行过程中遇到的问题，提出解决措施。加强对预算分析流程和方法的控制，确保预算分析结果准确、合理；同时，企业应当采取恰当措施处理预算执行偏差。企业应针对造成预算差异的不同原因采取不同的处理措施：因内部执行导致的预算差异，应分清责任归属，与预算考评和奖惩挂钩，并将责任单位或责任人改进措施的实际执行效果纳入业绩考核；因外部环境变化导致的预算差异，应分析该变化是否长期影响企业发展战略的实施，并作为下期预算编制的影响因素。

【例3-52】 A企业在预算执行的过程中，由于没有及时地反映实际情况所出现的偏差，对于不同的差异只是采用同一种处理措施，导致在预算执行完成后无法分清责任的归属，为企业的后续工作带来了不良的影响。

【分析】 在该案例中，A企业由于没有对预算分析环节进行合理的控制，导致上述情况发生。在预算分析环节企业应定期召开会议，对于遇到的不同问题进行讨论与分析，并结合自身的不同状况，采取不同的解决措施，减少预算执行偏差的产生。产生偏差时，应及时对责任进行归属和考核，以合理规避该类情况的发生。

(六)预算调整

该环节的主要风险：方案调整依据不充分，不符合企业的生产经营实际和发展战略；方案调整过程中未严格履行授权审批程序，导致预算调整随意、频繁，失去约束力；等等。

主要管控措施：第一，预算调整应当符合企业发展战略、年度经营目标和现实状况，重点关注关键且非正常的差异，调整方案应当合理、可行；另外，还要对预算调整频率予以严格控制。第二，预算管理工作机构应当对预算执行单位提交的预算调整报告进行审核分析，集中编制企业年度预算调整方案，提交预算管理委员会。预算管理委员会应当对年度预算调整方案进行审议，根据授权进行审批，然后下达执行。企业预算管理委员会或董事会审批预算调整方案时，应当依据预算调整条件，并考虑预算调整原则，对于不符合预算调整条件的，坚决予以否决；对于预算调整方案欠妥的，应当协调有关部门和单位研究改进方案，并责成预算管理工作机构予以修改后再履行审批程序。

【例3-53】 某企业在预算管理制度中对预算调整进行了明确的规定：预算调整的申请

应由预算责任单位提出,并经财务部门审核和编制预算调整方案后,提交预算委员会批准后方可执行。

【分析】该企业对预算调整进行了合理的内部控制,通过预算管理制度对预算调整中各细则加以详细的规范,规避了由于预算调整程序不规范而造成的各种风险,从而在一定程度上为企业以后的工作做好了铺垫。

(七)预算考核

该环节的主要风险:预算考核管理制度不完善,出现考核主体和对象的界定不合理、考核指标不够科学、考核过程不够公开透明等问题。

主要管控措施:第一,合理界定预算考核主体和考核对象。预算考核主体分为两个层次——预算管理委员会和内部各级预算责任单位。预算考核对象为企业内部各级预算责任单位和相关个人。界定预算考核主体和考核对象主要应遵循以下原则:一是上级考核下级原则,二是逐级考核原则,三是预算执行与预算考核相互分离原则。

第二,科学设计预算考核指标体系。预算考核指标要以各责任中心承担的预算指标为主,同时本着相关性原则,增加一些全局性的预算指标和与其关系密切的相关责任中心的预算指标;考核指标应以定量指标为主,同时根据实际情况辅之以适当的定性指标;考核指标应当具有可控性、可达到性和明晰性。

第三,按照公开、公平、公正原则实施预算考核。企业应当将全面预算考核程序、考核标准、奖惩办法、考核结果等及时公布;预算考核应当以客观事实作为依据。预算执行单位上报的预算执行报告是预算考核的基本依据,应当经本单位负责人签章确认;奖惩措施要公平、合理并得以及时落实。预算考核的结果应当与各执行单位以及员工的薪酬、职位等挂钩,实施预算奖惩。奖惩方案要注意各部门利益分配的合理性,要根据各部门承担的工作难易程度和技术含量合理确定奖励差距。

关键概念

全面预算　　预算编制　　预算执行控制

本节综合案例

为了充分发挥预算管理的作用,浙江金鹰股份公司成立了单位预算管理委员会。该委员会要对整个预算编制、审核的过程进行认真调查、调整、反复计算分析;围绕总体目标,找差距、提建议、想办法,解决矛盾,制定切实有效的预算编制、执行、调控、考核以及各项预算资料收集运用制度。

全面预算由公司本部综合预算和分公司预算构成。综合预算包括以公司经营成果为核心的盈利预测、以现金流量为基础的财务收支预算以及以公司技术改造、固定资产和对外投资为主要内容的投资预算。分公司预算是公司各分公司的生产经营及经营成果的预测和计划。预算编制程序采取"二下一上"的办法,要求细化到可以具体操作,并能定量考核,列出各项财务指标的明细表。例如,在销售预算中,要分析预算年度经济形势和市场供求变化,分析竞争对手,自身产品的先进性和准备采取的对策,制订出分季、分月的销售计划和货款回收进度表,落实到每一位销售人员。每一项措施都列示详细的数据和说明来支持年度、季度及月度的目标。其他预算也是如此。在预算编制过程中,公司上下充分交流信息,统一认识,使各级责任人明确责任和目标,避免决策疏漏和使用上的浪费,从根本上杜绝经营决策的随意性。

练习题

一、单项选择题

1. 企业内部在划分预算责任单位时,应遵循分级分层、责任可控、目标一致、权责利相结合的原则,并与企业的组织机构设置相适应。通常而言,财务、人事、劳资、计划等职能部门属于(　　)。
   A. 费用中心　　　　　B. 成本中心　　　　　C. 投资中心　　　　　D. 利润中心

2. 以下选项中,不属于预算执行单位职责的是(　　)。
   A. 组织上开展对企业二级预算单位预算执行情况的考核
   B. 及时分析、报告本单位的预算执行情况,解决预算执行中的问题
   C. 严格执行经批准的预算,监督本单位预算执行情况
   D. 提供编制预算的各项基础资料

3. 企业(　　)审核全面预算草案应当主要考虑预算的可行性和科学性,以保证全面预算与企业发展目标和战略规划相互协调。
   A. 经理层　　　　　　　　　　　　　B. 股东(大)会
   C. 董事会　　　　　　　　　　　　　D. 预算管理委员会

4. 通过实施全面预算,将依此战略制定的年度经营目标进行细化、落实,将企业的战略规划与年度具体行动方案紧密结合,确保企业发展目标的实现。这段话最能说明(　　)。
   A. 全面预算是全方位、全过程、全员参与编制与实施的预算管理模式
   B. 全面预算是企业实施内部控制、防范风险的重要手段和措施
   C. 全面预算是企业实现发展战略和年度经营目标的有效方法及工具
   D. 全面预算有利于企业优化资源配置、提高经济效益

5. 启明公司近日召开股东大会讨论全面预算事宜。会议期间,董事长秦立在发言中提到:全面预算应包括企业内部的经济活动,以及企业在组织各项经济活动时的事前、事中与事后都要归入预算管理。此外,企业内部各部门、各单位、各岗位员工都应参与预算编制与实施。董事长秦立的讲话体现了(　　)。
   A. 全面预算有利于实现制约和激励
   B. 全面预算是企业实现发展战略和年度经营目标的有效方法和工具
   C. 全面预算是全方位、全过程、全员参与实施的预算管理模式
   D. 全面预算是企业实施内部控制、防范风险的重要手段和措施

二、多项选择题

1. 由于全面预算管理有着系统性、复杂性、技术性等特点,在进行全面预算管理时就需要尤其重视规章制度的建立和完善。企业建立和完善全面预算管理制度应包含(　　)。
   A. 预算管理组织体系
   B. 预算管理工作流程
   C. 预算管理各环节审批权限、责任划分
   D. 预算管理各环节内容、时间、程序和方法

2. 为了保证预算编制能够以翔实、可靠、完整的基础数据为依据,企业应更加注重并加强预算编制基础管理工作,具体有(　　)。
   A. 会计核算　　　　　　　　　　　　B. 定额制定与管理
   C. 标准化工作　　　　　　　　　　　D. 历史资料记录

3. 预算管理工作中各个环节的不相容岗位通常包含(　　)。
   A. 预算编制与预算考核　　　　　　　B. 预算编制与预算审批
   C. 预算执行与预算考核　　　　　　　D. 预算审批与预算执行

4. 以下选项中,关于预算调整程序的表述中正确的有( )。
A. 预算执行单位应直接向预算管理委员会提出调整预算的书面申请
B. 预算调整书申请应详细说明预算调整理由、调整建议方案、调整前后预算指标的比较、调整后预算指标可能对企业预算总目标的影响等内容
C. 预算管理工作机构应当对预算执行单位提交的预算调整报告进行审核分析,集中编制企业年度预算调整方案
D. 管理委员会应当对年度预算调整方案进行审议,根据预算调整事项性质或预算调整金额的不同,授权进行审批或提交原预算审批机构审议批准,然后下达执行

5. 下列选项中,对于全面预算的组织体系表述正确的有( )。
A. 全面预算管理体制一般要具备全面预算管理决策机构和执行单位两个层次的基本架构
B. 企业应当在预算管理委员会下设立预算管理办公室,由其履行预算管理委员会的日常管理职责
C. 企业内部预算责任单位可以分为投资中心、利润中心、成本中心、费用中心和收入中心
D. 预算管理委员会一般为非常设机构

6. 根据《企业内部控制应用指引》中的规定,全面预算所面临的风险包括( )。
A. 不编制预算或预算不健全而导致企业经营缺乏约束或盲目经营
B. 全面预算方法的选择所带来的风险
C. 预算缺乏刚性、执行不力、考核不严,导致预算管理流于形式
D. 预算目标不合理、编制不科学导致企业资源浪费或发展战略难以实现

7. 企业应根据预算分析的结果,提出相关的改进方法和建议,并总结出预算分析报告上报结果。预算分析报告通常包含( )。
A. 预算执行差异   B. 预算目标
C. 实际执行结果   D. 改进措施和建议

三、判断题

1. 由于企业财务预算是在经营预算、投资预算和筹资预算的基础上形成的,股东(大)会审批财务预算也就相当于审批全面预算。( )

2. 预算编制以财务部门为主,业务部门参与度较低,可能导致预算编制不合理,预算管理权、责、利不匹配。( )

3. 企业全面预算一经批准下达,各预算执行单位就应当认真组织实施,将预算指标纵向分解到各环节,形成全方位的预算执行责任体系。( )

4. 预算管理工作机构一般设在总裁办公室,以保证预算管理的权威性。( )

5. 预算管理委员会在全面预算管理组织体系中居于核心地位,其成员由企业负责人及内部相关部门负责人组成,总会计师或分管会计工作的负责人应当协助企业负责人负责企业全面预算管理工作的组织领导。( )

6. 按照《公司法》的规定,公司年度财务预算方案应当经股东大会审议批准。( )

7. 对于超预算或预算外事项,应当实行严格、特殊的审批程序,一般须报经总经理办公会或类似权力机构审批;金额较大的,还应报经预算管理委员会或董事会审批。( )

8. 对于影响重大、涉及较高专业技术或法律关系复杂的合同,应当组织法律、技术、财会等方面的专业人员参与谈判,必要时聘请外部专家参与相关工作。( )

9. 只有企业董事会有权指定专人负责内部报告工作,对于重要信息应及时上报,并可以直接报告高级管理人员。企业应当建立内部报告审核制度,确保内部报告信息质量。( )

10. 企业应当有效利用内部报告进行风险评估,准确识别和系统分析企业生产经营活动中的内外部风险,确定风险应对策略,实现对风险的有效控制。企业对于内部报告反映出的问题应当及时解决;涉及突出问题和重大风险的,应当启动应急预案。( )

11. 企业至少应当在每年2月前完成当年全面预算草案的编制工作。（   ）

四、简答题

1. 请简述预算调整原则的主要内容。
2. 预算编制环节的管控措施主要有哪些？
3. 科学设置预算考核指标体系应当把握哪些原则？
4. 预算分析环节的主要风险点和控制措施分别是什么？

五、案例分析题

仪征化纤股份有限公司是我国最大的现代化化纤和化纤原料生产基地，主要从事生产及销售聚酯切片和涤纶纤维业务。为了提高财务管理水平，根据公司的财务管理基础与实际情况，公司提出了"企业管理以财务管理为中心、财务管理以资金管理为中心"的理财观念，坚持以现金流量为中心，以全面预算为准绳，对资金流动进行全过程监控，以促进企业战略目标的实现。具体要求如下：

(1) 大力推行全面预算制度。首先，财务部要求各二级单位在年度生产计划和成本费用预算的基础上编制年度资金收支预算，在年度资金预算计划确定的基础上再编制季度、月度的资金使用计划安排，将资金的使用计划具体到每一周。其次，以目标利润来估计成本，对成本要做到事前预算、事中控制和事后考核。最后，还需要建立各项费用的授权管理制度。内部结算中心需要严格把控对外付款审批权限，明确责任的归属。

(2) 由内部结算中心对资金流动进行全过程监控。内部结算中心的主要职能是对公司资金进行集中管理，统一平衡调度，进行监督控制。在企业逐步发展的过程中，内部结算中心逐渐形成了一套完整的收支监控体制。将公司的各项收入直接回笼到内部结算中心在银行统一开立的结算账户中，而公司的原材料购买款项、对外支付的劳务费用以及工资、奖金的发放在各二级单位审核确认的基础上统一由内部结算中心审核支付。

(3) 资金运作上采取有效的管理措施。密切关注国内外的金融动态和政策导向，研究政策，合理利用政策降低财务费用，调整贷款的货币结构和长短期结构，以规避潜在的汇率风险，最终实现服务质量最优化和资金成本最低化。

【要求】 结合上述资料分析该公司在预算管理上有哪些值得借鉴的地方。

第十一节　合同管理

本节要点提示

了解合同管理的流程；
掌握合同管理的内容；
掌握合同管理内部控制的主要风险点及管控措施。

本节内容提要

合同是市场经济的重要组成部分，在规范市场主体交易行为、优化资源配置、维护市场秩序等方面起着重要作用。企业加强合同管理，不仅可以强化内部控制，而且可以规范双方当事人的经营行为，维护自身的合法权益，从而有效防控财务风险和法律风险，促进企业实现内部控制目标。本节在梳理合同管理流程的基础上，分析了各环节可能存在的风险点，并提出了相应的控制措施。

一、合同管理的含义

合同是指企业与自然人、法人及其他组织等平等主体之间签订的设立、变更及终止民事权利义务的协议。合同管理是由谈判、拟订、签署、生效开始到合同到期为止。合同管理不仅要重视签订之前的管理,更要重视签订之后的管理,要着重把握合同管理的系统性和动态性。系统性是指将与合同内容有关联的部门进行统一管理,动态性是指关注履行合同过程中的变化,一旦发现不利情况,应及时对合同进行变更甚至终止。

二、合同管理流程

合理的合同管理流程设置及相应的内部控制措施安排是促进企业发展、实现企业目标的保证。企业应当对合同管理的每个环节可能存在的风险都实行有效的监督和控制,并不断改进和完善。

合同管理流程包括的主要环节如图 3—15 所示。

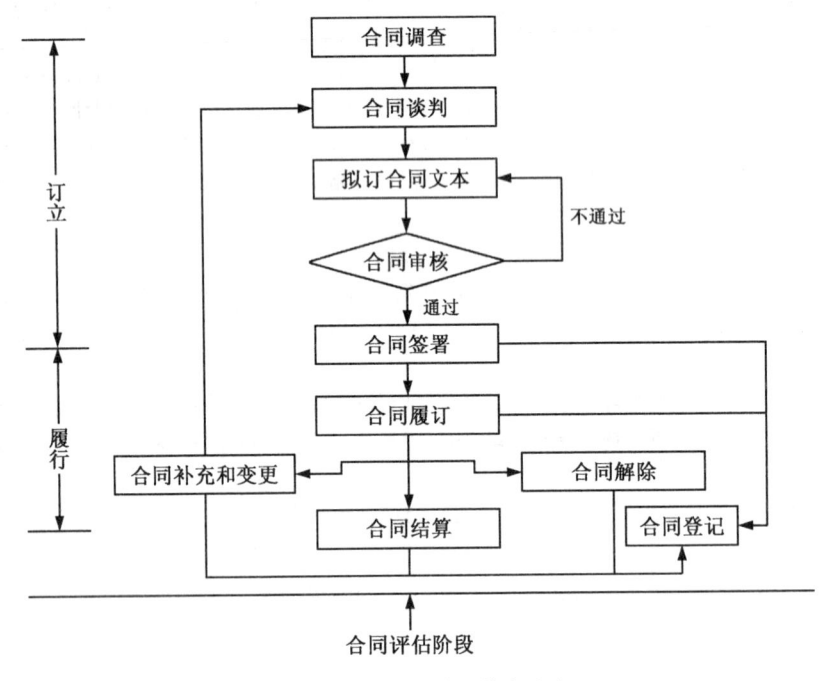

图 3—15 合同管理基本流程

(一)合同调查

合同调查是订立合同的准备阶段,是合同管理的首要步骤,也是至关重要的一步。企业订立合同前应当进行合同调查,对合同订立方的企业性质、主体资格、经营状况、信用状况等进行充分的调查和了解,确保合同订立方具备履约能力,避免在签订合同时因信息不对称而遇到风险或损失。

(二)合同谈判

初步确定签订合同的对象后,企业应当与对方进行合同谈判。双方应当按照自愿、公平的原则,根据合同内容和条款,明确双方的权利、义务和违约责任,提出各自的条件和要求,并就有分歧的部分进行谈判和磋商,直到双方对合同中的所有条款和内容都没有异议并达成一致,才可以拟订合同文本。

(三)拟订合同文本

企业在合同谈判后,根据双方的谈判结果,拟订合同文本。合同中一般要列明交易产品或服务的数量、质量、价格、交易方式、履约期限、违约责任及合同变更或解除等内容。合同文本一般由业务承办部门起草,法律部门审核,重大合同或法律关系复杂的特殊合同应当由法律部门参与起草。

(四)合同审核

合同文本拟订完成后,还应进行合同审核。企业应当建立严格的审核制度,由企业法律部门及其他相关部门对合同文本的经济性、合法性、可行性及严密性进行审核,并根据合同的特殊性及对企业的重要程度实行更加严格的审查程序。由签约对方起草的合同,企业应当认真审查,确保合同内容准确反映了企业意愿和谈判达成的一致意见,没有约定事项的栏目中注明"此处空白"或"无其他约定",防止合同被日后篡改。

(五)合同签署

企业经审核同意签订的合同,应当与对方当事人正式签署并加盖企业合同专用章。正式订立的合同应当采用书面形式,如果有紧急情况或限制条件不能及时签订书面合同的,应当在事后进行相关手续的补办。合同订立后,合同、协议的正本交由相关业务管理部门负责保管和履行,合同、协议副本及相关审核材料交由档案管理部门整理、归档;同时,企业应当做好合同的保密工作,防止合同中涉及的商业机密外泄。

(六)合同履行

合同履行是合同管理的执行阶段,是关系到企业能否获得经济利益、合同义务能否履行、与合同订立方能否持续合作的重要阶段。合同订立后,企业应当按照合同约定,履行相应的责任和义务。企业在履行合同的过程中可能会面临合同违约的风险,要求企业及时识别并采取措施应对。

(七)合同结算

合同结算是合同履行的重要步骤,一般由财务部门负责办理。合同结算既是对合同签订的审查,又是对合同执行的监督。财务部门应当根据合同内容执行结算业务,对于没有履行合同条款或验收未通过的业务,有权不予付款。

(八)合同登记

合同的签订、履行、结算等都需要进行合同登记。企业应当制定严格的合同登记管理制度,按照程序对合同的签订、履行、结算进行完整登记并妥善保存,防止合同的损坏或缺失。对合同实行封闭管理,合同的借阅和归还都要进行登记,落实责任制度,防止机密外泄。

三、合同管理内部控制的主要风险点及管控措施

(一)合同调查

该环节的主要风险:没有对调查对象的主体资格进行调查,对方不具备相关资质或没有代理权,导致合同无效;在合同签订前没有充分调查对方的履约能力和信用状况,使企业遭受损失。

主要管控措施:第一,审查对方当事人的相关证明原件,验证其真实性和合法性,查明授权代理人的权限范围,在充分掌握相关证据的基础上评价是否具备主体资格。第二,获取对方当事人审计后的财务报告及其他相关财务信息,分析其盈利能力、营运能力和偿债能力;进行现场调查,实地了解其生产能力、技术水平、产品质量等情况,并与对方当事人的供应商、客户、开户银行、主管税务机关等部门进行沟通,了解其生产经营状况和履约情况,评估其财务状况和资信水平,并建立对方的商业信用档案,在合同履行的过程中持续关注其资信情况。

【例3-54】 王某于20×5年和20×6年在某市5家银行分别按住房贷款、个体经营贷款、个人主业贷款的名义进行银行贷款，金额共计379万元。后经查实，王某在贷款时使用的房产证等相关证件都是伪造的，而用于抵押的名下房产也在20×4年底转让给了他人，保证人不知所踪。

【分析】 案例中的5家银行都没有按照内部控制的调查要求在贷款前做好调查工作，没有严格审查对方当事人的相关证明原件，验证其真实性和合法性，也没有评估客户及其保证人的财务状况和资信水平，更没有对抵押物的情况进行调查核实，以至于贷款后给银行造成了损失。

（二）合同谈判

该环节的主要风险：忽略合同中存在的重大问题或在重大问题上做出了不当让步；缺少谈判经验，导致企业利益受损；企业谈判策略外泄，在谈判中处于不利地位。

主要管控措施：第一，认真研究合同条款和细节，尤其是合同中存在的重大问题，如合同标的物的数量、质量、价格、履约期限、合同变更或解除条件等，如果条款内容不符合企业发展目标或可能给企业带来重大损失，在谈判时坚决不能予以让步。第二，研究国家相关法律法规、行业政策、同类产品价格等与谈判相关的信息，同时收集谈判对手资料，充分了解对手的谈判方式，从而制定正确的谈判策略。对于专业性较强或法律关系复杂、影响重大的合同，企业应当指定技术、法律、财会等专业人员参加谈判，必要时聘请外部专家参与相关工作。第三，加强保密工作，严格实行责任追究。对谈判过程中的重要事项和相关谈判人员的主要意见进行记录和保存，一旦发现合同舞弊，可以此为依据追究相关人员的责任。

【例3-55】 甲公司是乙公司最大的合作伙伴，也是最大的买家，按理甲公司在谈判上应该很有优势，但是在每次谈判中，甲公司却总是很被动，总是不得不接受乙公司的涨价要求。后经甲公司查证，原来甲公司内部有人员被乙公司收买，将很多重要的内部资料泄露给乙公司，致使甲公司总是受牵制，利益受到很大损失。

【分析】 甲公司的合同谈判资料外泄，致使公司在谈判中处于不利地位，自身利益也受到严重损害。企业应当建立健全合同的保密制度，在合同谈判中做好合同的保密工作，尤其是标的物的数量、价钱、策略等，谈判的核心内容更要做到严格保密，一旦泄密，必须严格进行责任追究。

（三）拟订合同文本

该环节的主要风险：合同内容不符合国家法律法规、行业政策、企业发展目标的要求；合同条款表述不准确，或存在重大疏漏和欺诈；对于合同文本须报经国家相关部门审查或备案的，没有履行相应程序。

主要管控措施：第一，严格审查合同内容，研究合同条款是否与国家法律法规、行业政策、企业发展目标一致。第二，业务承办部门应当将起草的合同文本交给法律部门审核，重大合同或法律关系复杂的合同应当由法律部门参与起草，保证合同内容和条款的完整、准确。国家或行业有合同示范文本的，可以优先选用，但应认真审查涉及权利、义务的条款，并结合实际情况进行适当修改。第三，合同文本须报经国家相关部门审查或备案的，应当履行相应程序。

【例3-56】 甲服装公司和乙布料厂签订购销合同，甲公司从乙厂购买布料共5万元，合同条款中未约定违约责任。甲公司和丙商场签订了20万元服装销售合同，约定如不能按期交货，甲公司要支付5万元违约金。一个月后，甲公司发现乙厂的布料质量不合格，致使生产出的服装全部无法销售。甲公司向商场支付了违约金，并将乙厂告上法庭，要求乙厂承担经济损失20万元、退回购货款5万元、支付甲公司给丙商场的5万元违约金及相关诉讼费用。经法院审理,判决乙厂赔偿甲公司经济损失20万元、退回购货款5万元并承担相关诉讼费用,但不支持甲公司请求的5万元违约金。

【分析】 甲公司和乙厂的合同条款中未约定违约责任,结果造成合同条款不完整,同时甲公司对相关风险又没有对策保障,致使公司承担违约金损失。甲公司在拟订合同文本时,应当将起草的合同文本交给法律部门审核,重大合同或法律关系复杂的合同应当由法律部门参与起草,以保证合同内容和条款的完整、准确。

(四)合同审核

该环节的主要风险:合同审核人员没有发现合同文本中的不当内容和条款;审核人员发现问题但并没有提出恰当的修订意见;合同起草人员没有根据审核人员的意见修改合同。

主要管控措施:第一,审核人员应当对合同文本的合法性和严密性进行审核,重点关注合同的主体、内容和形式是否合法,合同内容是否符合企业的经济利益,对方当事人是否具有履约能力,以及双方的权利、义务和违约责任是否明确等。第二,实行联合审核制度,对法律关系复杂或影响重大的合同文本,组织法律部门、财务部门、审计部门及其他相关部门进行联合审核并出具书面意见。第三,合同起草人员应当认真对待审核意见,在做好记录的基础上仔细分析研究,对合同条款做出相应修改。

(五)合同签署

该环节的主要风险:越权签署合同;合同印章保管不当;签订后的合同被篡改;签订合同所需要办理的手续不全。

主要管控措施:第一,按照规定的程序和权限与对方当事人签订合同。正式对外订立的合同应当有企业法定代表人或其授权代理人的签名或盖章。授权签署合同的,应当签署授权委托书。第二,严格合同专用章的保管制度,用章后保管人应当立即收回并妥善保管,防止他人滥用。保管人应当记录合同专用章使用情况备查,如果发生合同专用章遗失或被盗现象,应当立即报告公司负责人并采取妥善措施,如向公安机关报案、登报声明作废等,以最大限度地消除可能带来的负面影响。第三,采取在合同、协议各页码之间加盖骑缝章、使用防伪印记等方式控制合同、协议,防止已签署的合同被篡改。第四,按照国家相关法律法规的规定,需办理批准、登记等手续后才可生效的合同,企业应当及时办理相关手续。

【例3—57】 L公司一直授权委托采购经理李某负责公司的材料采购,李某有权签署800万元以下的采购合同。20×8年5月,李某以公司名义与长期供应商F公司签订了材料购买合同,货款共计780万元,约定收货后1个月内付清。同年6月,F公司将货物送交李某,并通知L公司支付货款,但L公司以李某已于4月份被开除、合同无效为由拒绝付款。F公司将L公司告上法庭,要求其支付货款。经法庭审理,认为虽然李某已在合同签订前被开除,但是李某在签订合同时仍持有L公司的授权委托书及盖有公司印章的空白合同,所以F公司有理由相信李某有代理权,代理行为有效,判决L公司支付货款及诉讼费用。

【分析】 由上述材料可见,L公司在合同签署阶段的内部控制不当导致发生采购损失。公司在授权李某代理时,并没有在授权委托书上注明委托时限,也没有在开除李某后及时收回委托书,同时合同专用章的保管制度也没有得到严格执行,而是直接在空白合同上加盖合同专用章,并没有经过企业法定代表人或其授权代理人的签署和审批,致使李某有机可乘,给公司造成了损失。

(六)合同履行

该环节的主要风险:企业或合同对方当事人没有恰当地履行合同中约定的义务;合同生效后,对合同条款未明确约定的事项没有及时协议补充,导致合同无法正常履行;在合同履行过程中,未能及时发现已经或可能导致企业利益受损的情况,或未能采取有效措施;合同纠纷处理不当,导致企业遭受外部处罚、诉讼失败,损害企业利益、信誉和形象等。

主要管控措施:第一,企业应当建立严格的合同履行结果验收制度,成立独立的验收部门,加强对合同履行效果的检查和验收,敦促对方积极履行合同,确保合同有效履行。第二,有效监控对方的合同履行情况。从合同的订立到终止进行全过程的监控跟踪,如果发现对方有违约行为或存在违约的可能,应当及时提示风险并采取应对措施。第三,根据需要补充、变更或解除合同。对于合同中没有约定或约定不明确的内容,双方协商一致的可以对原有合同进行补充;无法形成补充协议的,按照国家相关法律法规、合同相关条款或者交易习惯确定;如果在合同订立后发现合同内容存在显失公平、条款有误或欺诈行为等情况,应按规定程序及时报告负责人,采取合法措施制止危害行为的发生或扩大,必要时可以请求法院对原合同予以变更或解除。第四,因对方当事人提出中止、转让或解除合同给企业造成经济损失的,企业应当向对方当事人提出索赔。第五,加强合同纠纷管理,在履行合同过程中发生纠纷的,应当按照相关法律法规,在规定时效内与对方当事人进行谈判协商。双方协商一致的,应当签订书面协议;无法协商解决的,可以采取仲裁或诉讼方式解决。

(七)合同结算

该环节的主要风险:违反合同约定,没有按照合同的相关规定付款;没有及时催收到期欠款;没有合同依据就盲目付款。

主要管控措施:第一,财务部门应当在审核合同内容后办理结算业务,按照合同约定付款,并及时催收到期欠款。第二,对于没有履行合同条款或应签订但未签订书面合同的情况,财务部门有权不予付款,并及时向上级汇报。

【例3—58】 A公司是B公司的材料供应商,后由于B公司经营不善出现严重亏损,无法全额支付A公司的货款。但由于A公司认为很有可能收回货款,并未加以重视,因此并没有向B公司催收欠款。后来,B公司破产,A公司只得将该笔欠款提为坏账准备。

【分析】 A公司在合同履行后,对于到期欠款没有进行及时催收,其应收账款管理存在问题。在发现对方存在财务风险后,并没有对风险进行详细分析调查,更没有及时采取行动,结果给公司造成了严重损失。

(八)合同登记

该环节的主要风险:合同档案不全,合同泄密,合同滥用等。

主要管控措施:第一,合同管理部门应当加强合同登记管理,建立合同统一分类和连续编号制度,利用信息技术对合同进行定期整理、统计和归档,详细记录合同的订立、履行和变更等情况,合同到期时应当及时办理销号和归档手续。第二,加强合同内容的保密工作,任何人未经批准不能将合同中涉及的商业机密外泄。第三,明确合同管理人员的职责,规范合同借阅和归还的审批程序和职责权限。

四、合同管理评估

合同作为企业履行权利、义务和承担责任的重要根据,是企业管理活动的体现,也是风险管理的载体,因此,企业应当建立合同管理的评估制度,定期对企业合同的履行情况进行评估和分析,对于重大合同的履行情况要尤其关注。对于合同履行中发现的问题,应当及时改进。

关键概念

合同管理　　合同文本　　合同履行

本节综合案例

F公司是一家上市的外商独资企业,公司的治理结构和内部控制在近几年的发展中不断完善,有一整套内部控制流程和操作规范。F公司采购时按照填制请购单、评审订购单合同、填制验收单、取得卖方发票、填制付款凭单、编制付款凭证及向卖方发出对账单等内部控制流程进行。然而,在F公司"填制请购单→询比价→选择供应商→合同评审→合同签订"的过程中却发现以下问题:(1)当初在询比价的过程中,采购员要求各供应商报价的产品规格、型号不一致,使得询比价的作用不能发挥,由该采购员最终确定的供应商的产品价格反而最高;同时,通过运用电话和网上询价,此采购员所选供应商价格比同类厂家价格高出近10万元。(2)该采购员在合同报告中没有说明该供应商提供增值税票的要求,从而使得该供应商以偷逃税款的方式降低报价,却告知领导是最低价采购,造成主管审核、批准失误。(3)签订合同时原合同报告中的供应商名称变成了没有法人资质的二级代理商,而该二级代理商不具有一般纳税人资质,为F公司以后对卖方发票的抵扣不足留下隐患。(4)抽查该采购员所签合同,没有要求供应方提供17%的增值税票(F公司是外企,对购买国内设备享有退税政策)。生产部门的使用情况和反馈意见显示,此采购员所购8台该供应商的设备经常出现"跑""冒""滴""漏"现象,其中5台已返还供应商检修,有2台在仓库,在使用的只有1台。

【思考】　F公司的合同管理存在哪些问题,应该怎样解决?

【案例分析】　从F公司的采购作业制度来看,请购单、订购单合同评审、验收单、卖方发票、付款凭单、付款凭证及卖方对账单等内部控制流程比较完善,但在合同、协议的内部控制方面存在不足之处,以致在执行过程中,由于部分采购人员投机取巧,为谋求个人利益铤而走险,给F公司造成了不该有的损失。

(1)F公司签约前没有对供应商的签约主体资格进行调查。企业应当对拟签约对象的民事主体资格、注册资本、资金运营、技术和质量指标保证能力、市场信誉、产品质量等方面进行资格审查,以确定其是否具有对合同、协议的履约能力和独立承担民事责任的能力,并查证对方签约人的合法身份和法律资格。本案例中,供应商是没有法人资质的二级代理商,应当调查其是否按照法律规定登记并领取营业执照,对于未经核准登记,也未领取营业执照,却以非法人经济组织的名义签订合同、协议的当事人,不能与之签约。

(2)F公司在采购过程中合同询价和合同签订均由采购员负责,容易形成舞弊。F公司应当建立相应的制度,规范合同、协议正式订立前的资格审查、内容谈判、文本拟订等流程,确保合同、协议的签订符合国家及行业有关规定和企业自身利益,防范合同、协议签订过程中的舞弊、欺诈等风险。应当根据合同、协议内容对供应商、价格及变化趋势、质量、供货期和市场分布等方面进行综合分析论证,掌握市场情况,合理选择合同、协议对方。重大合同、协议或法律关系复杂的合同、协议,应当指定法律、技术、财会、审计等专业人员参加谈判,必要时可以聘请外部专家参与。对于谈判过程中的重要事项应当予以记录。

(3)F公司应当指定专人负责拟订合同、协议文本。合同、协议文本原则上由承办部门起草,重大合同、协议或特殊合同、协议应当由企业的法律部门参与起草,必要时可以聘请外部专家参与起草。由对方起草合同、协议,应当进行认真审查,确保合同、协议内容准确反映企业诉求。国家或行业有示范合同、协议文本的,企业可以优先选用,但在选用时,对涉及权利、义务关系的条款应当进行认真审查,并根据企业的实际需要进行修改。

练习题

一、单项选择题

1. 下列合同中,应归口工程管理部门负责的是(   )。
   A. 审计业务合同　　　　　　　　　　B. 运输合同
   C. 建筑部门合同　　　　　　　　　　D. 产成品销售合同

2. 一般起草合同文本的部门是(   )。
   A. 办公室　　　B. 财务部　　　C. 业务承办部门　　　D. 审计部门

3. 合同变更和解除应当采用书面形式,在原合同上(   )。
   A. 可以修改条款　　　　　　　　　　B. 不可以涂改或添加
   C. 不必约定每项权利、义务　　　　　D. 可以没有双方签名或盖章

4. 下列选项中,不属于合同管理的不相容职务的是(   )。
   A. 合同的拟订和会审　　　　　　　　B. 合同的审核和审批
   C. 合同的审批和监督评估　　　　　　D. 合同的监督评估和执行

二、多项选择题

1. 合同管理中应关注的主要风险有(   )。
   A. 合同订立的风险　　　　　　　　　B. 合同履行的风险
   C. 合同纠纷的风险　　　　　　　　　D. 合同解除的风险

2. 关于合同管理内部控制,下列说法中正确的有(   )。
   A. 企业对外发生经济行为,除即时结清方式外,应当订立书面合同
   B. 重大合同或法律关系复杂的特殊合同应当由法律部门参与起草
   C. 合同应由合同起草部门负责人与对方当事人签订生效
   D. 合同生效后,企业就质量、价款、履行地点等内容与合同对方没有约定或者约定不明确的,可以协议补充

3. 合同订立的基本要求包括(   )。
   A. 内容完整　　　　　　　　　　　　B. 表述严谨、准确
   C. 相关手续齐备　　　　　　　　　　D. 避免出现重大疏漏

4. 企业应当对合同文本进行严格审核,重点关注的内容有(   )。
   A. 合同的主体、内容和形式是否合法
   B. 合同内容是否符合企业的经济利益
   C. 合同主体的财务状况
   D. 合同的内容和形式是否标准

5. 企业应严格审核合同需求与(   ),保持其协调一致。
   A. 国家法律法规　　　　　　　　　　B. 产业政策
   C. 企业整体战略目标的关系　　　　　D. 财务管控

三、判断题

1. 合同是企业承担独立民事责任、履行权利义务的重要依据。(   )
2. 企业应当建立合同管理的后评估制度,至少于每月月初对合同履行的总体情况和重大合同履行的具体情况进行分析评估。(   )
3. 合同审批与合同拟订、合同执行是应当分离的不相容职务。(   )

四、简答题

1. 简述合同管理的流程。
2. 应从哪些方面对合同主体进行资信调查?
3. 合同谈判时应该注意哪些事项?
4. 企业在拟订了合同文本后应当如何进行审核?
5. 为什么订立合同前要先进行合同调查?
6. 合同签署后还需要经过哪些程序才能使合同生效?
7. 如何控制合同结算环节的风险?

五、案例分析题

B公司采购经理张某一直负责公司的材料采购,有权代表公司签订800万元以下的采购合同。2011年张某以公司名义与长期供应商C公司签订了购买材料的合同,价款为600万元,约定B公司在收货后1个月内支付全部价款。一个月后,C公司将材料运到张某指定的地点并被张某提走,C公司于是通知B公司支付价款,但被告知,张某已于两个月前被B公司开除,根本无权代理B公司签订合同,因此合同无效,而B公司拒绝支付价款。C公司将B公司告上法庭,要求其支付合同价款。经法院审理,虽然B公司已于两个月前开除了张某,但张某仍有B公司的授权委托书及盖有B公司公章的空白合同,C公司有理由相信张某有代理权,因此判决合同有效,B公司要支付C公司的材料欠款及诉讼费用。

【要求】 结合上述资料,分析B公司在合同管理方面存在哪些问题。

第四章　信息活动内部控制

🔍 本章要点提示

了解内部信息传递和信息系统的概念；

掌握内部信息传递和信息系统的相关风险点及管控措施。

🔍 本章内容提要

经济市场化程度的提高要求企业必须加强信息管理，包括信息的采集、存储、处理加工和运用。信息在企业范围内按照一定的规则和程序流动，有助于每一个员工及时地获取信息，更好地完成其风险管理的职责。信息与沟通是及时、准确、完整地采集与企业经营管理密切相关的各种信息，并使这些信息以适当的方式在企业有关层级之间、企业与外部之间进行传递、沟通和正确使用的过程，是实施内部控制的重要条件。《企业内部控制基本规范》要求企业建立内部控制相关信息与沟通制度，明确相关信息的收集、处理和传递程序，加强信息的及时沟通，促进内部控制有效运行。本章以《企业内部控制基本规范》对信息活动内部控制的相关规定为基础，从内部信息传递和信息系统两个方面对企业信息活动内部控制做了介绍。

第一节　内部信息传递

本节要点提示

了解内部信息传递概念；

掌握内部信息传递的关键控制点及控制措施；

掌握内部信息传递的主要控制措施。

本节内容提要

企业的内部控制活动离不开信息的沟通和传递。如果信息未能及时有效地提供，可能导致企业决策失误，增加经营风险，因此，企业在完善内部控制过程中必须高度重视内部信息的传递。本节在梳理内部信息传递的基本流程的基础上，分析了各环节可能存在的风险点，并提出了相应的控制措施。

一、内部信息传递的含义

按照《企业内部控制应用指引第17号——内部控制信息传递》的阐述，内部信息传递是指企业内部管理层级之间以报告为载体和形式传递生产经营管理信息的过程。

信息在企业内部进行有目的的、及时的、准确的、安全的传递，对贯彻企业发展战略、正确识别生产经营中的风险、及时纠正操作中的错误、提高决策信息质量具有重要的作用。

二、内部信息传递流程

内部信息传递的内部控制设计是一个复杂的系统工程,其基本流程包括设计准备、设计实施、试行及完善等。根据设计操作需要,在基本流程的基础上,还要有多层次具体的流程,每个具体流程中需明确工作内容、方法、步骤以及相应的表单等,要突出内部信息传递内部控制设计的特色,如图4-1所示。

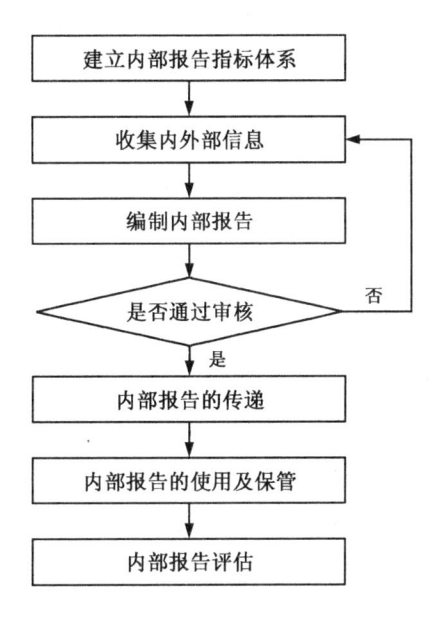

图4-1 内部信息传递流程

(一)内部报告指标体系设计

内部报告是信息传递的载体,而指标体系的设置则是对信息的采集和加工,内部报告指标体系的设置是内部报告传递的起点,决定着内部报告的质量,其指标选择是否科学直接关系到内部报告反映的信息的价值。企业应当根据自身的发展战略、风险控制和业绩考核特点,建立科学、规范的多级次内部报告的指标体系。合理设置关键信息指标和辅助信息指标,并与全面预算管理等因素相结合,同时应随着环境和业务的变化不断修订和完善。

(二)内外部信息收集

企业的决策离不开内外部信息的支持。为了随时掌握有关市场状况、竞争情况、政策变化及环境的变化,保证企业发展战略和经营目标的实现,企业应当完善内外部重要相关信息的收集机制和传递机制,广泛收集、分析、整理内外部信息,并通过内部报告传递到企业内部相关管理层级,以便及时采取应对策略。

(三)内部报告的编制与审核

企业应将收集的相关信息筛选、审查,然后根据各管理层级对内部报告的信息需求和先前制定的内部报告指标,建立相关分析模型,再根据汇总的有效数据起草内部报告,形成总结性结论,并提出相应的建议。内部报告编制完成后,需要经过有关部门和人员的审核,对于审核未通过的报告,需要及时退回,分析原因,进行调整和修正。

(四)内部报告的传递

为了使信息及时传递,保证信息的安全,企业必须完善内部报告传递流程,保证传递渠道的畅通和安全。企业应当充分利用信息技术,强化内部报告信息集成和共享,构建科学的内部报告体系,保证信息传递的及时性,重要信息应当及时传递给董事会、监事会和经理层。

(五)内部报告的使用及保管

内部报告的有效使用能够为企业生产经营提供指导,企业要对内部报告加以正确、有效的使用,各级管理人员应当充分利用内部报告进行有效决策,管理和指导企业的日常生产经营活动,确保企业实现发展战略和经营目标。企业应当有效利用内部报告进行风险评估,准确识别和系统分析企业生产经营活动中的内部风险和外部风险,确定风险应对策略,实现对风险的有效控制。

(六)内部报告评估

内部评估报告经过使用后,需要对其是否全面、完整、及时、有效地传递内部信息进行评估。企业对内部报告的评估应当定期进行,至少每年度对内部报告进行一次评估。经过评估发现内部报告存在缺陷的,企业应当及时进行修订和完善,确保内部报告提供的信息及时、有效。

三、内部信息传递流程的主要风险点及管控措施

(一)建立内部报告指标体系

该环节的主要风险:指标体系的设计未能结合企业的发展战略,指标体系级次混乱,与全面预算管理要求脱节,并且设定后未能根据环境和业务变化有所调整。

主要管控措施:第一,企业要根据其发展战略、风险管理要求和业绩考核标准,以及各管理层级对信息的需求和详略程度,建立一套级次分明的内部报告指标体系。第二,企业内部报告指标确定后,应进行细化,层层分解,使企业内各责任中心及各相关职能部门都有自己明确的目标,以利于控制风险并进行业绩考核。第三,内部报告需要依据全面预算的标准进行信息反馈,将预算控制的过程和结果向企业内部管理层报告,以有效控制预算执行情况、明确相关责任、科学考核业绩,并根据新的环境和业务,调整决策部署,更好地规划和控制企业的资产和收益,实现资源的有效配置和管理的协同效应。

【例4—1】 某企业根据自身的发展要求建立了内部报告指标体系,但因为对权责没有详细划分,导致部分部门的责任不明确,致使该体系没有达到预期的效果,甚至在一定程度上影响了运作和发展。

【分析】 该企业由于在内部控制设计上存在缺陷,没有合理地细化各责任中心的权责,致使该体系没有正确地控制风险和进行业绩考核。企业应及时将预算控制向内部管理层报告,以期控制预算执行、明确责任和考核业绩。

(二)内外部信息收集

该环节的主要风险:收集的内外部信息不能突出重点;内容准确性差,导致决策失误等情况出现;获取内外部信息的成本过高,违反了成本效益原则。

主要管控措施:企业要根据信息需求者的要求,按照一定的标准对信息进行分类汇总,选择对于使用者具有现实意义的相关信息。基于信息来源的复杂性,企业还要对搜集的信息进行审核和鉴别,确定其真实性和合理性。另外,企业还应当在收集信息的过程中关注信息搜集的成本问题,如果信息搜集的成本超过信息带来的价值,应当进行合理权衡。

【例 4—2】 沃尔玛作为大型的商家,完美地将数据挖掘应用于商战之中。沃尔玛拥有跨越多个渠道收集各科信息的信息系统,该系统具有投入大、功能全、全球联网和速度快的特点。

【分析】 由上述资料可以看出,沃尔玛在内外部信息收集方面进行了良好的内部控制。它将消费者的类型做了归纳,从而可以得出消费者的消费倾向,进而针对不同的需求对自身进行调整来满足消费者的需求。

(三)内部报告编制与审核程序

该环节的主要风险:内部报告未能根据各内部使用单位的需求进行编制,内容不完整,编制不及时,未经审核即向有关部门传递。

主要管控措施:第一,企业内部报告的编制单位应根据内部报告使用者的信息需求,以内部报告指标体系为基础,编制内容全面、完整的内部报告,以便企业各管理层级和全体员工掌握相关信息,正确履行职责。第二,企业应合理设计内部报告编制程序,提高编制效率,保证内部报告能在第一时间提供给相关管理部门。对于重大突发事件应以速度优先,尽可能快地编制出内部报告,向董事会报告。第三,企业应当完善内部报告授权审核制度,明确各部门权限,内部报告的起草与审核岗位分离,内部报告在传递前必须经签发部门负责人审核。另外,对于重要信息,企业应当委派专门人员对其传递过程进行复核,确保信息正确传递给使用者。

(四)内部报告传递

该环节的主要风险:缺乏内部报告传递流程,内部报告未按传递流程进行传递流转,内部报告流转不及时。

主要管控措施:企业应当制定规范和完善的内部报告传递制度,并根据信息的类型、重要程度等特征,确定不同的流转环节,严格按设定的传递流程进行流转。在内部报告的传递过程中,企业各管理层对内部报告的流转应做好记录,对于传递错误或丢失等情况,应当调查原因,并做相应处理。另外,由于信息系统的广泛应用,企业需要防范因系统故障而导致的信息传递中断等情况,并及时更新信息系统,确保内部报告有效、安全地传递。

(五)内部报告使用及保管

该环节的主要风险:企业管理层在决策时并没有使用内部报告提供的信息,内部报告未能用于风险识别和控制,商业秘密通过企业内部报告被泄露。

主要管控措施:第一,企业在预算控制、生产经营管理决策和业绩考核时充分使用内部报告提供的信息。企业应当将预算控制与内部报告接轨,通过内部报告及时反映全面预算的执行情况;利用内部报告的信息对生产经营进行分析,发现存在的问题,及时查明原因并加以改进;将绩效考评和责任追究制度与内部报告联系起来,依据及时、准确、按规范流程提供的信息进行透明、客观的定期业绩考核,并对相关责任人进行追究、惩罚。第二,企业管理层应通过内部报告提供的信息对企业生产经营管理中存在的风险进行评估,准确识别和系统分析企业生产经营活动中的内外部风险,并制定应对策略,实现对风险的有效控制。第三,企业应当制定严格的内部报告保密制度,明确保密内容、保密措施、密级程度和传递范围,通过职责分离、授权接触、监督和检查等手段防止商业秘密泄露。

(六)内部报告评估

该环节的主要风险:企业缺乏完善的内部报告评价体系;对各信息传递环节和传递方式控制不严;缺乏相应的惩戒机制。

主要管控措施:企业应建立并完善企业对内部报告的评估制度,定期对内部报告进行全面评估,考核内部报告在企业生产经营活动中的有效性和经济价值。企业要根据评估结果对内部报告体系和传递机制进行及时调整。另外,企业要执行奖惩机制,并与绩效考核体系挂钩,落实责任追究制度,确保信息传递及时、准确。

关键概念

内部信息　　信息传递　　内部报告

本节综合案例

2008年中国奶制品污染事件是一起重大的食品安全事件。事件起因是很多食用三鹿集团生产的奶粉的婴儿被发现患有肾结石,随后在其奶粉中发现化工原料三聚氰胺。中国国家质检总局公布了对国内乳制品厂家生产的婴幼儿奶粉的三聚氰胺检验报告后,事件迅速恶化,包括伊利、蒙牛、光明在内的多个厂家的奶粉都检出三聚氰胺。该事件重创中国制造商品信誉,多个国家禁止中国乳制品进口。

【案例分析】从相关的报道可见,在2008年3月,三鹿集团就已经接到过消费者的投诉,但在当时并没有将信息及时传递。随着投诉人数逐渐增多,在2008年8月,企业才将该事件上报给石家庄政府,这中间存在着严重的信息与沟通不及时和不全面的问题。

根据我国相关法规的规定,地方人民政府及食品安全监管部门在接到重大食品安全事故后,应立即向上级部门报告,并在2小时内报告至省级政府,或直接向国务院和药监局等相关部门报告,但三鹿集团直到9月8日才将相关情况报告给河北省政府,正是由于内部信息沟通和传递的延迟,在一定程度上加大了毒奶粉的危害后果。

在内部沟通上,企业应当在管理层定期或不定期地召开会议,与相关部门的负责人及时沟通,了解企业的实际情况;在信息的传递方面,应当建立良好的企业精神和文化,将企业内部控制的职责细化到每一位员工,使得企业逐步达成经营目标。

练习题

一、单项选择题

1. 企业在管理控制系统中为企业内部各级管理层以定期或者非定期的形式记录和反映企业内部管理信息的各种图表和文字资料的报告是(　　)。

　　A. 财务报告　　　　B. 内部报告　　　　C. 外部报告　　　　D. 内部审计报告

2. 内部传递的信息能否满足使用者的需要取决于信息是否(　　)。

　　A. 安全、可靠　　　B. 及时、相关　　　C. 有高价值　　　　D. 真实、准确

3. 在设计内部报告指标体系时,企业应当根据内部各(　　)的需求选择信息指标,以满足其经营决策、业绩考核、企业价值与风险评估的需要。

　　A. 领导层　　　　　B. 管理层　　　　　C. 一般员工　　　　D. 信息用户

4. 关于内部信息传递流程管控的两个层次的说法中,不正确的是(　　)。

　　A. 企业应当严格规定内部报告审核程序和设定审核权限
　　B. 企业应建立内部报告的评估制度,重点关注内部报告的及时性、安全性和有效性
　　C. 企业建立内部报告使用及保管制度,防止商业秘密泄露的手段包括职责分离、授权接触
　　D. 企业建立内部报告指标体系的依据是其自身的发展战略,与环境和业务变化无关

5. 内部报告指标体系设计的最重要依据是(　　)。

　　A. 社会公众的需求　　　　　　　　　　B. 企业内部报告使用者的需求
　　C. 企业的外部环境　　　　　　　　　　D. 企业财务状况

6. 内部信息沟通是指（　　）。
A. 在企业正式结构、层次系统进行的沟通
B. 通过正式系统以外的途径进行的沟通
C. 企业经营、管理所需的内部信息、外部信息在企业内部的传递与共享
D. 企业与利益相关者之间信息的沟通

二、多项选择题

1. 在建立内部报告指标环节的主要风险点包括（　　）。
A. 未以企业战略和管理模式为指导设计内部报告及指标体系
B. 内部报告体系或者指标体系不完整或者过于复杂
C. 指标信息难以获得或者成本过高
D. 指标体系缺乏调整机制

2. 企业应当根据（　　）要求，科学规范不同级次内部报告的指标体系。
A. 发展战略　　　　B. 风险控制　　　　C. 业绩考核　　　　D. 领导层

3. 下列关于内部信息传递的内部控制要求与措施的说法中，正确的有（　　）。
A. 企业内部各管理层级均应当指定专人负责内部报告工作，重要信息应及时上报，由各管理层级领导审批后报告高级管理人员
B. 企业应当有效利用内部报告进行风险评估，准确识别和系统分析企业生产经营活动中的内外部风险，确定风险应对策略，实现对风险的有效控制
C. 企业应当建立内部报告的评估制度，定期对内部报告的形成和使用进行全面评估，重点关注内部报告的及时性、安全性和有效性
D. 设计内部报告指标体系时，应当关注企业成本费用预算的执行情况

4. 信息的沟通对企业来说是至关重要的，需要引起各个企业的重视。下列各项中，属于内部信息传递风险的有（　　）。
A. 内部报告系统缺失、功能不健全、内容不完整，可能影响生产经营有序运行
B. 内部信息传递不通畅、不及时，可能导致决策失误、相关政策措施难以落实
C. 内部信息传递中泄露商业秘密，可能削弱企业核心竞争力
D. 以上均正确

三、判断题

1. 指引所称"内部信息传递"，是指企业内部下级管理层通过内部报告形式向上级传递生产经营管理信息的过程。（　　）
2. 企业应当强化内部报告信息集成和共享，将内部报告纳入企业统一信息平台，让企业所有员工享有企业内部消息。（　　）
3. 企业应当建立内部报告保管制度，各部门应当指定专人按类别保管相应的内部报告。（　　）
4. 内部报告的起草与审核可以不进行岗位分离。（　　）
5. 内部报告指标体系形成以后，要根据企业内外部环境因素的变化进行适时的调整，更好地为企业服务。（　　）

四、简答题

1. 内部信息传递时，编制及审核内部报告环节的主要风险有哪些？有什么相应的控制措施？
2. 什么是内部报告？它有什么作用？
3. 简要描述内部信息传递的流程。
4. 内部报告评估体系的主要风险点和控制措施分别是什么？

五、案例分析题

2010年3月28日,山西王家岭煤矿发生透水事件,造成153人被困、38人遇难、5 000万元的损失。在后来的案情分析中发现,3月24日和25日物探员王某已经从探测数据中发现异常但是没有和技术人员商量,仅仅在探测表中草率地填写"可以掘进"就上报到工程部,部长、工程师没有进行分析,做出可以掘进的水害预报,地质技术员监理代表也没有建议停工。3月28日10点30分工人发现渗水,及时进行了报告,各位领导干部没能及时决策,透水事故终于发生。

【要求】 结合上述资料,分析王家岭煤矿在内部控制方面存在哪些薄弱的环节。

第二节 信息系统

本节要点提示

掌握信息系统的开发方式;
掌握开发方式的关键控制点及主要控制措施。

本节内容提要

信息系统在实施内部控制和现代化管理中具有十分独特而重要的作用。现代企业的运营越来越依赖于信息系统。信息系统在给企业带来巨大利益的同时,也给企业内部控制带来了诸多风险。企业应当重视信息系统在内部控制中的作用,加强信息系统建设总体规划,提升企业的现代化管理水平。本节在梳理内部信息传递基本流程的基础上,分析了各环节可能存在的风险点,并提出了相应的管控措施。

一、信息系统概述

按照《企业内部控制应用指引第18号——信息系统》的阐述,信息系统是指企业利用计算机和通信技术,对内部控制进行集成、转化和提升所形成的信息化管理平台。

信息系统由计算机硬件、软件、人员、信息流和运行规程等要素组成。信息系统内部控制的建立是为了促进企业内部控制的有效实施,提高企业管理水平,增强信息系统的安全性及相关信息的保密性,为建立信息沟通机制提供有效保障。

二、信息系统的开发

企业根据自身发展战略和业务需求对信息系统进行开发建设。首先要确定系统建设的目标,根据目标进行战略规划,再把规划细化为项目建设方案。企业可以根据自身实际,采取自行开发、外购调试或业务外包等方式建设信息系统。采用外购调试或业务外包方式的,选择开发单位时应当采用公开招标等形式择优选择;采用自行开发方式的,信息系统管理部门应当组织相关部门进行需求分析,明确系统设计、编程、安装调试、验收、上线等全过程的管理要求,合理配置工作人员。企业信息系统的管理部门应当加强对信息系统开发过程的跟踪管理,加强与开发单位的沟通和协调,由独立的专业机构对开发完成的信息系统进行验收检查。

(一)制定信息系统开发的战略规划

信息系统开发的战略规划是以企业发展战略为指导制定的,有利于企业信息化建设的全局性和长期性规划,是建设企业信息系统的起点。

制定信息系统战略规划的主要风险:第一,缺乏战略规划或规划不合理,可能导致信息不完整或重复建设,降低企业经营管理效率。第二,没有把企业业务需求与信息技术有效结合,致使信息系统的应用价值不能充分发挥。

主要管控措施:第一,制定信息系统开发的总体战略规划和中长期发展计划,并根据每年的经营计划制订年度信息系统建设计划,使经营管理活动与信息系统保持一致。第二,制定战略的过程中充分调动管理部门和业务部门的积极性,让各部门能够广泛参与和充分沟通,提高战略规划的科学性和适用性。第三,信息系统战略规划要与企业的组织架构、业务范围、技术能力等条件相适应,避免相互脱节。

(二)选择适当的信息系统开发方式

信息系统的开发建设是信息系统生命周期中技术难度最大的环节,开发建设的好坏直接关系到信息系统的成败。开发建设的方式主要有自行开发、外购调试、业务外包三种,每种开发方式有各自的优缺点和适用条件,企业应根据自身情况合理选择。

1.自行开发

自行开发是指企业凭借自身实力完成开发。自行开发的好处是开发人员了解企业的情况,能够开发出满足企业需要的技术,特别是一些有特殊要求的业务。自行开发有利于企业培养自己的开发团队,方便以后的运行和维护。其不足之处是需要的时间较长,技术水平难以保证,存在失败的风险。因此,自行开发的方式一般适用于企业本身技术力量雄厚,并且市场上没有合适的、能够满足企业需求的软件和解决方案。

2.外购调试

外购调试是指企业在市场上购买成熟的商品化软件,通过二次开发满足企业需求。外购调试的好处是建设周期短,成熟的商品化软件可靠性高。其不足之处是对于企业的特殊需求难以满足,并且企业的自主权不强,系统的后期升级进度受到产品更新换代速度的制约。所以,外购调试的方式一般适用于企业的特殊需求较少,并且市场上已经有成熟的商品化软件和实施方案。

3.业务外包

业务外包是指委托其他企业进行信息系统的开发。通常企业会把信息系统开发的项目外包给科研机构或专业公司进行开发和安装,然后给企业直接使用。业务外包的好处是企业可以根据自身需要充分利用专业公司的技术优势,建立满足企业需求的个性化系统,不必培养和维持庞大的开发队伍,节省了人力成本。外包业务的不足之处是沟通需要的成本高,如果合作企业不能充分理解企业需要,可能造成开发出的信息系统不符合企业要求。同时,由于外包信息系统对合作方的专业技术、职业道德等都有很高要求,因此企业必须增强对外包项目的监督。业务外包的方式一般适用于本身技术力量薄弱的企业,或为了节约成本不愿维持庞大的开发队伍的企业,并且市场上没有合适的、能够满足企业需求的软件和解决方案。

(三)自行开发方式的主要风险点及管控措施

1.项目计划

项目计划通常包括项目范围说明、项目进度计划、项目质量计划、项目采购计划、项目资源计划、项目沟通计划、风险对策计划、需求变更控制、配置管理计划等内容。项目计划不是固定不变的,可以在项目启动阶段先制订一个整体的项目计划,确定项目的总体内容和重要事项,然后根据项目的实际情况进行调整和完善。

该环节的主要风险:信息系统建设缺乏项目计划或计划不合理,造成项目进度延迟、费用超支或质量不合格等问题。

主要管控措施：第一，根据信息系统建设的总体规划，设计各阶段项目的建设方案，明确建设的目标、人员、职责、进度和经费等相关内容，按照程序和权限审批后才可以实行。第二，采用专业的项目管理软件制订项目计划并进行及时跟踪，保证过程可控。第三，关键环节的编制文档应当参照国家和行业标准，提高项目计划编制的水平。

2.需求分析

需求分析是指管理人员和业务人员通过详细调查，掌握业务活动涉及的工作及用户需求，根据需求建立未来目标系统的模型。

该环节的主要风险：第一，需求本身不合理，在功能和安全性等方面对信息系统提出的要求不符合业务处理的需要。第二，技术上不可行，违背了成本效益原则或与国家相关法律规定存在冲突。第三，需求文档不能准确、全面地阐明企业需求，存在表述错误等问题。

主要管控措施：第一，信息系统管理部门组织相关部门提出开发需求，加强系统分析人员与相关管理人员和业务人员的交流，综合分析后提出合理需求。第二，编制表达完整、准确的需求文档。第三，建立健全需求评审和需求变更控制流程。设计需求文档前先评审其可行性，经需求人和编制人签字确认后，再由管理部门和业务部门审批。

3.系统设计

系统设计是指根据系统需求分析阶段设计的目标系统逻辑模型，建立一个能在企业特定的计算机环境中操作的物理模型。系统设计包括总体设计和详细设计。

该环节的主要风险：第一，设计方案不能满足用户需求，无法实现需求文档的既定目标。第二，设计方案不能有效控制开发成本，无法保证开发进度和质量。第三，设计方案不全面，后续变更频繁。第四，设计方案没有考虑对内部控制的影响，系统完成后出现新的风险。

主要管控措施：第一，系统设计负责部门根据整体设计方案与业务部门进行沟通，说明方案对用户需求的覆盖情况。第二，企业应参照相关国家和行业标准，提高系统设计说明书的编写质量。第三，建立设计评审制度和设计变更的控制流程。第四，充分考虑信息系统建成后的控制环境，把经营管理流程、关键控制点和处理流程嵌入系统程序。第五，充分考虑信息系统环境下新的控制风险。第六，针对不同的数据输入方式，加强对系统数据进入的检查和校验。第七，在设计系统时考虑设置操作日志功能，设置系统自动跟踪、报告和处理机制，确保操作的可审计性。第八，预留必要的后台操作通道，建立规范的操作流程，保证后台的可监控性。

4.编程和测试

编程阶段是指把设计方案转换成计算机语言的过程。编程阶段完成后要进行测试，以便了解系统的性能和不足，及时发现和改正错误。

该环节的主要风险：第一，编程结果与设计不符。第二，各程序员编程的差异大，程序可读性差，致使后期维护困难。第三，没有合理的控制程序，造成重复修改等问题。第四，测试不充分。开发环境下测试正常而生产环境下运行出错，致使系统上线后出现严重问题。

主要管控措施：第一，建立和执行严格的代码复查评审制度。第二，建立和执行统一的编程规范，在标识符命名、程序注释等方面统一风格。第三，使用版本控制软件系统，保证开发人员在相同的组件环境中进行项目工作，便于协调开发人员修改程序。第四，建立严格的测试流程，区分不同类型的测试，提高终端用户在测试中的参与度，提高测试工作的质量和效率。

5.上线

系统上线是指把开发出的系统应用到实际的计算机运行中，使信息系统按照既定的用户需求运转。

该环节的主要风险:第一,缺少有效的上线计划,致使系统上线混乱。第二,人员培训不足,不能正确、充分地使用系统功能,业务处理错误,增加开发成本。第三,初始数据准备设置不合理,造成新旧系统数据处理错误。

主要管控措施:第一,制订信息系统上线计划,经管理部门审核批准。第二,在上线计划中明确新旧系统切换的应急预案,保证新旧系统的顺利转换。第三,制订详细的数据迁移计划,并对迁移结果进行测试。

(四)业务外包方式的主要风险点及管控措施

1. 选择外包服务商

该环节的主要风险:合作双方的信息不对称容易产生道德风险,外包商可能会为了自身利益而损害企业利益。

主要管控措施:第一,选择外包商时充分考虑服务商的资信条件、经营状况、财务状况、服务能力等因素,或者借助行业标准来判断外包商的综合实力,对外包商进行严格挑选。第二,严格外包服务的审核和管控流程,采用公开招标等形式选择外包商,在审批时实行集体决策制度。

2. 签订外包合同

该环节的主要风险:合同内容不完整或不准确,无法保障企业的正当利益。

主要管控措施:第一,拟订合同前充分考虑双方的合作范围、责任归属、付款方式、合约期限及违约赔偿等问题,并在合同条款中清楚、准确地列明,拟好后由法律部门审核。第二,针对开发过程中涉及的商业秘密和敏感数据,与外包商签订保密协议,以保证数据安全。第三,在合同约定时选择分期付款方式,在系统运行一段时间经过评估验收后再支付尾款。第四,在合同中明确要求外包商保持技术团队的稳定性。

3. 持续跟踪评价外包服务商的服务过程

该环节的主要风险:缺乏外包服务跟踪评价机制或跟踪评价不到位,造成外包服务水平无法满足企业信息系统的开发需求。

主要管控措施:第一,规范外包服务的评价体系,建立外包服务的质量考核标准,定期对外包商进行测评,实现对外包商的跟踪评价。第二,必要时可引入监督机制,降低外包风险。

【例4—3】 甲公司为服装生产企业,为进一步提高经营管理水平,决定改造企业流程,提高物流效率,建设信息系统。通过分析研究,公司选择了外购调试的方式,采购了乙公司的ERP来组建自身信息系统。系统建成后,提高了信息的实时性和准确性,提高了供应链的响应速度,准确率极高,并且可以自动检验采购订单,防止暗箱操作。

【分析】 该系统成功开发运行是因为选择了正确的开发方式。因为市场上已经有成熟的商业化信息系统,通过二次开发就可以满足企业需求,在这种情况下,外购调试是合理的选择。

(五)外购调试方式的主要风险点及管控措施

1. 软件产品选型和供应商选择

该环节的主要风险:第一,软件产品选型不当,不能满足企业要求。第二,供应商选择不当,服务水平不佳,产品的后续升级无法保障。

主要管控措施:第一,明确自身需求,广泛听取行业专家的意见,合理选择软件产品的类型和版本。第二,选择供应商时,在考察其产品现有性能的基础上,还要考察其服务水平和后续升级能力。

2. 服务提供商选择

该环节的主要风险：服务提供商选择不当，软件产品的功能无法充分发挥，不能满足用户需求。

主要管控措施：在选择服务提供商时，不但要考查其对软件产品的熟悉程度，还要考查其是否充分理解企业的个性化需求或是否有过相同或相似的成功案例等情况。

三、信息系统的运行和维护

信息系统的运行和维护主要包含日常运行维护、系统变更与安全管理三个方面的内容，具体如下：

(一) 日常运行维护的主要风险点及管控措施

日常运行维护主要是为了保证系统的正常运作，包括系统的日常操作、巡检和维修、监控、异常事件的报告和处理等。

日常运行维护的主要风险：第一，没有建立合理的信息系统日常运行管理制度，不能及时发现隐患而导致系统出错。第二，没有进行例行检查，不能发现长期隐藏在系统中的人为恶意攻击，导致系统被破坏而造成损失。第三，系统数据没有定期备份，导致信息丢失或损坏后无法恢复，可能造成严重损失。

主要管控措施：第一，制定信息系统管理制度及操作规范，切实做好系统运行记录和备份，及时发现和处理系统运行中存在的问题，确保信息系统持续平稳运行。第二，重视系统运行的日常维护和例行检查，维护工作和检查工作都由专人负责。第三，将系统运行中的突发事件交由专业人员处理，必要时与系统开发人员或供应商一起协商解决。

(二) 系统变更的主要风险点及管控措施

系统变更是为了更好地满足企业需求，包括软件的修改与升级、硬件的升级等。

系统变更的主要风险：第一，企业没有建立严格的变更申请和审批制度，随意变更系统，导致系统不稳定而发生错误。第二，系统变更后的效果无法实现预期目标。

主要管控措施：第一，建立合理的系统变更制度，规范系统变更的流程。信息系统操作人员必须严格遵守管理流程操作，不能擅自变更系统配置，需要时必须取得相关部门审批才可以变更。第二，系统变更程序必须与新系统开发项目的验证和测试程序保持一致，必要时还要进行额外测试。第三，加强紧急变更的管理和控制。第四，加强系统变更在生产环境中的管理控制，包括数据转换控制、授权控制和用户培训等。

【例4—4】 张某是甲公司市场部计费及维护员，负责公司业务计费、业务稽核、账户及办公设备系统维护。张某利用工作之便进入充值卡数据库，通过运行操作语言将8 000张已作废充值卡非法激活，并将这些激活卡在市场上低价销售。

【分析】 信息系统操作人员必须严格遵守管理流程操作，不能擅自变更系统配置，需要时必须取得相关部门审批才可以变更。甲公司没有建立合理的系统变更制度，也没有规范系统变更的流程，只由张某一人就可以进入数据系统操作，没有审批程序，才会出现如此严重的损失。

(三) 安全管理的主要风险点及管控措施

安全管理是指对信息系统中的软、硬件和数据的安全进行维护和管理，促使信息系统正常平稳运行。

安全管理的主要风险：第一，硬件设备种类繁多且分布广泛，安全管理的难度较大，导致设备的生命周期缩短。第二,企业缺乏信息安全意识,对信息安全没有进行有效的监管。第三,对系统程序的安全防护不到位,系统存在病毒或漏洞,容易受到恶意攻击,致使信息泄露。第四,没有对系统操作人员的有效监督,可能出现舞弊甚至犯罪行为。

主要管控措施:第一,建立健全信息系统的设备管理制度,建立专门的电子设备管控机制,保证电子设备的安全。第二,建立信息系统安全保密制度,对重要岗位员工进行信息系统安全保密培训。成立专门管理信息系统的安全机构,由信息主管部门负责具体实施,对信息安全做出全面、严格的管理。第三,按照国家法律法规及安全标准,制定信息系统安全管理细则。建立不同等级信息的授权使用制度,采取技术手段对信息系统进行严格控制,保证信息系统有效运行。第四,加强网络的安全防护,综合运用技术手段提高网络安全,防止信息系统受到感染和破坏,确保信息传递的完整、准确。第五,建立信息系统开发、运行和维护等岗位的不相容分离制度,防止发生计算机舞弊和犯罪行为。第六,定期对信息系统进行安全评估,及时发现和解决系统安全问题。

四、信息系统终结

在系统终结阶段,信息系统将停止运行。停止运行的原因一般是企业破产或被兼并、原有系统被新系统取代两方面的原因。

系统终结的主要风险:第一,经营条件发生重大变化,导致信息泄露。第二,信息档案的保管期限不够长。

主要管控措施:第一,做好善后工作,将废弃系统中有价值或涉密的信息进行销毁或转移。第二,严格按照国家相关法律制度和管理规定,妥善保管相关信息档案。

关键概念

信息系统　　自行开发　　外购调试

本节综合案例

信息系统内部控制是广东联通内部控制的重要组成部分,主要包括运营支撑系统域、业务支撑系统域和管理支撑系统域三大系统域,具体包括信息系统控制环境管理、系统开发管理、系统变更管理、系统安全管理、系统运行维护管理以及与业务密切联系的信息系统应用管理,涵盖了系统规划、需求分析、系统设计、系统实施、系统运行维护、系统评价等整个信息系统生命周期。在内部控制建设过程中,广东联通对 2 200 多个风险点进行了详细分析,制定了相应的控制措施对信息系统进行一般控制和应用控制。

1. 广东联通信息系统的一般控制

广东联通强调信息系统全生命周期管理,明确了信息系统各阶段的风险控制点,对信息系统的开发和应用环境进行控制,主要包括信息系统控制环境管理、系统开发管理、系统变更管理、日常运行维护管理、系统安全管理等内容;同时还制定了一系列制度,包括《中国联通广东分公司信息系统项目建设规程》《中国联通信息系统管理规范订立及修改细则》等。

2. 广东联通信息系统的应用控制

广东联通的生产经营完全依赖于信息系统,利用信息系统对业务处理实施控制,包括输入控制、处理控制和输出控制等内容。广东联通通过梳理业务流程、强化职责分工、实现不相容职务相互分离等手段加强信息系统应用控制。

广东联通的信息系统非常庞大,信息系统的数量多达二十几个,涵盖了运营、业务和管理三大领域。公司高度重视信息系统的建设,在信息系统开发过程中,充分利用信息技术优势,优化流程,完善控制点,将业务处理规则嵌入系统程序,减少人工控制,增加系统控制,并实现手工处理环境下难以实现的控制功能,以更加高效地预防、发现和纠正错误和舞弊。随着新产品的不断推出,广东联通新的信息系统不断增加,旧的信息系统不断升级变更。广东联通有三百多个信息系统关键控制点,信息系统控制点多、控制力度大;同时,以全面风险评估为基础,加强了租对机业务管理、费用规范管理、信息系统及电子表格控制管理、会计与业务核对、套餐审批及信用额度管理、工程物资、存货及固定资产管理、财务关账控制、公司层面控制等方面的风险识别和风险分析,评估现有控制措施设计的完整性和执行的有效性,持续维护和完善内部控制制度,确保涵盖所有重大经营风险。

3. 广东联通信息系统内部控制的特点

(1) 信息系统内部控制风险大。如上所述,广东联通的信息系统非常庞大,信息系统的数量多达二十几个,涵盖了运营、业务和管理三大领域。公司高度重视信息系统的建设,利用信息系统来支持公司的业务发展。随着新产品的不断推出,旧的信息系统需要不断升级变更,并且需要不断增加新的信息系统。因此,信息系统的故障将直接影响服务的提供,广东联通信息系统内部控制风险较大。

(2) 信息系统控制力度大、控制点多。广东联通有三百多个信息系统关键控制点。信息系统控制点多,管理不断细化。

(3) 实行信息系统生命周期全过程管理。广东联通既强调信息系统一般控制,又重视信息系统应用控制。其信息系统内部控制包括信息系统控制环境管理、系统开发管理、系统变更管理、系统安全管理、系统运行维护管理以及与业务密切联系的信息系统应用管理,涵盖了系统规划、需求分析、系统设计、系统实施、系统运行维护、系统评价等整个信息系统生命周期。

(4) 提倡系统控制,减少人工控制。广东联通在信息系统开发过程中,充分利用信息技术优势,优化流程,完善控制点,将业务处理规则嵌入系统程序,减少人工控制,增加系统控制,并且实现了手工处理环境下难以实现的控制功能,以更加高效地预防、发现和纠正错误和舞弊。

(5) 重视企业全面风险管理。广东联通以全面风险评估为基础,加强了租对机业务管理、费用规范管理、信息系统及电子表格控制管理、会计与业务核对、套餐审批及信用额度管理、工程物资、存货及固定资产管理、财务关账控制、公司层面控制等方面的风险识别和风险分析,评估现有控制措施设计的完整性和执行的有效性,持续维护和完善内部控制制度,确保涵盖所有重大经营风险。

(6) 信息系统相关部门的积极参与是做好信息系统内部控制工作的基础。信息系统内部控制建设不仅是公司信息化管理部门的工作职责,而且需要信息系统应用部门的积极参与和配合。信息系统内部控制建设工作涉及与信息系统有关的每个岗位、每个人员,信息系统内部控制制度的有效执行离不开企业的各级管理者和员工的积极参与。广东联通经过大力宣传与贯彻,使内部控制管理理念深入人心,通过编制流程岗位对应表和岗位流程对应表,将每个流程落实到在岗的员工。每位在岗的员工通过切实执行内部控制制度,逐步加强基础管理工作,有力推动了公司的内部控制建设工作。

【思考】 上述案例可以为企业信息系统内部控制提供哪些启示?

【案例分析】

1. 信息系统应当符合公司发展战略

广东联通构建的信息系统是根据自身战略发展的需要,针对信息系统的开发和变更及各子系统之间的整合问题建立的相应的信息系统模块与流程,并不断更新旧系统、引进新系统来适应公司业务流程的变化和各子系统之间的整合。

2. 信息系统内部控制工作要与生产经营活动紧密结合

内部控制工作是否有效取决于流程和制度是否得到了有效的执行,内部控制制度规范是否被有效执行,又取决于流程和制度是否符合生产经营活动的实际情况。因此,只有结合实际工作制定具体风险问题的防范措施,将信息系统内部控制工作从流程设计、制度制定、措施贯彻等各个环节与生产经营紧密结合,才能让企业员工易于理解和接受,才能更好地发挥其作用。

3. 信息系统内部控制工作要建立长效机制、常抓不懈信息系统的开发和变更、业务处理流程的变化等都会改变风险问题,必须适时修正控制流程和控制措施,完善内部控制制度规范,保证制度规范的健全性。通过建立检查督导制度,巩固已经整改的成果,建立健全长效机制,常抓不懈,避免出现前清后乱、工作反复的弊病。

练 习 题

一、单项选择题

1. 为确保信息系统操作的可审计性,企业应当在信息系统中设置的功能是(　　)。
   A. 信息汇总功能　　　　　　　　　　B. 信息共享功能
   C. 信息分析功能　　　　　　　　　　D. 操作日志功能

2. 系统开发验收测试的主体是(　　)。
   A. 独立开发单位的专业机构　　　　　B. 开发商
   C. 合作单位　　　　　　　　　　　　D. 合作开发商

3. 信息系统日常运行维护的目标是保证系统正常运转,主要工作内容不包括(　　)。
   A. 系统的巡检维修　　　　　　　　　B. 系统运行状态监控
   C. 软件的修改与升级　　　　　　　　D. 异常事件的报告和处理

4. 信息系统发挥作用的阶段是(　　)。
   A. 开发建设阶段　　　　　　　　　　B. 规划阶段
   C. 运行阶段　　　　　　　　　　　　D. 维护阶段

5. 信息系统自行开发的缺点是(　　)。
   A. 开发周期较短,技术水平和规范程度有较好保证,成功率相对较高
   B. 可以培养锻炼自己的开发队伍,便于后期的运行和维护
   C. 成熟的商品化软件质量稳定,可靠性高
   D. 开发周期较长,技术水平和规范程度较难保证,成功率相对较低

6. 信息系统的(　　)是信息系统生命周期中技术难度最大的环节,直接影响信息系统的成败。
   A. 开发建设阶段　　B. 规划阶段　　C. 运行阶段　　D. 维护阶段

二、多项选择题

1. 开发信息系统可采用的方式有(　　)。
   A. 自行开发　　　　B. 合作开发　　　C. 外购软件　　　D. 委托开发

2. 企业应当切实做好信息系统上线的各项准备工作,包括(　　)。
   A. 培训业务操作和系统管理人员
   B. 制订科学的上线计划和新旧系统转换方案
   C. 考虑新旧系统顺利切换和平稳衔接的应急预案
   D. 系统上线涉及数据迁移的,应制订详细的数据迁移计划

3. 系统运行维护采用的加密措施主要是为了确保(　　)。
   A. 保密性　　　　　B. 准确性　　　　C. 完整性　　　　D. 合格性

4. 信息系统的编程和测试环节主要面临的风险包括(　　)。
   A. 设计方案不能完全满足用户需求　　B. 各程序员编程风格不存在差异
   C. 编程结果与设计不符　　　　　　　D. 测试不充分

5. 系统外包的优点有(　　)。
   A. 开发建设周期短,成功率高,成熟的商品化软件质量稳定,可靠性强
   B. 企业不必培养和维持庞大的开发队伍,节约了人力资源成本
   C. 专业的软件提供商实施经验丰富

D. 可以充分利用专业公司的专业优势,量体裁衣,构建全面、高效的满足企业需求的个性化系统

6. 企业应当重视信息系统在内部控制中的作用,根据内部控制要求,结合(　　)等因素,制定信息系统建设总体规划,加大投入力度,有序组织信息系统开发、运行与维护,优化管理流程,防范经营风险,全面提升企业现代化管理水平。

A. 组织架构　　　　B. 业务范围　　　　C. 地域分布　　　　D. 技术能力

7. 编程阶段完成后进行测试的目的包括(　　)。

A. 发现软件开发过程中的错误

B. 分析软件开发过程中错误的性质

C. 确定软件开发过程中错误的位置并予以纠正

D. 了解系统的响应时间、事务处理吞吐量、载荷能力、失效恢复能力

8. 下列选项中,关于信息系统的开发方式表述正确的有(　　)。

A. 选择外购调试或业务外包形式的,应当采用公开招标等形式择优选择供应商或开发单位

B. 选择自行开发信息系统的,信息系统归口管理部门应当组织企业内部相关业务部门进行需求分析,合理配置人员,明确系统开发全过程的管理要求

C. 信息系统业务外包方式的适用条件通常是企业的特殊需求较少,市场上已有成熟的商品化软件和系统实施方案

D. 信息系统业务外包的优点是开发建设周期短,成功率高,成熟的商品化软件质量稳定,可靠性强

三、判断题

1. 信息系统应当建立访问安全制度,信息使用、信息管理应有明确的规定。　　　　(　　)
2. 信息系统开发建设是信息系统生命周期中技术难度最大的环节。　　　　(　　)
3. 企业应组织独立于开发单位的专业机构对开发完成的信息系统进行验收测试。　　　　(　　)
4. 企业选择业务外包、外购调试的方式,这对系统设计、编程、测试环节的参与度要高于自行开发方式。
(　　)
5. 企业应当建立信息系统开发、运行和维护等环节的岗位责任制度和不相容职务分离制度,防范利用计算机进行舞弊和犯罪。　　　　(　　)
6. 自行开发方式中的项目计划环节是静止的、一成不变的。　　　　(　　)
7. 信息系统的运行和维护主要包括日常运行维护、系统变更和安全管理。　　　　(　　)

四、简答题

1. 系统开发方式有哪几种?分别适用于企业什么情况?
2. 系统设计环节存在哪些风险?
3. 系统的日常运行维护包括哪些内容?如何控制过程中存在的风险?
4. 信息系统有哪几种开发方式,分别适用于什么情况?
5. 在系统的安全管理方面有哪些管控措施?

五、案例分析题

2010年4月开始,三泰集团内部审计部联合管理咨询公司组成内部控制项目组,依据《企业内部控制基本规范》《企业内部控制应用指引第18号——信息系统》等有关规定,对三泰集团控股的三泰公司信息系统内部控制进行设计。

项目启动前,三泰集团整体规划不健全,有规划的部分也存在不少不合理之处,这是企业形成信息孤岛的一个隐患,有可能会使企业因重复建设而导致资源浪费。三泰集团当前所使用的系统授权管理不当,不符合内部控制要求,可能导致无法利用信息技术实施有效控制;而且系统运行维护和安全措施不到位,信息泄露或毁损现象时有发生,导致系统无法正常运行。

项目组对识别出来的风险点认真分析和评估后,确定新的信息系统重点关注以下几个方面:一是职责分工、权限范围和审批程序明确、规范,机构设置和人员配备科学、合理,重大信息系统开发与使用事项审批程序清晰;二是信息系统开发、变更和维护流程;三是访问安全制度,操作权限、信息使用、信息管理制度的有效性,硬件管理和审批程序的合理性。

【要求】 结合上述材料分析三泰集团信息系统内部控制的关键点和控制措施。

第三篇

内部控制评价与审计

本篇内容提要

　　内部控制评价指引与审计指引,是我国内部控制基本规范的配套指引。内部控制评价是指企业董事会或类似权力机构对内部控制的有效性进行全面评价、形成评价结论、出具评价报告的过程。内部控制评价指引,就是为了促进企业全面评价内部控制的设计与运行情况,规范内部控制评价程序和评价报告,揭示和防范风险而制定。内部控制审计是指会计师事务所接受委托,对特定基准日内部控制设计与运行的有效性进行审计。内部控制审计指引,就是为了规范注册会计师执行企业内部控制审计业务,明确工作要求,保证执业质量,根据《企业内部控制基本规范》《中国注册会计师鉴证业务基本准则》及相关执业准则而制定。

第五章 内部控制评价与审计

本章要点提示

了解内部控制评价与审计的含义及作用；
掌握内部控制评价与审计实施的一般程序；
了解内部控制缺陷的概念、分类及其认定标准；
掌握内部控制审计报告的内容。

本章内容提要

内部控制评价指引与内部控制审计指引作为配套指引，是我国内部控制规范体系的重要组成部分，与内部控制基本规范相互独立、相互联系，形成一个有机的整体。

内部控制评价是企业董事会或者类似权力机构对内部控制有效性进行全面评价、形成评价结论、出具评价报告的过程。内部控制评价作为企业内部控制体系的重要组成部分，对于提高企业内部控制的完整性、合理性和有效性具有重要的意义。《企业内部控制评价指引》的主要内容包括：内部控制评价概述、内部控制评价的实施程序、内部控制缺陷的认定和内部控制评价报告。

内部控制审计是会计师事务所接受委托，对特定基准日内部控制设计与运行的有效性进行审计。《企业内部控制审计指引》是注册会计师和会计师事务所执行内部控制审计业务的执业准则。内部控制审计指引主要内容包括：内部控制审计概述、内部控制审计的组织实施和内部控制审计报告。

第一节 内部控制评价

本节要点提示

了解内部控制评价的含义及作用；
掌握内部控制评价实施的一般程序；
了解内部控制缺陷的概念及分类；
掌握内部缺陷认定的标准。

本节内容提要

内部控制评价是内部控制中的一个重要而且必要的系统性活动，能够促进内部控制的有效实施和持续改善。同时，它也是一种制度性安排，能够促使企业及其员工经常性地审视其内部控制系统，以提高企业的控制能力和管理水平。本节以内部控制评价的相关理论为基础，从内部控制评价的实施、内部缺陷的认定以及内部控制评价报告三个方面对内部控制评价进行了阐述。

一、内部控制评价概述

(一)内部控制评价的含义

对内部控制的建立、实施进行评价,是优化内部控制自我监督机制的一项重要制度安排,是内部控制的重要组成部分,与内部控制的建立、实施共同构成有机循环。《企业内部控制评价指引》第二条规定,企业内部控制评价是指董事会或类似权力机构对内部控制的有效性进行全面评价、形成评价结论、出具评价报告的过程。

(二)内部控制评价的对象

内部控制评价是对内部控制有效性发表意见。内部控制有效性,是指企业建立与实施内部控制,对实现控制目标提供合理保证的程度,包括内部控制设计的有效性和内部控制运行的有效性。其中,内部控制设计的有效性,是指为实现控制目标所必需的内部控制要素都存在并且设计恰当;内部控制运行的有效性,是指现有内部控制按照规定程序得到了正确执行。

需要注意的是,内部控制即使同时满足设计有效性和运行有效性,但受内部控制固有局限影响,也只能为内部控制目标的实现提供合理保证,而不能提供绝对保证,不应不切实际地期望内部控制能够绝对保证内部控制目标的实现,也不应以内部控制目标的最终实现情况和实现程度作为唯一依据直接判断内部控制设计和运行的有效性。

(三)内部控制评价的作用

1. 有助于企业自我完善内部控制体系

内部控制评价是通过评价、反馈、再评价,报告企业在内部控制建立与实施中存在的问题,并持续地进行自我完善的过程。通过内部控制评价查找、分析内部控制缺陷并有针对性地督促落实整改,可以及时堵塞管理漏洞,防范偏离目标的各种风险,从设计和执行等全方位健全和优化管控制度,从而促进企业内部控制体系的不断完善。

2. 有助于提升企业市场形象和公众认可度

企业开展内部控制评价,需形成评价结论,出具评价报告。通过自我评价报告,将企业的风险管理水平、内部控制状况以及与此相关的发展战略、竞争优势、可持续发展能力等公布于众,树立诚信、透明、负责任的企业形象,有利于增强投资者、债权人以及其他利益相关者的信任度和认可度,为自己创造更为有利的外部环境,促进企业的长远可持续发展。

3. 有助于实现与政府监管的协调互动

政府监管部门有权对企业内部控制建立与实施的有效性进行监督检查。虽然政府部门实施企业内部控制监督检查有其自身的做法和特点,但监督检查的重点是基本一致的,比如大多涉及重大经营决策的科学性、合规性以及重要业务事项管控的有效性等。实施企业内部控制自我评价,能够通过自查及早排查风险、发现问题,并积极整改,有利于在配合政府监管中赢得主动,并借助政府监管成果进一步改进企业内部控制实施和评价工作,促进自我评价与政府监管的协调互动。

(四)内部控制评价的原则

内部控制评价的原则是开展评价工作应该注意的原则,与内部控制的原则不完全相同。根据《企业内部控制评价指引》第三条的规定,企业对内部控制评价至少应遵循以下三大原则:全面性原则、重要性原则和客观性原则。

1. 全面性原则

全面性原则强调的是内部控制评价的涵盖范围应当全面,具体来说,是指内部控制评价工作应当包括内部控制的设计与运行,涵盖企业及其所属单位的各种业务和事项。

2. 重要性原则

重要性原则强调内部控制评价应当在全面性的基础上,着眼于风险,突出重点。具体来说,主要体现在制定和实施评价工作方案、分配评价资源的过程之中,它的核心要求主要包括两个方面:一是要坚持风险导向的思路,着重关注那些影响内部控制目标实现的高风险领域和风险点;二是要坚持重点突出的思路,着重关注那些重要的业务事项和关键的控制环节,以及重要业务单位。

3. 客观性原则

客观性原则强调内部控制评价工作应当准确地揭示经营管理的风险状况,如实反映内部控制设计和运行的有效性。只有在内部控制评价工作方案制定、实施的全过程中始终坚持客观性,才能保证评价结果的客观性。

二、内部控制评价的实施

(一)内部控制评价的组织机构

为了保证内部控制工作科学、有效地开展,企业对于内部控制评价需要建立合理的组织方式。企业要具体明确内部控制评价的组织形式,特别明确各有关方面在内部控制评价中的职责安排,处理好内部控制评价与内部监督的关系,定期由相对独立的人员对内部控制有效性进行科学的评价。

1. 内部控制评价的组织形式

企业内部控制评价的具体组织实施工作需要有相应的机构负责。企业可根据自身特点,决定是否单独设置专门的内部控制评价机构。对于没有专门内部控制评价机构的企业,也可以授权内部审计部门来负责内部控制评价的具体组织实施工作。

内部控制评价机构的设置必须具备一定的条件:一是能够独立行使对内部控制系统建立与运行过程及结果进行监督的权力;二是具备与监督和评价内部控制系统相适应的专业胜任能力和职业道德素养;三是与企业其他职能机构就监督与评价内部控制系统方面应当保持协调一致,在工作中相互配合、相互制约,在效率、效果上满足企业对内部控制系统进行监督与评价所提出的有关要求;四是能够得到企业董事会和经理层的支持,有足够的权威性来保证内部控制评价工作的顺利开展。

2. 有关方面在内部控制评价中的职责和任务

无论采取何种组织形式,董事会、经理层和内部控制评价机构在内部控制评价中的职能作用都不会发生本质的变化。

(1)董事会对内部控制评价承担最终的责任

企业董事会应当对内部控制评价报告的真实性负责。董事会可以通过审计委员会来承担对内部控制评价的组织、领导、监督职责。董事会或审计委员会应听取内部控制评价报告,审定内部控制重大缺陷、重要缺陷整改意见,对内部控制部门在督促整改中遇到的困难,积极协调,排除障碍。监事会应审议内部控制评价报告,对董事会建立与实施内部控制进行监督。

(2)经理层负责组织实施内部控制评价工作

经理层可以授权内部控制评价机构组织实施内部控制评价工作,积极支持和配合内部控制评价的开展,创造良好的环境和条件。经理层应结合日常掌握的业务情况,为内部控制评价方案提出应重点关注的业务或事项,审定内部控制评价方案和听取内部控制评价报告,对于内部控制评价中发现的问题或报告的缺陷要按照董事会或审计委员会的整改意见积极采取有效措施予以整改。

(3)内部控制评价机构承担具体组织实施任务

内部控制评价机构根据授权承担内部控制评价的具体组织实施任务,通过复核、汇总、分析内部监督资料,结合经理层要求,拟订合理的评价工作方案并认真组织实施;对于评价过程中发现的重大问题,应及时与董事会、审计委员会或经理层沟通,并认定内部控制缺陷,拟订整改方案,编写内部控制评价报告,及时向董事会、审计委员会或经理层报告;沟通外部审计师,督促各部门、所属企业对内外部内部控制评价进行整改;根据评价和整改情况拟订内部控制考核方案。

(4)各专业部门的职责和任务

各专业部门应负责组织本部门的内部控制自查、测试和评价工作,对发现的设计和运行缺陷提出整改方案及具体整改计划,积极整改,并报送内部控制机构复核,配合内部控制机构(部门)及外部审计师开展企业层面的内部控制评价工作。

(5)企业所属单位的职责和任务

企业所属单位应逐级落实内部控制评价责任,建立日常监控机制,开展内部控制自查、测试和定期检查评价,发现问题并认定内部控制有缺陷,需拟订整改方案和计划,报本级管理层审定后,督促整改,编制内部控制评价报告,对内部控制的执行和整改情况进行考核。

(二)内部控制评价的一般程序

内部控制评价程序一般包括:制定评价工作方案、组成评价工作组、开展现场检查测试、汇总评价结果、编制评价报告等。具体如下:

1. 制定评价工作方案

内部控制评价机构应当根据企业内部监督情况和管理要求,分析企业经营管理过程中的高风险领域和重要业务事项,确定检查评价方法,制定科学、合理的评价工作方案,经董事会批准后实施。评价工作方案应当明确评价主体范围、工作任务、人员组织、进度安排和费用预算等相关内容。评价工作方案既以全面评价为主,也可以根据需要采用重点评价的方式。

2. 组成评价工作组

内部控制评价部门或机构在评价方案获得批准后,需要组成评价工作组,具体承担内部控制检查评价任务。评价工作组成员应具备独立性、业务胜任能力和职业道德素养,应当吸收企业内部相关机构熟悉情况并参与日常监控的负责人或业务骨干参加。企业应根据自身条件,建立内部控制评价培训机制,便于评价工作组成员熟悉内部控制知识、企业业务流程、评价工作流程、方法等,提高评价工作质量。

3. 开展现场检查测试

评价工作组需要通过了解企业基本情况、主要业务流程及可能存在的风险,确定检查评价的范围和重点,开展测试内部控制运行的有效性工作。根据评价人员分工,综合运用各种评价方法对内部控制设计与运行的有效性进行现场检查测试,按要求填写工作底稿、记录相关测试结果,并对发现的内部控制缺陷进行初步认定。

4. 汇总评价结果

评价工作组汇总评价人员的工作底稿,记录评价所实施的程序和有关结果。评价工作底稿应该进行交叉复合签字,并由评价工作组负责人严格审核确认。评价工作组将评价结果向被评价单位通报,由被评价单位相关责任人签字确认后,提交企业内部控制评价机构。

5. 编制评价报告

内部控制评价机构汇总各评价工作组的评价结果,对工作组现场初步认定的内部控制缺陷进行全面复核、分类汇总,对内部控制缺陷的成因、表现形式及影响程度进行综合分析,提出认定意见;内部控制评价机构以汇总的评价结果和认定的内部控制缺陷为基础,综合内部控制工作整体情况,客观、公正、完整地编制内部控制评价报告,并报送企业经理层、董事会和监事会,由董事会最终审定后对外披露。

6. 报告反馈与追踪

对于认定的内部控制缺陷,内部控制评价机构应当结合董事会和审计委员会的要求,提出整改建议,要求责任单位及时整改,并跟踪其整改落实情况;已经造成损失的,应追究相关人员责任。

三、内部控制缺陷的认定

(一)内部控制缺陷的含义

内部控制缺陷是指内部控制的设计或运行存在缺点或不足,这些缺点和不足无法合理保证内部控制目标的实现。内部控制评价正是要找出内部控制存在的缺陷,为内部控制目标的实现提供合理保证。企业对内部控制缺陷的认定应当以日常监督和专项监督为基础,结合年度内部控制评价,由内部控制评价部门进行综合分析后提出认定意见,按照规定的权限和程序进行审核后予以最终认定。

(二)内部控制缺陷的分类

1. 按照内部控制缺陷成因或来源分类

内部控制缺陷按其成因或来源分为设计缺陷和运行缺陷。设计缺陷是指由于内部控制设计不科学、不适当,即使正常运行也难以实现控制目标。运行缺陷是指内部控制设计比较科学、适当,但在实际运行过程中没有严格按照设计意图执行,导致内部控制运行与设计相脱节,未能有效实施控制、实现控制目标。

2. 按照内部控制缺陷的形式分类

内部控制缺陷按形式可分为财务报告内部控制缺陷和非财务报告内部控制缺陷。财务报告内部控制缺陷是指对财务报告的真实性和完整性产生直接影响的控制缺陷,一般可分为财务(会计)报表缺陷、会计基础工作缺陷和与财务报告密切关联的信息系统控制缺陷等。非财务报告内部控制缺陷是指对企业经营管理的合法合规、资产安全、营运的效率和效果等控制目标的实现存在不利影响的其他控制缺陷。

3. 按照内部控制缺陷对内部控制目标实现的影响程度分类

内部控制缺陷按照其对内部控制目标实现的影响程度分为重大缺陷、重要缺陷和一般缺陷。重大缺陷是指一个或多个控制缺陷的组合,可能导致企业严重偏离控制目标;重要缺陷是指一个或多个控制缺陷的组合,其严重程度和经济后果低于重大缺陷,但仍有可能导致企业偏离控制目标,须引起企业高度重视和关注;一般缺陷是指除重大缺陷、重要缺陷之外的其他缺陷。重大缺陷、重要缺陷和一般缺陷的具体认定标准由企业根据上述要求自行确定。

(三)内部控制缺陷的认定标准

1. 财务报告内部控制缺陷的认定标准

财务报告内部控制是指针对财务报告目标而设计和实施的内部控制。由于财务报告内部控制的目标集中体现为财务报告的可靠性，因此财务报告内部控制的缺陷主要是指不能合理保证财务报告可靠性的内部控制设计和运行缺陷。根据缺陷可能导致的财务报告错报的重要程度，企业采用定性与定量相结合的方法将缺陷划分为重大缺陷、重要缺陷和一般缺陷。

财务报告内部控制缺陷的认定标准由该缺陷可能导致财务报表错报的重要程度来确定。这种重要程度主要取决于两方面的因素：第一，该缺陷是否具备合理可能性导致内部控制缺陷不能及时防止、发现并纠正财务报表错报；第二，该缺陷单独或连同其他缺陷可能导致的潜在错报金额的大小。

(1) 重大缺陷

如果一项内部控制缺陷单独或连同其他缺陷具备合理可能性导致不能及时防止、发现并纠正财务报表中的重大错报，就应将该缺陷认定为重大缺陷。重大错报中的"重大"涉及企业确定的财务报表的重要性水平。一般而言，企业可以采用绝对金额法（例如，规定金额超过10 000元的错报应当认定为重大错报）或相对比例法（例如，规定超过净利润5%的错报应当认定为重大错报）来确定重要性水平。具有以下特征的缺陷，认定为重大缺陷：①董事、监事和高级管理人员舞弊；②对已经公告的财务报告出现的重大差错进行错报更正；③当期财务报告存在重大错报，而内部控制在运行过程中未能发现该错报；④审计委员会以及内部审计部门对财务报告内部控制监督无效。

(2) 重要缺陷

如果一项内部控制缺陷单独或连同其他缺陷具备合理可能性导致不能及时防止、发现并纠正财务报表中虽然未达到和超过重要性水平但仍应引起董事会和经理层重视的错报，就应将该缺陷认定为重要缺陷。重要缺陷并不影响企业财务报告内部控制的整体有效性，但是应当引起董事会和经理层的重视。对于这类缺陷，应当及时向董事会和经理层报告。具有以下特征的缺陷，认定为重要缺陷：①未依照公认会计准则选择和应用会计政策；②未建立反舞弊程序和控制措施；③对于非常规或特殊交易的账务处理没有建立相应的控制机制或没有实施且没有相应的补偿性控制；④对于期末财务报告过程的控制存在一项或多项缺陷且不能合理保证编制的财务报表达到真实、准确的目标。

(3) 一般缺陷

对于不构成重大缺陷和重要缺陷的财务报告内部控制缺陷，企业应认定为一般缺陷。

【例5-1】 某公司财务报告内部控制缺陷的认定标准

1. 定性标准

具有以下特征的缺陷，认定为重大缺陷：(1)董事、监事和高级管理人员舞弊；(2)对已经公告的财务报告出现的重大差错进行错报更正；(3)当期财务报告存在重大错报，而内部控制在运行过程中未能发现该错报；(4)审计委员会以及内部审计部门对财务报告内部控制监督无效。

具有以下特征的缺陷，认定为重要缺陷：(1)未依照公认会计准则选择和应用会计政策；(2)未建立反舞弊程序和控制措施；(3)对于非常规或特殊交易的账务处理没有建立相应的控制机制或没有实施且没有相应的补偿性控制；(4)对于期末财务报告过程的控制存在一项或多项缺陷且不能合理保证编制的财务报表达到真实、准确的目标。

一般缺陷是指除上述重大缺陷、重要缺陷之外的其他控制缺陷。

2. 定量标准

公司本着是否直接影响财务报告的原则确定的财务报表错报重要程度可参考的定量标准如表5—1所示。

表5—1 缺陷的定量标准

重要程度 项目	一般缺陷	重要缺陷	重大缺陷
利润总额 潜在错报	错报＜利润总额的5%	利润总额的5%≤错报＜利润总额的10%	错报≥利润总额的10%
资产总额 潜在错报	错报＜资产总额的0.6%	资产总额的0.6%≤错报＜资产总额的1%	错报≥资产总额的1%
经营收入 潜在错报	错报＜经营收入的2%	经营收入的2%≤错报＜经营收入的5%	错报≥经营收入的5%
所有者权益 潜在错报	错报＜所有者权益的2%	所有者权益的2%≤错报＜所有者权益的5%	错报≥所有者权益的5%

说明：上述标准每年由董事会授权经营管理层根据实际情况选择合适的指标单独或随年度报告一并提交董事会审批。

2. 非财务报告内部控制缺陷的认定标准

非财务报告内部控制是指针对除财务报告目标之外的其他目标的内部控制。这些目标一般包括战略目标、资产安全、经营目标、合规目标等。公司非财务报告缺陷认定主要依据缺陷涉及业务性质的严重程度、直接或潜在负面影响的性质、影响的范围等因素来确定。企业可以根据自身的实际情况，参照财务报告内部控制缺陷的认定标准，合理确定非财务报告内部控制缺陷的定量和定性认定标准。定量标准既可以根据缺陷造成直接财产损失的绝对金额制定，也可以根据缺陷的直接损失占本企业资产、销售收入或利润等的比率确定；定性标准可以根据缺陷潜在负面影响的性质、范围等因素确定。

非财务报告内部控制出现以下特征，表明其可能存在重大缺陷：(1)重大事项违反决策程序造成重大失误；(2)违反国家法律、法规，受到政府部门处罚，且对公司定期报告披露造成重大负面影响；(3)高级管理人员和高级技术人员流失严重；(4)媒体负面新闻频现，情况属实，造成重大社会影响；(5)重要业务缺乏制度控制或制度系统性失效，造成按定量标准认定的重大损失；(6)已经发现并报告给管理层的非财务报告内部控制重大缺陷在合理的时间内未得到整改；(7)出现重大安全生产、环保、产品质量或服务事故。

【例5—2】 某公司非财务报告内部控制缺陷的认定标准

1. 定性标准

具有以下特征的缺陷，认定为重大缺陷：(1)公司缺乏民主决策程序；(2)公司决策程序导致重大失误；(3)公司违反国家法律法规并受到50 000元以上处罚；(4)公司中高级管理人员和高级技术人员流失严重；(5)媒体频现负面新闻，涉及面广且负面影响一直未能消除；(6)公司重要业务缺乏制度控制或制度体系失效；(7)公司内部控制重大或重要缺陷未得到整改；(8)公司遭受证监会处罚或证券交易所警告。

具有以下特征的缺陷，认定为重要缺陷：(1)公司民主决策程序存在但不够完善；(2)公司决策程序导致出现一般失误；(3)公司违反企业内部规章，造成损失；(4)公司关键岗位业务人员流失严重；(5)媒体出现负面新闻，波及局部区域；(6)公司重要业务制度或系统存在缺陷；(7)公司内部控制重要缺陷或一般缺陷未得到整改。

具有以下特征的缺陷，认定为一般缺陷：(1)公司决策程序效率不高；(2)公司违反内部规章,但未造成损失;(3)公司一般岗位业务人员流失严重;(4)媒体出现负面新闻,但影响不大;(5)公司一般业务制度或系统存在缺陷;(6)公司一般缺陷未得到整改;(7)公司存在其他缺陷。

2. 定量标准

定量标准主要根据缺陷可能造成直接财产损失的绝对金额确定。财务报表错报重要程度可参考的定量标准如表5-2所示。

表5-2　　　　　　　　　　　　缺陷的定量标准

重要程度 项目	一般缺陷	重要缺陷	重大缺陷
直接财产损失金额	损失＜利润总额的5%	利润总额的5%≤损失＜利润总额的10%	损失≥利润总额的10%

(四)内部控制缺陷的报告和整改

企业内部控制评价部门应当编制内部控制缺陷认定汇总表,结合日常监督和专项监督过程中发现的内部控制缺陷及其持续改进情况,对内部控制缺陷及其成因、表现形式和影响程度进行综合分析和全面复核,提出认定意见,按照规定的权限和程序进行审核后予以最终认定。

1. 内部控制缺陷报告

内部控制缺陷报告应当采取书面形式。对于一般缺陷和重要缺陷,通常向企业经理层报告,并视情况考虑是否需要向董事会及其审计委员会、监事会报告;对于重大缺陷,应当及时向董事会及其审计委员会、监事会和经理层报告。如果出现不适合向经理层报告的情形,如存在与经理层舞弊相关的内部控制缺陷,或存在经理层凌驾于内部控制之上的情形等,应当直接向董事会及其审计委员会、监事会报告。企业应根据内部控制缺陷的影响程度合理确定内部控制缺陷报告的时限,一般缺陷、重要缺陷应定期报告,重大缺陷应即时报告。

2. 内部控制缺陷整改

企业对于认定的内部控制缺陷,应当制定内部控制缺陷整改方案,按规定权限和程序审批后执行,确保内部控制设计与运行的主要问题和重大风险得到及时解决和有效控制。对于认定的重大缺陷,还应及时采取应对策略,切实将风险控制在可承受度之内,并追究有关机构或相关人员的责任。董事会应负责重大缺陷的整改,接受监事会的监督。经理层负责重要缺陷的整改,接受董事会的监督。内部有关单位负责一般缺陷的整改,接受经理层的监督。内部控制缺陷整改方案一般包括整改目标、内容、步骤、措施、方法和期限等,整改期限超过一年的,还应在整改方案中明确近期目标和远期目标以及对应的整改工作任务等。

四、内部控制评价报告

(一)内部控制评价报告概述

内部控制评价报告是对企业内部控制设计和执行的有效性进行评估后提供给信息使用者的报告。《企业内部控制评价指引》第二十三条规定,企业应当根据年度内部控制评价结果,结合内部控制评价工作底稿和内部控制缺陷汇总表等资料,按照规定的程序和要求,及时编制内部控制评价报告。

内部控制报告具有重要的作用:(1)可以更好地满足投资者的信息需求。尤其对于上市公司而言,单一的财务会计信息已经不能满足投资者的需要,而企业内部控制信息则为其提供了关于企业的充分信息。(2)可以促使管理当局更加重视企业的内部控制。管理当局出于自身责任及企业长远利益的考虑,不得不在审计人员的协助下真正关注内部控制的缺陷,不断健全与完善自身的内部控制。(3)可以在一定程度上减少企业舞弊的发生。企业对外提供内部控制报告,一方面,管理当局应对企业内部控制制度的设计和执行是否有效做出评估,并表明其对财务报告和资产的安全完整无重大不利影响。这实际上表明了管理当局的一种(合理)保证,因此,可以在一定程度上减少舞弊的可能性。另一方面,通过自我评估,可以发现企业内部控制中存在的问题,并采取相应措施。(4)可以在一定程度上减少注册会计师的工作量。如果上市公司对外报送内部控制报告,并且内部控制健全、完善、有效,这样会提高注册会计师对会计报表真实性、正确性的审查效率和质量。

内部控制评价报告可分为对外报告和对内报告。对外报告是为了满足外部信息使用者的需求,需要对外披露,在时间上具有强制性,披露内容和格式要符合披露要求;对内报告主要是为了满足管理层或治理层改善管控水平的需要,不具有强制性,内容、格式和披露时间由企业自行决定。

(二)内部控制评价报告的内容

根据《企业内部控制评价指引》第二十一条和第二十二条的规定,内部控制评价对外报告一般包括以下内容:

1. 内部控制评价的范围

描述内部控制评价所涵盖的被评价单位、纳入评价范围的业务事项,及重点关注的高风险领域。内部控制评价的范围如有所遗漏的,应说明原因,以及它对内部控制评价报告真实完整性产生的重大影响等。

2. 董事会声明

声明董事会及全体董事对报告内容的真实性、准确性、完整性承担个别及连带责任,保证报告内容不存在任何虚假记载、误导性陈述或重大遗漏。

3. 内部控制缺陷的整改情况

对于评价期间发现的、期末已完成整改的重大缺陷,说明企业有足够的测试样本显示,已有与该重大缺陷相关的内部控制设计且运行有效。报告中描述了针对评价期末存在的内部控制缺陷,企业拟采取的整改措施及预期效果。

4. 内部控制评价的程序和方法

描述内部控制评价工作遵循的基本流程,以及评价过程中采用的主要方法。

5. 内部控制评价工作的总体情况

明确企业内部控制评价工作的组织、领导体制、进度安排,是否聘请会计师事务所对内部控制有效性进行独立审计。

6. 内部控制有效性的结论

对不存在重大缺陷的情形,出具评价期末内部控制有效结论;对存在重大缺陷的情形,不得给出内部控制有效的结论,并需描述该重大缺陷的性质、对实现相关控制目标的影响程度及其可能给公司未来生产经营带来相关风险。自内部控制评价报告基准日至内部控制评价报告发出日之间发生重大缺陷的,企业须责成内部控制评价机构予以核实,并根据核查结果对评价结论做相应调整,说明董事会拟采取的措施。

7. 内部控制评价的依据

说明企业开展内部控制评价工作所依据的法律法规和规章制度。

8. 内部控制缺陷及其认定

描述适用本企业的内部控制缺陷具体认定标准,并声明与以前年度保持一致或做出的调整及相应原因;根据内部控制缺陷认定标准,确定评价期末存在的重大缺陷、重要缺陷和一般缺陷。

【例5—3】 某企业根据内部控制评价的内容编制内部控制评价汇总表如表5—3所示。

表5—3　　　　　　　　　　　　内部控制评价汇总表

行次	评价项目(评价部门)		总分	检查评价得分
1	一、企业内部环境检查评价			
2	二、企业内部监督评价			
3	三、业务流程综合检查评价			
4	综合评价得分			
5	四、缺陷认定	财务报告缺陷	影响会计报表缺陷	错报指标1	
6				错报指标2	
7				错报等级	
8			其他会计信息质量缺陷	缺陷数量(个)	
9			IT控制缺陷	缺陷数量(个)	
10			内部控制重大事故缺陷	缺陷等级及数量(个)	
11		非财务报告缺陷		缺陷数量(个)	
12		综合扣分比例			
13		修正后综合评价得分			

(三)内部控制评价报告的编制与报送

1. 内部控制评价报告的编制要求

企业应当根据内部控制评价结果和整改情况,编制内部控制评价报告。内部控制评价报告分为定期内部控制评价报告和非定期内部控制评价报告。由于企业的外部环境和内部条件的变化,其内部控制系统是不断更新和完善的动态体系,因此,对内部控制需要经常展开评价,在实际工作中可以采用定期与不定期相结合的方式。内部报告一般采用不定期的方式,即企业可以持续地开展内部控制的监督与评价,并根据结果的重要性随时向董事会或经理层报送评价报告。从广义上讲,企业针对发现的重大缺陷等向董事会或经理层报送的内部报告也属于非定期的报告。

企业应该定期进行内部控制评价并发布内部控制评价报告。企业至少应该每年进行一次内部控制评价并由董事会对外发布内部控制评价报告。年度内部控制评价报告应当以12月31日作为基准日。非定期内部控制评价报告可以是因特殊事项或原因(如企业因目标变化或提升)而对外发布的内部控制评价报告,也可以是企业针对发现的重大缺陷专项内部控制评价等向董事会、审计委员会或经理层报送的内部报告(即内部控制缺陷报告)。

内部控制评价报告的编制主体包括单个企业和企业集团的母公司。单个企业内部控制评价报告是指某一企业以自身经营业务和管理活动为辐射范围编制的内部控制评价报告,属于对内报告;企业集团母公司内部控制评价报告是企业集团的母公司在汇总、复核、评价、分析后，以母公司及下属公司或控股子公司的经营业务和管理活动为辐射范围编制的内部控制评价报告，是对企业集团内部控制设计有效性和运行有效性的总体评价，可以是对内报告，也可以是对外报告。

2. 内部控制评价报告的报送

《企业内部控制评价指引》第二十四条至第二十六条规定了评价报告及内部控制审计报告对外报送的要求。此外，企业内部控制评价报告应按规定报送有关监管部门。例如，国有控股企业应按要求报送国有资产监督管理部门和财政部门，金融企业应按规定报送银行业监督管理部门和保险监督管理部门，公开发行证券的企业应报送证券监督管理部门。

关键概念

内部控制评价　　内部控制缺陷　　内部控制评价报告

本节综合案例

武汉祥龙电业股份有限公司 2015 年度内部控制评价报告

武汉祥龙电业股份有限公司全体股东：

根据《企业内部控制基本规范》及其配套指引的规定和其他内部控制监管要求（以下简称企业内部控制规范体系），结合本公司内部控制制度和评价办法，在内部控制日常监督和专项监督的基础上，我们对公司 2015 年 12 月 31 日（内部控制评价报告基准日）内部控制的有效性进行了评价。

一、重要声明

按照企业内部控制规范体系的规定，建立健全和有效实施内部控制，评价其有效性，并如实披露内部控制评价报告是公司董事会的责任。监事会对董事会建立和实施内部控制进行监督。经理层负责组织领导企业内部控制的日常运行。公司董事会、监事会及董事、监事、高级管理人员保证本报告内容不存在任何虚假记载、误导性陈述或重大遗漏，并对报告内容的真实性、准确性和完整性承担个别及连带法律责任。

公司内部控制的目标是合理保证经营管理合法合规、资产安全、财务报告及相关信息真实完整，提高经营效率和效果，促进实现发展战略。由于内部控制存在的固有局限性，因此仅能为实现上述目标提供合理保证。此外，由于情况的变化可能导致内部控制变得不恰当，或对控制政策和程序遵循的程度降低，根据内部控制评价结果推测未来内部控制的有效性具有一定的风险。

二、内部控制评价结论

1. 公司于内部控制评价报告基准日是否存在财务报告内部控制重大缺陷

□是　　☑否

2. 财务报告内部控制评价结论

☑有效　　□无效

根据公司财务报告内部控制重大缺陷的认定情况，于内部控制评价报告基准日不存在财务报告内部控制重大缺陷，董事会认为公司已按照企业内部控制规范体系和相关规定的要求在所有重大方面保持了有效的财务报告内部控制。

3. 是否发现非财务报告内部控制重大缺陷

□是　　☑否

根据公司非财务报告内部控制重大缺陷认定情况，于内部控制评价报告基准日，公司未发现非财务报告内部控制重大缺陷。

4. 自内部控制评价报告基准日至内部控制评价报告发出日之间影响内部控制有效性评价结论的因素

□适用 ☑不适用

自内部控制评价报告基准日至内部控制评价报告发出日之间未发生影响内部控制有效性评价结论的因素。

5. 内部控制审计意见是否与公司对财务报告内部控制有效性的评价结论一致

☑是 □否

6. 内部控制审计报告对非财务报告内部控制重大缺陷的披露是否与公司内部控制评价报告披露一致

☑是 □否

三、内部控制评价工作情况

（一）内部控制评价范围

公司按照风险导向原则确定纳入评价范围的主要单位、业务和事项以及高风险领域。

1. 纳入评价范围的主要单位

武汉祥龙电业股份有限公司、武汉葛化建筑安装有限责任公司。

2. 纳入评价范围的单位占比

指　　标	占比（%）
纳入评价范围单位的资产总额占公司合并财务报表资产总额之比	100
纳入评价范围单位的营业收入合计占公司合并财务报表营业收入总额之比	100

3. 纳入评价范围的主要业务和事项

主要业务包括公司总部、供水厂板块、建筑安装板块等涉及的各类业务。主要事项包括公司治理、社会责任、财务管理、人力资源管理、合同管理、行政管理、内部监督、生产管理、采购管理、物资设备管理、工程建设项目管理等。

4. 重点关注的高风险领域

主要包括宏观政策环境风险、金融市场风险、区域规划风险、安全管理风险、采购风险、资产管理风险、盈利能力风险、法律纠纷风险、道德操守风险以及税务风险等。

5. 上述纳入评价范围的单位、业务和事项以及高风险领域涵盖了公司经营管理的主要方面，是否存在重大遗漏

□是 ☑否

6. 是否存在法定豁免

□是 ☑否

（二）内部控制评价工作依据及内部控制缺陷认定标准

公司依据企业内部控制规范体系及公司内部控制制度，组织开展内部控制评价工作。

1. 内部控制缺陷具体认定标准是否与以前年度存在调整

□是 ☑否

公司董事会根据企业内部控制规范体系对重大缺陷、重要缺陷和一般缺陷的认定要求，结合公司规模、行业特征、风险偏好和风险承受度等因素，区分财务报告内部控制和非财务报告内部控制，研究确定了适用于本公司的内部控制缺陷具体认定标准，并与以前年度保持一致。

2. 财务报告内部控制缺陷认定标准

公司确定的财务报告内部控制缺陷评价的定量标准如下：

指标名称	重大缺陷定量标准	重要缺陷定量标准	一般缺陷定量标准
错报指标1（潜在错报金额合计/被检查单位当期资产总额）	错报指标2≥1%	0.05%≤错报指标2<1%	错报指标1≥0.05%且错报指标2<0.05%
错报指标2（潜在错报金额合计/股份公司当期资产总额）			

说明：根据被检查单位适用业务流程潜在错报金额合计，分别按照被评价分公司和股份公司两种口径计算错报指标。当被检查单位为公司总部时，不计算错报指标1，仅以错报指标2为一般缺陷认定标准。

公司确定的财务报告内部控制缺陷评价的定性标准如下：

缺陷性质	定性标准
重大缺陷	发现公司管理层存在重大程度的舞弊；已经发现并报告给管理层的重大内部控制缺陷在经过合理的时间后，并未加以改正；控制环境无效；外部审计师发现当期财务报告存在重大错报，而内部控制在运行过程中未能发现该错报；其他可能影响报表使用者正确判断的缺陷
重要缺陷	未依照公认会计准则选择和应用会计政策；未建立反舞弊程序和控制措施；对于非常规或者特殊交易的账务处理没有建立相应的控制机制或没有实施且没有相应的补偿性控制；对于期末财务报告过程的控制存在一项或多项缺陷且不能合理保证编制的财务报表达到真实、准确的目标
一般缺陷	除重大缺陷和重要缺陷之外的其他缺陷。

3. 非财务报告内部控制缺陷认定标准

公司确定的非财务报告内部控制缺陷评价的定量标准如下：

指标名称	重大缺陷定量标准	重要缺陷定量标准	一般缺陷定量标准
直接财产损失金额	1 000万元及以上	500万元（含500万元）	100万元（含100万元）

公司确定的非财务报告内部控制缺陷评价的定性标准如下：

缺陷性质	定性标准
重大缺陷	对外正式披露并对本公司定期报告披露造成重大负面影响；违反法律法规较严重；除政策性亏损原因外，企业连年亏损，持续经营受到挑战；其他可能导致公司严重偏离控制目标的缺陷
重要缺陷	公司因管理失误发生定量标准认定的重要财产损失，控制活动未能防范该失误；财产损失虽然未达到和超过该重要性水平，但从性质上看，仍应引起董事会和管理层重视；其他严重程度和经济后果低于重大缺陷，但仍有可能导致公司偏离控制目标的缺陷
一般缺陷	除重大缺陷和重要缺陷之外的其他缺陷。

（三）内部控制缺陷认定及整改情况

1. 财务报告内部控制缺陷认定及整改情况

（1）重大缺陷：报告期内公司是否存在财务报告内部控制重大缺陷

□是　　☑否

(2)重要缺陷:报告期内公司是否存在财务报告内部控制重要缺陷

□是　☑否

(3)一般缺陷:内部控制流程在日常运行中存在6个一般缺陷,公司在内部控制自我评价中,一经发现并确认内控缺陷即采取更正行动,使风险可控,因此已发现的6个一般缺陷对公司财务报告不构成实质性影响。

(4)经过上述整改,于内部控制评价报告基准日,公司是否存在未完成整改的财务报告内部控制重大缺陷

□是　☑否

(5)经过上述整改,于内部控制评价报告基准日,公司是否存在未完成整改的财务报告内部控制重要缺陷

□是　☑否

2. 非财务报告内部控制缺陷认定及整改情况

(1)重大缺陷:报告期内公司是否发现非财务报告内部控制重大缺陷

□是　☑否

(2)重要缺陷:报告期内公司是否发现非财务报告内部控制重要缺陷

□是　☑否

(3)一般缺陷:内部控制流程在日常运行中存在7个一般缺陷,公司在内部控制自我评价中,一经发现确认内部控制缺陷即采取更正行动,使风险可控,因此已发现的7个一般缺陷对公司财务报告不构成实质性影响。

(4)经过上述整改,于内部控制评价报告基准日,公司是否发现未完成整改的非财务报告内部控制重大缺陷

□是　☑否

(5)经过上述整改,于内部控制评价报告基准日,公司是否发现未完成整改的非财务报告内部控制重要缺陷

□是　☑否

四、其他内部控制相关重大事项说明

1. 上一年度内部控制缺陷整改情况

□适用　☑不适用

2. 本年度内部控制运行情况及下一年度改进方向

☑适用　□不适用

公司已建立全面覆盖的内部控制体系,2015年度以强化执行和持续改进内部控制作为内部控制工作的重点,严格要求各单位认真执行内部控制流程,主动发现实施过程中的缺陷与不足,有效促进内部控制的持续改进和不断优化,保证内部控制体系得到切实运作。

3. 其他重大事项说明

□适用　☑不适用

练习题

一、单项选择题

1. 企业应当以(　　)作为年度内部控制评价报告的基准日。

A. 1月1日　　　　B. 1月31日　　　　C. 12月1日　　　　D. 12月31日

2. 某公司在进行2017年度内部控制评价工作时,通过对各个月份销售数据波动情况的分析,找出销售异常的部分,据此对该段时间的销售业务资料进行核实盘查。该公司使用的内部控制评价方法是(　　)。

A. 比较分析法　　　B. 专题讨论法　　　C. 抽样法　　　D. 穿行测试法

3.《内部控制评价指引》规定,内部控制评价工作组应对被评价单位开展现场测试。以下对企业进行现场检查测试使用方法的表述中,错误的一项是(　　)。

A. 对企业文化认同的调查可以采用调查问卷的形式

B. 实地查验是一种用于公司层面评价的方法
C. 个别访谈通常用于企业层面与业务层面评价阶段
D. 比较分析法是一种通过数据分析,识别评价关注点的方法

4. 客观性原则认为,内部控制的评价工作应准确揭示企业内部经营管理的风险状况,如实反映内部控制设计和运行的有效性。下列选项中,不会影响内部控制评价客观性的因素是(   )。

A. 经理层对内部控制评价认识不够,有意无意地在评价方案、评价报告等方面回避问题
B. 内部控制评价与运行不独立
C. 缺乏较为科学的手段,评价人员专业知识和业务能力不足
D. 评价人员独立性不强,下属单位管理层干涉评价的过程或结果,甚至有意制造障碍

二、多项选择题

1. 内部控制评价的程序基本包括(   )。
   A. 制定评价工作方案   B. 组织评价工作组
   C. 实施现场测试   D. 编制评价报告

2. 内部控制评价的原则是在进行评价工作时应注意的原则,与内部控制的原则不完全相同。企业对内部控制评价至少应当遵循的原则包括(   )。
   A. 重要性原则   B. 客观性原则   C. 全面性原则   D. 成本效益原则

3. 内部控制评价机构根据经批准的评价方案,挑选具备(   )的评价人员实施评价。
   A. 高学历   B. 独立性   C. 业务胜任能力 D. 职业道德素质

4. 一家企业进行内部环境评价工作,应以相关指引为依据,并结合本企业的内部控制制度,对内部环境的设计与实际运行情况进行认定和评价。下列选项中,属于内部环境评价依据的是(   )。
   A. 组织架构   B. 财务报告   C. 发展战略   D. 企业文化

5. 企业每年应对内部控制进行评价并予以披露,内部控制自我评价的方式、范围、程序和频率由企业根据(   )等自行确定。
   A. 经营业务调整   B. 经营环境变化
   C. 业务发展状况   D. 实际风险水平

6. 本木林纸业是我国一家 A 股上市集团公司,属于造纸及纸制品行业,主营业务包括机制纸、机制浆的生产和销售及木材种植、销售,下辖亦驰浆纸有限责任公司、立伟林业有限责任公司、绿息林业有限责任公司、景煦纸业有限责任公司四个全资子公司(以下分别简称亦驰、立伟、绿息、景煦)。2015 年 12 月 20 日,集团公司召开内部控制评价工作会议,确立了内部控制评价的总体原则,即评价工作应当在全面评价的基础上,关注重要业务单位、重大业务事项和高风险领域。根据材料,下列选项中属于重点关注对象的是(   )。

单位:万元

项目	集团公司(合并)	亦驰	立伟	绿息	景煦
资产总额	6 938	3 308	3 721	55.9	35.1
营业收入	109	97.4	18.8	5.1	2.3
净利润	10.3	7.8	3.1	0.8	0.3

注:湖南绿息林业有限责任公司 2013 年因偷排污水造成严重环境污染,被媒体曝光,社会影响恶劣。

A. 亦驰浆纸有限责任公司   B. 立伟林业有限责任公司
C. 绿息林业有限责任公司   D. 景煦纸业有限责任公司

7. 以下选项中,一般表明有可能存在非财务报告内部控制重大缺陷的有(   )。
   A. 把握市场机会的能力不强
   B. 管理人员或技术人员流失率达到 50%

C. 企业未制定"三重一大"决策制度、办法、程序

D. 违反国家《环境保护法》，受到环保部门的严厉处罚

8. 财务报告内部控制是指企业为合理保证财务报告及其相关信息的完整性、真实性而设计和运行的内部控制，以及用于保护资产安全的内部控制中与财务报告可靠性目标相关的控制。财务报告内部控制主要包括的程序和政策有（　　）。

　　A. 合理保证按照企业会计准则的规定编制财务报表

　　B. 保存充分、适当的记录，准确、公允地反映企业的交易和事项

　　C. 合理保证收入和支出的发生以及资产的取得、使用或处置经过适当授权

　　D. 合理保证及时防止或发现并纠正未经授权的、对财务报表有重大影响的交易和事项

9. 内部控制的评价工作应如实反映内部控制设计和运行的有效性，准确地评估经营管理的风险状况。下列选项中，可能影响内部控制评价客观性原则的因素包括（　　）。

　　A. 评价人员独立性不强，下属单位管理层干涉评价过程或结果，甚至有意制造障碍

　　B. 缺乏较为科学的手段，评价人员专业知识和业务能力不足，依靠印象等因素主观评价

　　C. 经理层对内部控制评价认识不够，有意识或无意识地在评价方案、评价报告等方面回避存在的问题

　　D. 内部控制评价与设计不独立

10. 内部控制评价工作组应与被评价单位充分沟通，了解评价单位的基本情况，其应当包含的内容有（　　）。

　　A. 内部控制工作概况　　　　　　　B. 企业文化和发展战略

　　C. 组织机构设置及职责分工　　　　D. 最近一年内部监督中发现问题的整改情况

11. 通常注册会计师会通过考虑以下因素中的（　　）来分析某项控制是否足够精确，以及时防止或发现并纠正重大错报。

　　A. 是否使用自动化控制　　　　　　B. 管理层分析的细化程度

　　C. 企业内部控制有效性的评估　　　D. 内部控制对应的重大账户及列报的性质

12. 监督经营成果的内部控制范围十分广泛，下列选项中，属于与监督经营成果相关的企业层面控制的是（　　）。

　　A. 定期更新经营预测，并与期末的实际经营结果进行对比分析

　　B. 定期编制主要经营指标并对这些指标进行审阅及分析，分析财务资料是否存在异常情况

　　C. 管理层定期将经营成果与预算进行分析核查，分析财务资料是否有异常情况

　　D. 定期对与员工报酬或晋升相关的员工业绩评价流程进行复核

13. 企业应当根据（　　），规定内部控制评价报告的内容、格式和种类，细化内部控制评价报告编制要求和程序，按规定的权限在经批准后对外报出。

　　A. 企业内部控制基本规范　　　　　B. 企业内部控制审计指引

　　C. 企业内部控制应用指引　　　　　D. 企业内部控制评价指引

14. 内部控制运行的有效性是指现有内部控制按照规定程序得到了正确执行。评价内部控制运行的有效性应当重点考虑的因素包括（　　）。

　　A. 相关控制是否合理和适当　　　　B. 相关控制在评价期内是如何运行的

　　C. 相关控制是否得到了持续一致的运行　　D. 相关控制的人员是否具备必要的权限和能力

15. 企业可授权内部审计机构或专门机构来负责内部控制评价的具体组织实施工作。内部控制评价机构必须具备的设置条件包括（　　）。

　　A. 具备与监督和评价内部控制系统相适应的专业胜任能力和职业道德素质

　　B. 能够独立行使对内部控制体系建立与运行过程及结果进行监督的权利

　　C. 能够得到企业董事会和经理层的支持，有足够的权威性来保证内部控制评价工作的顺利开展

　　D. 与企业其他职能机构就监督与评价内部控制系统方面应当保持协调一致，在工作中相互配合、相互制约，在效率、效果上满足企业对内部控制系统进行监督与评价所提出的有关要求

三、判断题

1. 所有内部控制缺陷都应由董事会最终认定。（　）
2. 注册会计师应更加关注高风险领域，而没必要测试那些即使有缺陷，也不可能导致财务报表重大错报的控制。（　）
3. 建立健全有效的内部控制，对内部控制有效性进行评价是企业董事会必须负担的责任。（　）
4. 不论会计人员的专业胜任能力如何，注册会计师都不应该聘用客观程度较低的人员。（　）
5. 在内部控制建立与实施初期，企业应更多地采用重点评价或专项评价，以提高内部控制评价的效率和效果。（　）
6. 企业应当根据《企业内部控制基本规范》及其应用指引，还有本企业的内部控制制度，围绕内部环境、风险评估、控制活动、信息与沟通、内部监督等要素来确定内部控制评价的具体内容，对内部控制设计和运行情况进行全面评价。（　）
7. 内部控制评价工作应保留工作底稿，详细记录企业进行评价工作的内容，包括评价要素、主要风险点、采取的控制措施、认定结果和有关证据资料等。（　）
8. 内部控制评价报告可分为对内报告和对外报告，对外报告一般采用定期的方式，对内报告一般采用不定期的方式。（　）

四、简答题

1. 内部控制评价有何意义？
2. 内部控制评价的原则有哪些？
3. 简要描述内部控制评价的基本程序。
4. 请简要阐述内部控制设计有效性的根本标准，并从内部控制五个目标的角度说明内部控制设计有效性的标准。
5. 财务报告内部控制缺陷的严重程度取决于哪些因素？哪些迹象可能表明企业的内部控制存在重大缺陷？
6. 企业进行内部控制评价工作时，如何对被评价单位进行现场测试？
7. 内部控制评价报告应当披露的内容有哪些？

五、案例分析题

QY股份有限公司（以下简称 QY公司）为境内外同时上市的公司，主营建筑施工。2015年7月，X会计师事务所接受委托，对QY公司本部及其子公司 2014年内部控制设计与运行进行审计，以下是审计时了解到的情况：

(1)在审计委员会领导下，由内部审计部牵头，从各子公司抽调30位精通业务、年富力强、责任心强的成员成立了内部控制评价工作组。评价工作组进驻评价现场后，从内部环境、风险评估、信息与沟通、内部监督要素入手，对内部控制设计与运行进行全面评价。评价工作组在对甲公司(QY公司控股子公司)进行评价时发现，甲公司的部分员工由于施工不慎，破坏了当地庄稼，引起村民不满，导致纠纷，甲公司已被告上法庭，目前该诉讼尚在进行中。评价工作组认为，甲公司的这些纠纷完全是管理不善造成的，并据此认定甲公司存在非财务报告重大缺陷。

内部控制评价部门在编制内部控制缺陷认定汇总表时，对内部控制缺陷及其成因、影响程度进行综合分析和全面复核后，认为上述事项属于一般缺陷，出具了评价期期末内部控制有效结论的评价报告；该报告经经理层审核、董事会审批后报出。

(2)X会计师事务所在对QY公司实施了企业层面和业务层面的测试后，发现了如下事项：

一是在审计报告方面。注册会计师完成审计工作后，取得了经企业签署的书面声明，随后编制了内部投资缺陷汇总表，在审计中共发现两个财务报告内部控制重要缺陷和三个非财务报告内部控制重要缺陷，以及数十个一般缺陷。X会计师事务所认为上述缺陷及其组合不构成重大缺陷,出具了QY公司在报告期期末内部控制整体有效的无保留意见审计报告。在提交审计报告的同时,X会计师事务所以书面形式与QY公司经理层、董事会就审计中发现的重要缺陷和一般缺陷进行了沟通。

二是在后续审计方面。鉴于X会计师事务所在审计中体现的良好职业道德和较高的专业水准,经QY公司股东大会批准,决定聘请X会计师事务所进行下一年度的财务报表审计和内部控制审计,并分别签订了业务约定书。

【要求】 根据《企业内部控制基本规范》及其配套指引,指出上述材料中哪些地方存在不当之处;存在不当之处的,请逐项指出并简要说明理由。

第二节 内部控制审计

本节要点提示

了解内部控制审计的含义;
掌握内部控制审计组织实施;
掌握内部控制审计报告的内容。

本节内容提要

企业内部控制审计是注册会计师行业开拓执业领域、拓展经济业务的新的增长点,也是促进企业深入贯彻内部控制规范的制度安排。为了规范注册会计师的内部控制审计业务,明确职业的要求和质量,注册会计师在执行内部控制审计时,除必须遵守审计指引外,还要遵守中国注册会计师的相关执业准则。本节以内部控制审计相关理论为基础,从内部控制审计组织实施和内部控制审计报告两个方面对相关内容进行了介绍。

一、内部控制审计概述

(一)内部控制审计的含义

内部控制审计是指会计师事务所受企业委托,对特定基准日企业内部控制的设计和运行的有效性进行审计。注册会计师基于基准日内部控制的有效性发表意见,并不是只关注基准日当天的内部控制,也不是只关注财务报告涵盖的整个期间的内部控制,而是要考察一个时期内企业内部控制的设计和运行状况。这里的基准日不是一个简单的时点概念,而是体现内部控制这个过程向前的延续性。注册会计师应当对财务报告内部控制的有效性发表审计意见,并在内部控制审计报告中,针对内部控制审计中注意到的非财务报告内部控制的重大缺陷,增加"非财务报告内部控制重大缺陷描述段"予以披露。注册会计师可以单独进行内部控制审计,也可以把内部控制审计和财务报表审计放在一起进行整合审计。

(二)内部控制审计与财务报告审计的联系

1. 最终目的相同

二者的最终目的都是提高财务信息质量,增强财务报告的可靠性。

2. 审计模式相同

二者都采用风险导向的审计模式,注册会计师首先实施风险评估程序,然后针对重大缺陷或错报的风险实施相应的审计程序。

3. 对内部控制有效性的定义和评价方法相同

二者都要了解和测试内部控制,都可能用到询问、检查、观察、穿行测试、重新执行等方法和程序。

4. 识别领域相同

二者识别的领域都是重点账户、重要交易类别等重点审计领域,注册会计师在内部控制审计中要评价这些账户和交易是否被内部控制覆盖,在财务报告审计中要评价这些重点账户和重要交易类别是否存在重大错报。

5. 重要性水平相同

二者的审计对象和判断标准都相同,注册会计师在内部控制审计中确定的重要性水平是为了检查财务报告内部控制是否存在重大缺陷,在财务报告审计中是为了检查财务报告中是否存在重大错报。

(三)内部控制审计与财务报告审计的区别

1. 审计目标

内部控制审计对财务报告内部控制的有效性发表审计意见,并在内部控制审计报告中,针对财务报告内部控制的重大缺陷,增加"非财务报告内部控制重大缺陷描述段"进行披露。

财务报告审计对财务报表是否符合会计准则,是否公允反映被审计单位的财务状况和经营成果发表意见。

2. 了解和测试内部控制的目的

内部控制审计了解和测试的目的是对内部控制设计和运行的有效性发表意见。

财务报告审计按照风险导向的审计模式,了解内部控制的目的是评估重大错报风险,测试内部控制的目的是进一步指明了解内部控制时得出的初步结论,而二者的最终目的都是为财务报告发表审计意见服务。

3. 测试时间

内部控制审计对特定基准日内部控制的有效性发表意见。

财务报告审计要测试内部控制在整个审计期间运行的有效性。

4. 测试范围

内部控制审计要对所有重要账户、各类交易和列报的相关认定进行了解和测试。

财务报告审计只有在以下两种情况下强制对内部控制进行测试:在评估和认定重大错报风险时,预期控制的运行是有效的,即在确定实质性程序的性质、时间安排和范围时,注册会计师拟信赖控制运行的有效性;或仅实施实质性程序并不能提供认定存在层次上的充分、适当的审计证据。在其他情况下,注册会计师可以不测试内部控制。

5. 测试样本量

内部控制审计对结论的可靠性要求高,因此测试的样本量相对较大。

财务报告审计对结论的可靠性要求取决于减少实质性程序工作量的程度,测试样本量相对较小。

6. 报告结果

内部控制审计需要对外披露,还要以正面、积极的方式对内部控制有效性发表审计意见。

财务报告审计不对外披露内部控制情况,除非内部控制影响到对财务报表发表的审计意见。审计结果通常以管理建议书的方式向管理层报告财务报告审计过程中发现的内部控制重大缺陷,但注册会计师没有义务专门实施审计程序来发现和报告内部控制重大缺陷。

注册会计师可以单独进行审计,也可以把内部控制审计和财务报告审计进行整合。在整合审计中，注册会计师在对内部控制设计与运行的有效性进行测试时，要同时实现两个目的：一是获取充分、适当的证据，支持在内部控制审计中对内部控制有效性发表的意见；二是获取充分、适当的证据，支持在财务报告审计中对控制风险的评估结果。

二、内部控制审计组织实施

注册会计师在进行内部控制审计时，采取自上而下的方法是识别风险、选择拟测试控制的基本思路，包括计划审计、实施审计和完成审计三个阶段。

(一) 计划审计

计划审计工作包括注册会计师如何评估舞弊风险、调整审计工作、应对舞弊风险、利用其他相关人员的工作、确定重要性水平和利用服务机构。注册会计师应当恰当地计划内部控制审计工作，配备具有专业胜任能力的项目组，并对助理人员进行监督和引导。

1. 调查企业的内部控制概况

在计划审计工作时，注册会计师应当评价下列事项对财务报表和内部控制是否有重要影响，以及有重要影响的事项将如何影响审计工作：(1)与企业相关的风险；(2)相关法律法规和行业概况；(3)企业组织结构、经营特点和资本结构等相关重要事项；(4)企业内部控制最近发生变化的程度；(5)与企业沟通过的内部控制缺陷；(6)重要性、风险等与确定内部控制重大缺陷相关的因素；(7)对内部控制有效性的初步判断；(8)可获取的、与内部控制有效性相关的证据的类型和范围。另外，对于企业一些与内部控制有效性及评价财务报表重大错报可能性相关的公开信息，都是注册会计师需要关注的内容。

2. 评估企业的内部控制风险

注册会计师应当在风险评估的基础上，确定重要账户、列报及其相关认定，选择拟测试的控制及确定该控制所需收集的证据。企业评估的风险包括识别与财务报告相关的经营风险和其他经营管理风险，以及针对这些风险采取的措施。注册会计师在进行内部控制风险评估时要考虑的因素包括：(1)交易数量和性质是否发生变化，是否会对特定内部控制的设计和执行产生不利影响；(2)内部控制是否已经变化；(3)特定内部控制的执行时依靠人工还是电子设备；(4)特定内部控制的复杂程度；(5)特定内部控制对其他内部控制有效性的依赖程度；(6)特定内部控制目标的实现是否依赖于多项内部控制；(7)执行或监控内部控制的关键人员是否发生变动。

3. 计划内部控制测试的性质、时间和范围

注册会计师要根据内部控制风险评估的初步结果，计划内部控制测试的性质、时间和范围。内部控制测试的性质包括了解内部控制设计、测试内部控制设计的有效性以及测试内部控制运行的有效性。内部控制测试的时间选择是注册会计师根据实际情况选择期中或期末基准日进行测试。内部控制测试的范围是指内部控制测试的样本量，内部控制重要程度越高，风险越大，选择样本量越多。

4. 利用其他相关人员的工作

在内部控制审计中，注册会计师需要利用专业能力强并且客观性强的人员的工作。注册会计师利用他人工作的程度还受到与被测试控制相关的风险的影响，与某项控制相关的风险越高，可利用他人工作的程度就越低。影响后续审计中与某项控制相关风险的因素有：(1)以前年度审计中实施程序的性质、时间和范围；(2)以前年度控制测试的结果；(3)上次审计后控制或运行流程是否变化。

(二)实施审计

企业应当根据审计计划测试内部控制设计和运行的有效性。企业层面的内部控制有效性测试内容有:(1)与内部环境相关的控制,包括治理职能和管理职能,以及治理层和管理层对内部控制及其重要性的态度、认识和措施;(2)针对管理层凌驾于控制之上的风险而设计的控制;(3)企业的风险评估过程包括识别与财务报告相关的经营风险和其他经营管理风险,以及针对这些风险采取的措施;(4)对内部信息传递和财务报告流程的控制;(5)对控制有效性的内部监督和自我评价。这些可以在企业层面上实施,也可以在业务流程层面上实施,包括对运行报告的复核和核对、与外部人士的沟通、对其他未参与控制执行人员的监控活动以及将信息系统记录数据与实物资产进行核对等。

(三)内部控制审计意见及处理

1. 评价内部控制缺陷

内部控制缺陷按照严重程度分为重大缺陷、重要缺陷和一般缺陷,按照成因分为设计缺陷和运行缺陷。重大缺陷是指财务报告内部控制中存在的、不能及时发现并纠正财务报表重大错报的、可能导致企业严重偏离控制目标的一个或多个控制缺陷的组合。重要缺陷是指财务报告内部控制中存在的、其严重程度不如重大缺陷但足以引起财务报告监督人员关注的一个或多个控制缺陷的组合。一般缺陷是指除重大缺陷和重要缺陷外的其他缺陷。设计缺陷是指控制设计不当,即便正常运行也很难实现控制目标。运行缺陷是指设计适当但没有根据设计运行,或执行人员能力不足,不能进行有效控制。注册会计师要对识别到的各项控制缺陷的严重程度进行评价,从而确定这些缺陷单独或组合在一起是否会构成重大缺陷。表明企业的内部控制可能存在重大缺陷迹象的情况有:(1)注册会计师发现董事、监事和高级管理人员舞弊;(2)企业更正已经公布的财务报表;(3)注册会计师发现当期财务报表存在重大错报,而内部控制在运行过程中并没有发现该错报;(4)企业审计委员会和内部审计机构对内部控制的监督无效。

财务报告内部控制缺陷的严重程度取决于控制缺陷导致账户余额或列报错报的可能性及因一个或多个控制缺陷的组合导致潜在错报的金额大小。控制缺陷的严重程度取决于控制缺陷是否可能导致错报,与账户余额或列报是否发生错报没有必然联系。

【例5—4】 某公司每月设计大量公司间常规交易,单项交易并不重大,主要涉及资产负债表的活动。公司制度要求逐月进行公司间对账,并在业务单元间函证余额。注册会计师了解到,目前公司没有按时开展对账工作,但公司管理层每月执行相应的程序对挑选出的大额公司间账目进行调查,并编制详细的营业费用差异分析表来评估其合理性。

【分析】 注册会计师可以确定此控制缺陷为重要缺陷。由于公司间单项交易并不重大,该控制缺陷引起的财务报表错报可以被合理地预计在重要和重大之间,这些交易限于资产负债表科目,而且每月执行的补偿性控制应该能够发现重大错报。

2. 形成审计意见

注册会计师根据财务报表审计中发现的错报、控制的测试结果以及识别到的控制缺陷,对内部控制的有效性形成意见。如果审计范围受到限制,注册会计师需要解除业务约定或出具无法表示意见的内部控制审计报告。

3. 获取管理层书面声明

注册会计师应当以书面形式与被审计单位沟通,向管理层和审计委员会通告审计过程中识别出的重大缺陷。若注册会计师认为审计委员会和内部审计机构对内部控制的监督无效,应当采取书面形式直接与董事会和经理层沟通。注册会计师需要在出具审计报告前取得管理层的书面声明。书面声明的内容包括：(1)企业董事会认可其对建立健全和有效实施内部控制负责；(2)企业已对内部控制的有效性做出自我评价，并说明评价时采用的标准以及得出的结论；(3)企业没有利用注册会计师执行的审计程序及其结果作为自我评价的基础；(4)企业已向注册会计师披露识别出的内部控制所有缺陷，并单独披露其中的重大缺陷和重要缺陷；(5)对于注册会计师在以前年度审计中识别的、已与审计委员会沟通的重大缺陷和重要缺陷，企业是否已经采取措施予以解决；(6)在企业内部控制自我评价基准日后，内部控制是否发生重大变化，或者存在对内部控制具有重要影响的其他因素；(7)导致财务报表重大错报的所有舞弊；(8)不会导致财务报表重大错报但涉及管理层和其他在内部控制中具有重要作用的员工的所有舞弊。

如果企业拒绝或回避书面声明，注册会计师需要将其视为审计范围受到限制，解除业务约定或出具无法表示意见的内部控制审计报告。

4. 出具审计报告

对于内部控制的一般缺陷，不影响内部控制的审计意见，不要求注册会计师与被审计单位沟通。注册会计师无须在审计报告中声明未发现严重程度小于重大缺陷的控制缺陷。

对于内部控制的重要缺陷，不影响内部控制的审计意见，但需要注册会计师与被审计单位沟通。注册会计师无须在审计报告中声明重要缺陷的内容。

对于内部控制的重大缺陷，影响内部控制的审计意见，注册会计师需要在审计报告中发表无保留意见外的其他审计意见。

5. 审计工作底稿

内部控制审计工作底稿是注册会计师对审计计划、审计程序、审计证据及审计结论所做的记录，内容包括：审计计划及重大修改情况、内部控制设计和运行有效性的程序和结果、对识别的控制缺陷的评价、形成的审计结论及意见等。

三、内部控制审计报告

注册会计师在完成审计工作后，应当出具审计报告，清楚表达对财务报告内部控制的意见，并对出具的审计报告负责。

（一）审计报告的基本内容

注册会计师在完成内部控制审计后，要出具审计报告，表达对财务报告内部控制的意见，并对出具的审计报告负责。标准的内部控制审计报告一般包括：(1)标题；(2)收件人；(3)引言段；(4)企业对内部控制的责任段；(5)注册会计师的责任段；(6)内部控制固有局限性的说明段；(7)财务报告内部控制审计意见段；(8)非财务报告内部控制重大缺陷描述段；(9)注册会计师的签名和盖章；(10)会计师事务所的名称、地址及盖章；(11)报告日期。

（二）审计报告的格式

根据使用者对审计报告的需求，要采用独立、书面、所需样式的报告格式编制审计报告。目前，内部控制审计报告的格式都采用书面形式。

（三）审计报告的类型

审计报告有标准无保留意见、带强调事项说明段的无保留意见、否定意见和无法表示意见四种类型。

1. 标准无保留意见的内部控制审计报告

标准无保留意见的内部控制审计报告是指注册会计师出具的内部控制审计报告中不附加说明段、强调事项段或任何修饰性用语。符合下列所有条件的,注册会计师应当对财务报告内部控制出具无保留意见的内部控制审计报告:

(1)企业按照《企业内部控制基本规范》《企业内部控制应用指引》《企业内部控制评价指引》及企业自身内部控制制度的要求,在所有重大方面保持了有效的内部控制。

(2)注册会计师已经按照《企业内部控制审计指引》的要求计划并实施审计工作,在审计过程中未受到限制。

无保留意见的内部控制审计报告参考格式如下:

内部控制审计报告

××股份有限公司全体股东:

按照《企业内部控制审计指引》及中国注册会计师执业准则的相关要求,我们审计了××股份有限公司(以下简称××公司)××××年×月×日的财务报告内部控制的有效性。

按照《企业内部控制基本规范》《企业内部控制应用指引》《企业内部控制评价指引》的规定,建立健全和有效实施内部控制,并评价其有效性是企业董事会的责任。【企业对内部控制的责任】我们的责任是在实施审计工作的基础上,对财务报告内部控制的有效性发表审计意见,并对注意到的非财务报告内部控制的重大缺陷进行披露。【注册会计师的责任】

内部控制具有固有局限性,存在不能防止和发现错报的可能性。此外,由于情况的变化可能导致内部控制变得不恰当,或对控制政策和程序遵循的程度降低,根据内部控制审计结果推测未来内部控制的有效性具有一定风险。【内部控制的固有局限性】

我们认为,××公司按照《企业内部控制基本规范》和相关规定在所有重大方面保持了有效的财务报告内部控制。【财务报告内部控制审计意见】

在内部控制审计过程中,我们注意到××公司的非财务报告内部控制存在重大缺陷。[描述该缺陷的性质及其对实现相关控制目标的影响程度]由于存在上述重大缺陷,我们提醒本报告使用者注意相关风险。需要指出的是,我们并不对××公司的非财务报告内部控制发表意见或提供保证。本段内容不影响对财务报告内部控制有效性发表的审计意见。【非财务报告内部控制的重大缺陷】

××会计师事务所	中国注册会计师:
(盖章)	×××(签名并盖章)
	中国注册会计师:
	×××(签名并盖章)
中国××市	××××年×月×日

2. 带强调事项段的非标准内部控制审计报告

带强调事项段的内部控制审计报告是指注册会计师认为财务报告内部控制虽不存在重大缺陷,但仍有一项或者多项重大事项需要在内部控制审计报告中增加强调事项段予以说明,用来提醒内部控制审计报告使用人注意。注册会计师需要在强调事项段中指明,该段内容仅用于提醒内部控制审计报告使用者关注,并不影响对财务报告内部控制发表的审计意见。

带强调事项段的内部控制审计报告参考格式如下:

内部控制审计报告

××股份有限公司全体股东：

按照《企业内部控制审计指引》及中国注册会计师执业准则的相关要求，我们审计了××股份有限公司（以下简称××公司）××××年×月×日的财务报告内部控制的有效性。

［"一、企业对内部控制的责任"至"五、非财务报告内部控制的重大缺陷"参见标准内部控制审计报告相关段落表述。］

我们提醒内部控制审计报告使用者关注……（描述强调事项的性质及其对内部控制的重大影响）本段内容不影响已对财务报告内部控制发表的审计意见。【强调事项】

××会计师事务所　　　　　　　　　中国注册会计师：×××（签名并盖章）
（盖章）　　　　　　　　　　　　　中国注册会计师：×××（签名并盖章）
中国××市　　　　　　　　　　　　　　　　　　　××××年×月×日

3. 否定意见的内部控制审计报告

否定意见的内部控制审计报告是指注册会计师认为财务报告内部控制存在一项或多项重大缺陷，除非审计范围受到限制，否则需要对财务报告内部控制发表否定意见。注册会计师出具否定意见的内部控制审计报告，还需要包括重大缺陷的定义、性质及其对财务报告内部控制的影响程度。

否定意见的内部控制审计报告参考格式如下：

内部控制审计报告

××股份有限公司全体股东：

按照《企业内部控制审计指引》及中国注册会计师执业准则的相关要求，我们审计了××股份有限公司（以下简称××公司）××××年×月×日的财务报告内部控制的有效性。

［"一、企业对内部控制的责任"至"三、内部控制的固有局限性"参见标准内部控制审计报告相关段落表述。］

重大缺陷，是指一个或多个控制缺陷的组合，可能导致企业严重偏离控制目标。

［指出注册会计师已识别出的重大缺陷，并说明重大缺陷的性质及其对财务报告内部控制的影响程度。］

有效的内部控制能够为财务报告及相关信息的真实完整提供合理保证，而上述重大缺陷使××公司内部控制失去这一功能。【导致否定意见的事项】

我们认为，由于存在上述重大缺陷及其对实现控制目标的影响，××公司未能按照《企业内部控制基本规范》和相关规定在所有重大方面保持有效的财务报告内部控制。【财务报告内部控制审计意见】

［参见标准内部控制审计报告相关段落表述。］【非财务报告内部控制的重大缺陷】

××会计师事务所　　　　　　　　　中国注册会计师：×××（签名并盖章）
（盖章）　　　　　　　　　　　　　中国注册会计师：×××（签名并盖章）
中国××市　　　　　　　　　　　　　　　　　　　××××年×月×日

4. 无法表示意见的内部控制审计报告

无法表示意见的内部控制审计报告是指当注册会计师因为审计范围受到限制而无法表示意见时,在审计报告中说明工作范围不足以为发表意见提供保证,只有实施了必要的审计程序,才能对内部控制的有效性发表意见。注册会计师审计范围受到限制的,需要解除业务约定或出具无法表示意见的内部控制审计报告,并就审计范围受到限制的情况,以书面形式与董事会沟通。

无法表示意见的内部控制审计报告参考格式如下:

<h3 style="text-align:center">内部控制审计报告</h3>

××股份有限公司全体股东:

我们接受委托,对××股份有限公司(以下简称××公司)××××年×月×日的财务报告内部控制进行审计。

[删除注册会计师的责任段,"一、企业对内部控制的责任"和"二、内部控制的固有局限性",参见标准内部控制审计报告相关段落表述。]

[描述审计范围受到限制的具体情况。]【导致无法表示意见的事项】

由于审计范围受到上述限制,我们未能实施必要的审计程序以获取发表意见所需的充分、适当证据,因此,我们无法对××公司财务报告内部控制的有效性发表意见。【财务报告内部控制审计意见】

重大缺陷,是指一个或多个控制缺陷的组合,可能导致企业严重偏离控制目标。尽管我们无法对××公司财务报告内部控制的有效性发表意见,但在我们实施的有限程序的过程中,发现了以下重大缺陷:

[指出注册会计师已识别出的重大缺陷,并说明重大缺陷的性质及其对财务报告内部控制的影响程度。]

有效的内部控制能够为财务报告及相关信息的真实完整提供合理保证,而上述重大缺陷使××公司内部控制失去这一功能。【识别的财务报告内部控制重大缺陷(如在审计范围受到限制前,执行有限程序未能识别出重大缺陷,则应删除本段)】

[参见标准内部控制审计报告相关段落表述。]【非财务报告内部控制的重大缺陷】

××会计师事务所	中国注册会计师:×××(签名并盖章)
(盖章)	中国注册会计师:×××(签名并盖章)
中国××市	××××年×月×日

加强企业内部控制审计实施是企业一项长期的、系统的工程,企业要重视内部控制审计在企业内部控制中的重要作用,按照法律法规和企业内部控制规范的要求,建立和完善内部控制审计制度,提高内部控制管理水平和风险能力,进一步促进我国经济持续健康快速发展。

关键概念

内部控制审计   财务报告审计   审计报告

本节综合案例

甲公司主营建筑施工,已在国内外上市。乙会计师事务所接受委托对甲公司及其子公司上一年度的内部控制设计及运行进行审计。注册会计师在完成审计工作后获得了企业签署的书面声明,编制了内部控制缺陷汇总表,发现了两个财务报告内部控制重要缺陷、三个非财务报告内部控制重要缺陷及几十个一般缺陷。乙会计师事务所认为上述缺陷组合不构成重大缺陷,出具了甲公司内部控制整体有效的无保留意见的审计报告。乙会计师事务所以书面形式与甲公司管理层就审计中发现的重要缺陷和一般缺陷进行了沟通,甲公司认为乙会计师事务所表现出的专业水平和职业道德都很好,经股东大会批准,决定聘请乙会计师事务所进行下一年度的财务报表审计和内部控制审计。

【思考】 上述材料中存在哪些不当之处?请说明理由。

【案例分析】

(1)乙会计师事务所认为甲公司不存在重大缺陷,出具了甲公司内部控制整体有效的无保留意见的审计报告,这一行为存在不当。企业董事会对内部控制整体有效性发表意见,注册会计师对财务报告内部控制的有效性发表意见,对内部控制审计过程中注意到的非财务报告内部控制的重大缺陷,应在内部控制审计报告中增加"非财务报告内部控制重大缺陷描述段"予以披露。

(2)在提交审计报告的同时,乙会计师事务所以书面形式与甲公司管理层就审计中发现的重要缺陷和一般缺陷进行沟通,这一行为不当。注册会计师应在出具审计报告前和企业就审计过程中识别到的所有控制缺陷进行沟通,对于重大缺陷和重要缺陷必须以书面形式与管理层沟通。

练习题

一、单项选择题

1. 企业内部控制评价中的重大缺陷应当由(　　)予以最终认定。

   A. 董事会　　　　　　B. 股东大会　　　　　C. 经理层　　　　　　D. 监事会

2. 注册会计师应当对(　　)的有效性发表审计意见。

   A. 全面内部控制　　　　　　　　　　　B. 公司层面内部控制

   C. 业务层面内部控制　　　　　　　　　D. 财务报告内部控制

3. 某公司对资金的审批权限和程序有专门的制度规定。由于具体实践的变化,之后对组织机构和岗位设置进行了调整,但并没有对制度进行相应修订,导致制度规定与实际操作并不相符。这表明公司的内部控制存在(　　)缺陷。

   A. 设计缺陷　　　　　　　　　　　　　B. 运行缺陷

   C. 制度缺陷和运行缺陷　　　　　　　　D. 既不属于设计缺陷,也不属于运行缺陷

4. 内部控制审计的对象不包括(　　)。

   A. 特定基准日财务报告内部控制设计与运行的有效性

   B. 整个期间财务报告内部控制设计与运行的有效性

   C. 被审计单位编制的内部控制评价报告

   D. 被审计单位的财务报告

二、多项选择题

1. 企业财务报告内部控制审计报告的审计意见类型包括（　　）。
   A. 无保留意见　　　B. 保留意见　　　C. 否定意见　　　D. 无法表示意见

2. 在财务报表审计与财务报告内部控制审计中，注册会计师均需评价内部控制。下列说法中正确的有（　　）。
   A. 财务报表审计中对内部控制的了解和测试工作足以支持对财务报告内部控制审计发表审计意见，不需执行额外的工作
   B. 两者评价内部控制可以选用的审计程序相同，都可能采用询问、观察、检查、重新执行等程序
   C. 两者评价内部控制的目的不同，前者是为了支持注册会计师对控制风险的评估结果，进而确定实质性程序的性质、时间安排和范围；后者是为了支持对内部控制有效性发表的意见
   D. 两者对控制缺陷的评价要求不同，后者要求比前者更严

3. 关于同一企业的内部控制审计和财务报表审计的审计意见之间的关系，下列说法中正确的有（　　）。
   A. 如果注册会计师对企业的财务报表审计出具了否定意见的财务报表审计报告，对于该企业的内部控制审计，通常应当出具否定意见的内部控制审计报告
   B. 如果注册会计师对企业的内部控制审计出具了否定意见的内部控制审计报告，对于该企业的财务报表审计，应当出具否定意见的财务报表审计报告
   C. 如果注册会计师对企业的财务报表审计出具了否定意见的财务报表审计报告，对于该企业的内部控制审计，应当出具无法表示意见的内部控制审计报告
   D. 如果注册会计师对企业的内部控制审计出具了否定意见的内部控制审计报告，对于该企业的财务报表审计，可能出具无保留意见的财务报表审计报告

4. 内部控制的审计方式有（　　）。
   A. 内部审计　　　B. 独立审计　　　C. 整合审计　　　D. 外部审计

5. 注册会计师在测试企业层面控制时，应当把握重要性原则，至少关注的内容有（　　）。
   A. 与控制环境（内部环境）相关的控制
   B. 针对董事会、经理层凌驾于控制之上的风险而设计的控制
   C. 对内部信息传递和财务报告流程的控制
   D. 对控制有效性的内部监督和自我评价

6. 标准内部控制审计报告应当包括的要素有（　　）。
   A. 标题
   B. 引言段
   C. 内部控制固有局限性的说明段
   D. 非财务报告内部控制重大缺陷描述段

三、判断题

1. 注册会计师应当对财务报告内部控制和非财务报告内部控制的有效性发表审计意见。（　　）
2. 注册会计师必须将内部控制审计与财务报告审计整合进行审计。（　　）
3. 与某项控制相关的风险越高，对相关人员工作的可利用程度就越高，注册会计师应当更少地对该项控制亲自进行测试。（　　）
4. 注册会计师在实施审计时，可以将企业层面控制与业务层面控制的测试结合进行。（　　）
5. 如果某项控制正在按照设计运行，执行人员拥有必要授权和专业胜任能力，能够实现控制目标，就表明该项控制的设计是有效的。（　　）

四、简答题

1. 什么是内部控制审计？

2. 审计报告有哪几种类型？每种类型的出具条件是什么？
3. 内部控制审计和财务报告审计在测试范围上有什么不同？
4. 注册会计师在进行内部控制风险评估时要考虑的因素有哪些？
5. 企业层面的内部控制有效性测试内容有哪些？
6. 表明企业的内部控制可能存在重大缺陷迹象有哪些？

四、案例分析题

某上市公司在年初召开了由管理层、会计师事务所代表参加的会议，对企业的内部控制审计和风险管理问题进行研究讨论。会议发言如下：

(1)企业内部控制审计属于注册会计师对内部控制整体有效性发表意见。

(2)在内部控制审计过程中，为了不影响独立性，注册会计师不得利用内部审计人员及内部控制评价人员的工作。

(3)财务报表审计的范围大于内部控制审计，如果已经进行了财务报表审计，就没有必要再进行内部控制审计。

(4)内部控制审计中，注册会计师只需与企业沟通审计过程中识别出的重大缺陷和重要缺陷。

(5)由于注册会计师是对基准日财务报告内部控制的有效性发表审计意见，所以注册会计师不应当关注基准日之后发生的事项。

(6)风险管理是针对企业经营管理过程中发生的对企业产生负面影响的事件进行管理。

【要求】 指出上述人员有关内部控制的表述存在的错误。

练习题参考答案

第一章 内部控制的基础知识

第一节 内部控制框架

一、单项选择题
1. B 2. C 3. A 4. A 5. C

二、多项选择题
1. ABCDE 2. BCD 3. ABCD 4. ABCDE

三、判断题
1. × 2. √ 3. √ 4. ×

四、简答题

1.（1）控制环境。控制环境是企业的基调、氛围，直接影响企业员工的控制意识。控制环境要素是内部控制的基础，对内部控制的运行以及企业的经营管理产生重要影响。内部控制环境具体包括员工的诚信、职业道德和工作胜任能力；管理层的经营理念和经营风格；董事会或审计委员会的监管和指导力度；企业的权责分配方法和人力资源政策等。

（2）风险评估。风险评估是识别、分析相关风险以实现既定目标，是风险管理的基础。风险评估包括风险识别与风险分析两个过程。风险识别主要是对企业面临的风险进行正确识别，包括内部风险和外部风险。风险分析则是针对企业面临的风险进行分析评价，包括风险发生概率的判断、损失程度的确定、风险控制机制的建立等方面。

（3）控制活动。控制活动是指有助于管理层决策顺利实施的政策和程序，是针对风险采取的控制措施。控制活动主要包括的内容有职责分离、授权审批、信息处理、实物控制、业绩评价等。

（4）信息与沟通。信息与沟通是指企业经营管理所需的相关信息必须被识别、获得并以一定形式及时传递给需要的人，以帮助人们行使各自的控制权和其他职能。信息包括企业内部产生的信息，还包括与企业经营决策和对外报告相关的外部信息。沟通则是指信息在企业内部各层次、各部门，以及在企业与顾客、供应商、监督者和股东等外部环境之间的流动。

（5）监督。内部控制随着时间、环境的变化而变化，曾经有效的程序可能会失效，因此需要对内部控制进行监督。监督是对内部控制系统有效性进行评估的过程，目的是保证内部控制持续有效。监督可通过两种方式进行：持续性的监督活动和独立的评估。

2. 2013年5月，科索委员会发布了修订后的《内部控制——整合框架》。新框架的变化主要有以下几个方面：(1)将非财务报告目标纳入内部控制目标；(2)将内部控制五要素的基本概念总结成原则；(3)强调董事会对内部控制的重要作用；(4)考虑了不同商业模式下的内部控制问题；(5)阐述了企业目标设定与内部控制系统的关系。

五、案例分析题

重新设计的框架为：第一部分，内部控制体系；第二部分，控制环境（公司治理、组织结构、发展战略、人力资源、社会责任、企业文化）；第三部分，风险评估；第四部分，控制活动（资金活动、采购业务、资产管理、销售业务、研究与开发、工程项目、担保业务、业务外包、财务报告、全面预算、合同管理);第五部分,信息与沟通(内部信息传递、信息系统);第六部分,监督。

第二节 我国企业内部控制规范体系

一、单项选择题
1. C 2. D 3. C 4. C

二、多项选择题
1. AB 2. ABCDE 3. AD 4. ABC

三、判断题
1. × 2. × 3. √ 4. ×

四、简答题

1.(1)合理保证企业经营管理合法合规。经营管理合法合规目标是指内部控制应当合理保证企业的经营活动在国家法律法规的允许范围内,严禁违法经营。(2)资产安全。资产安全目标是指企业为了防止资产流失,应保护资产的安全和完整。企业的各项资产是企业进行生产经营的物质保证。(3)财务报告及相关信息的真实、完整。财务报告及相关信息的真实、完整目标是指内部控制要合理保证企业提供的财务信息及其他相关信息真实、完整。(4)提高经营效率和效果。企业的最终目标是获得经济利益,这也是企业的根本目的,而企业获利与否往往取决于经营的效率和效果。(5)促进企业实现发展战略。促进企业实现发展战略是企业内部控制的最高目标和终极目标。

2.(1)内部环境。内部环境包括治理结构、机构设置、权责分配、内部审计、人力资源政策、企业文化等。(2)风险评估。风险评估是指企业对于经营过程中存在的风险进行及时识别和合理分析,并提出相应的解决策略。(3)控制活动。企业按照风险评估的结果,通过相应的控制措施,把风险控制在企业可承受范围内。(4)信息与沟通。企业要及时收集和传递内部和外部与企业内部控制有关的信息,确保与内部和外部进行及时有效的沟通。(5)内部监督。企业对内部控制制度的建立和实施进行监督和评价,发现存在的缺陷和问题及时进行修订和改正。

3. 内部环境类指引包括组织架构、发展战略、人力资源、企业文化和社会责任共5项指引,是企业实行内部控制的基础,影响着企业全体员工的内部控制意识,决定着全体员工进行控制活动、履行控制责任的态度、认识及行为。

4. 内部控制评价指引包括评价的原则和组织、评价的内容和标准、评价的程序和方法、缺陷认定和评价报告等。企业要对与实现整体内部控制目标有关的内部环境、风险评估、控制活动、信息与沟通、内部监督等内部控制要素进行系统、全面及有针对性的评价。应用信息系统要对信息系统的有效性进行评价,包括信息系统一般控制评价和应用控制评价。

5. 内部控制审计指引从以下几个方面对内部控制审计业务提出明确要求或强调说明:审计责任划分;审计范围;整合审计;利用被审计单位人员的工作;审计方法;评价控制缺陷;出具审计报告。

五、案例分析题

总经理:(1)认为内部控制可以杜绝财务欺诈、串通舞弊、违法违纪等现象发生的观点不恰当。内部控制由于其固有的局限性以及出于成本效益的考虑,只能合理保证有关目标的实现,不能完全杜绝上述现象的发生。(2)企业文化对内部控制影响较小的观点不恰当。企业文化是内部控制环境的重要组成部分,良好的企业文化可以促进内部控制机制的有效运作。

副总经理:(1)认为外部风险不是内部控制问题的观点不恰当。内部控制所称风险识别不仅包括内部风险,而且包括外部风险。(2)对可能给企业带来重要经济损失的风险事项一律予以回避的观点不恰当。除风险回避外,企业还可以选择风险承担、风险降低和风险分担等风险应对策略。

总会计师:有关子公司重大决策权限的授权批准控制不恰当。不符合内部会计控制有关规定,重大决策应实行集体决策制度,不应由总经理一人审批。

人事副总经理:(1)由集团任命的子公司总经理和总会计师直接对集团公司董事会负责的观点不恰当。

子公司总经理和总会计师应由子公司董事会任命并对其负责,接受集团公司董事会的监督。(2)只对中层以上员工进行内部控制知识培训的观点不恰当。内部控制是由全员参与的管理过程,只有全体员工都掌握了内部控制的知识和理念,才能真正促进内部控制的有效实施。

董事长:(1)以利润最大化作为内部控制的唯一目标的观点不恰当。内部控制的目标不仅包括经营目标,而且包括战略目标、报告目标、资产目标和合规目标。(2)由总会计师全权负责建立健全和有效实施集团内部控制的观点不恰当。董事长对建立健全和有效执行内部控制负总责。(3)履行内部控制监督检查职能的专门机构直接对总经理负责的观点不恰当。履行内部控制监督检查职能的专门机构应当对董事会或审计委员会负责。

第二章 管理活动内部控制

第一节 组织架构

一、单项选择题
1. C 2. A 3. B 4. B 5. D 6. A

二、多项选择题
1. ABD 2. ABCD 3. ABCD 4. BD 5. BCD 6. AC

三、判断题
1. √ 2. × 3. × 4. √ 5. √

四、简答题

1. 组织架构是指企业按照国家有关法律法规、股东(大)会决议、企业章程,结合本企业实际,明确董事会、监事会、经理层和企业内部各层级机构设置、职责权限、人员编制、工作程序和相关要求的制度安排。

2. 治理结构存在的主要风险点包括:公司治理结构形同虚设,缺乏科学决策、良性运行机制和执行力,可能导致企业经营失败,难以实现发展战略。

3. 内部机构的设计是组织架构设计的关键环节。具体要满足以下几个要求:

(1)企业应当按照科学、精简、高效、透明、制衡的原则,综合考虑企业性质、发展战略、文化理念和管理要求等因素,合理设置内部职能机构,明确各机构的职责权限,避免职能交叉、缺失或权责过于集中,形成各司其职、各负其责、相互制约、相互协调的工作机制。

(2)企业应当对各机构的职能进行科学合理的分解,确定具体岗位的名称、职责和工作要求等,明确各个岗位的权限和相互关系。尤其要体现不相容岗位相分离原则,设立内部牵制机制。

(3)企业应当制定组织结构图、业务流程图、岗(职)位说明书和权限指引等内部管理制度或相关文件,使员工了解和掌握组织架构设计及权责分配情况,正确履行职责。就内部机构设计而言,建立权限指引和授权机制非常重要的。有了权限指引,不同层级的员工就知道该如何行使并承担相应责任,并且有利于事后考核评价。"授权"表明的是,企业各项决策和业务必须由具备适当权限的人员办理,这一权限通过公司章程约定或其他适当方式授予。

4. (1)治理结构形同虚设,缺乏科学决策、良性运行的机构和执行力,可能导致企业经营失败,难以实现发展战略;(2)内部结构设计不科学,权责分配不合理,可能导致机构重叠、职能交叉或缺失、推诿扯皮,执行效率低下。

五、案例分析题

从上述案例中,可以看出关于组织框架的内部控制措施是"优化调整组织结构"。

企业应当按照科学精简、高效透明的原则,综合考虑企业性质和发展战略等要求,合理设置组织内部职能机构,明确各机构的职责权限,避免职能交叉、缺失或权责过于集中,形成各司其职、相互制约、相互协调的工作机制。

同时，企业可设置相应的权限指引和授权机制。就内部机构设计而言，建立权限指引和授权机制是非常重要的。企业应当制定组织结构图、业务流程图、岗（职）位说明书和权限指引等内部管理制度或相关文件，使员工掌握组织架构设计及权责分配情况，正确履行职责。有了权限指引，不同层级的员工就知道该如何行使并承担相应责任，有利于事后考核评价。

"授权"表明的是，企业各项决策和业务必须由具备适当权限的人员办理，这一权限通过公司章程约定或其他适当方式授予。企业内部各级员工必须获得相应的授权，才能实施决策或执行业务。该机制的执行有利于责任的归责，也有利于企业对于组织结构的管理和企业的健康发展。

第二节　发展战略

一、单项选择题

1. A　2. B　3. B　4. C　5. B

二、多项选择题

1. ABC　2. ABCD　3. ABCD　4. ABCD　5. ABC　6. ABCD

三、判断题

1. ×　2. √　3. √　4. ×　5. ×

四、简答题

1.（1）缺乏明确的发展战略或发展战略实施不到位，可能导致企业盲目发展，难以形成竞争优势，丧失发展机遇和动力。（2）发展战略过于激进，脱离企业实际能力或偏离主业，可能导致企业过度扩张，甚至经营失败。（3）发展战略因主观原因频繁变动，可能导致资源浪费，甚至危及企业的生存和持续发展。

2. 企业在制定发展目标的过程中，应当综合考虑宏观经济政策、国内外市场需求变化、技术发展趋势、行业及竞争对手状况、可利用资源水平和自身优势与劣势等影响因素。

3. 在企业管理人员中树立战略意识和战略思维，充分发挥领导人员在战略制定与战略实施过程中的带头作用；通过培训、讲座、知识竞赛等方式，把发展战略及落实情况传递到管理层级和员工层面，营造强大的舆论氛围；企业管理层要加强与员工的沟通，使员工充分了解企业的发展目标和具体举措，自觉将发展战略与具体工作结合起来，促进发展战略的有效实施。

4. 企业内部资源和外部环境是影响发展战略制定的重要因素。企业应当综合考虑各种影响因素，对所处的外部环境和拥有的内部资源进行深入系统的分析，这样才能制定科学合理的发展战略。

（1）分析外部环境。外部环境包括企业所处的宏观环境、行业环境及竞争对手、经营环境等，是决定企业发展战略的重要因素。分析外部环境时应重点关注环境的变化和发展趋势，分析其对企业战略的影响，并对其存在的机遇和风险进行评估。第一，宏观环境分析。企业的经营管理会受政治环境、经济环境、社会环境、法律环境等外部环境的影响，企业要在充分了解外部经济形势的基础上，抓住有利机遇，避免不利环境的影响。第二，行业环境及竞争对手分析。企业应当掌握行业的总体发展趋势，分析产业机构与竞争结构的发展方向和趋势，结合行业盈利水平和市场竞争的激烈程度，综合决定企业发展战略的定位、发展战略的重点和竞争优势，制定差异化竞争战略，将自身与竞争对手区别开来，建立和巩固消费市场。第三，经营环境分析。经营环境分析主要是指对顾客、市场、竞争规则等因素的分析。与宏观环境和行业环境相比，经营环境对企业的影响更迅速，带来的机遇和风险也更容易应对。

（2）分析内部资源。内部资源包括企业资源、企业能力、核心竞争力等各种有形资源和无形资源。分析内部资源时应重点关注这些资源的优势和劣势，以此判断当前企业所面对的市场形势。第一，企业资源分析。企业应清楚了解现有资源的数量和利用效率，找出自身资源的优势和劣势，并和主要竞争对手的资源状况进行比较，发展有利于促进企业核心能力和竞争优势的战略性资源。第二，企业能力分析。企业能力是企业各种有形资源和无形资源的有机结合。企业应当根据现有能力，分析当前在市场中所面临的机遇和风险，不断稳定和拓展市场。同时积极开发新产品、拓展新领域，深入挖掘企业的潜力。第三，核心竞争力分析。核心竞争力是指企业所拥有的具有明显竞争优势的资源和能力，如稀缺资源、不可替代资源、持久资源等。企业拥有的核心竞争力资源，可以使其在激烈的市场竞争中获得巨大优势。

练习题参考答案 197

5. 第一，制定发展目标。发展目标是企业发展战略的核心，是企业发展的方向，企业应当根据发展目标制定发展战略。制定发展目标的过程中应当突出主业，不断增强核心竞争力，并且发展目标不能过于激进，如果一味追逐市场潮流、盲目扩张、脱离企业实际，必将使企业经营失败。

第二，编制战略规划。确定发展目标后，应当考虑采用什么方法来实现目标，也就是编制战略规划。战略规划应当明确企业发展的阶段性和发展程度，制定每个发展阶段的具体目标和任务以及实现发展目标所需要的实施路径。

五、案例分析题

张某的发展战略过于激进，脱离企业实际能力。张某把产品定位在高端市场，放弃中低端产品，没有考虑到把品牌定位转移时发生的费用；同时，新定位收入的多少取决于市场上的供需状况，而张某的公司成立时间较短，品牌形象是中低端产品，贸然转到高端商品，消费者认可度可能较低，很可能导致销售下滑、资金链断裂。再者，业绩目标制定不合理，没有经过充分调查，也没有与各部门经理层进行有效沟通，在缺乏基础数据的情况下任意制定业绩目标，脱离了公司实际，指标的完成率和准确率都较低，失去了制定发展目标的意义。

第三节　人力资源

一、单项选择题

1. C　2. D　3. B　4. B　5. A

二、多项选择题

1. BCD　2. BC　3. ACD　4. ABCD　5. BCD　6. ABCD

三、判断题

1. √　2. √　3. ×　4. ×　5. √

四、简答题

1. 人力资源主要包括高级管理人员、专业技术人员和普通员工。高级管理人员包括决策层和执行层，决策层主要是企业董事会成员和董事长，执行层通常是指经理层。专业技术人员则掌握着企业生存与发展的核心技术和命脉。普通员工构成人力资源的主体。

2.（1）人力资源缺乏或过剩、结构不合理、开发机制不健全，可能导致企业发展战略难以实现。这一风险侧重于企业决策层和执行层的高管人员。

（2）人力资源激励约束制度不合理、关键岗位人员管理不完善，可能导致人才流失或关键技术、商业秘密和国家机密泄漏。这一风险侧重于企业的专业技术人员，特别是掌握企业发展命脉、核心技术的专业人员。掌握企业核心技术或商业秘密，甚至国家秘密的专业人才，是企业在激烈竞争中立于不败之地的关键"资本"。

（3）人力资源退出机制不当，可能导致法律诉讼或企业声誉受损。这一风险侧重于企业辞退员工、解除员工劳动合同等而引发的劳动纠纷。

3. 专业技术人员的引进，要满足企业当前实际生产经营需要，既要注重专业人才的专业素质、科研能力，同时也应注意其道德素质、协作精神以及对企业价值观和文化的认同感；专业技术人员的开发，要紧密结合企业技术攻关及新技术、新工艺和新产品开发来开展各种专题培训等继续教育，帮助专业技术人员不断补充、拓宽、深化和更新知识。同时，要建立良好的专业人才激励约束机制。

4. 高管人员的引进与开发应当处于首要位置。企业应当制定高管人员引进计划，要提交董事会审议通过后实施。董事会在审议高管人员引进计划时，应当关注高管人员的引进是否符合企业发展战略，是否有明确的岗位设定和能力要求，是否通过公平、公正、公开的方式引进。通常情况下，引进的高管人员需要对企业在行业中的发展定位有足够的认知，对企业的文化和价值观有充分的认同；具有全局性的思维，有对重大事项进行谋划、统筹的能力；必须具有解决复杂问题的能力；必须具有综合分析能力和敏锐的洞察力和奉献精神；还要坚持重才不唯学历。在高管人员的开发过程中，要注重激励与约束相结合，创造良好的干事业的环境，让他们的聪明才智充分显现，使其真正成为企业的核心领导者。

5. 人力资源的绩效考评结果应当着重于改进工作绩效、薪酬及奖金的分配、职务调整、培训与再教育、员工职业生涯规划和员工退出等方面。绩效考核要与薪酬相辅相成，要切实做到薪酬安排与员工贡献相协调，既体现效率优先又兼顾公平,也要注意发挥企业福利对企业发展的重要促进作用,既吸引企业所需要的员工、降低员工的流动率,又激励员工、提高员工士气及对企业的认可度和忠诚度。

五、案例分析题

由上述资料可以看出,A公司在人力资源方面存在严重的内部控制缺陷。人力资源结构以及对人力资源激励约束制度不合理,很可能导致企业发展战略难以实现。

人力资源结构不合理,企业决策层和执行层的高管人员并没有履行自己的职责。应对决策层和执行层高管团队实施评估考核,若发现有不胜任岗位工作的,应通过有效方式及时解决,避免企业面临崩溃或走向消亡。当然,也不完全限于高管人员,其他人员缺少或过剩、结构不合理等也可能影响企业实现发展战略。

人力资源激励约束制度不合理很有可能导致人才流失、经营效率低下或关键技术等的泄漏。就实现发展战略而言,核心专业人才的流失无疑会给企业的正常运作和长远发展带来巨大隐患,同时也会对人力资源造成巨大损失。企业应建立良好的人才激励约束机制,做到以事业、待遇、情感留人与有效的约束限制相结合。企业对于掌握或涉及产品技术、市场、管理等方面关键技术、知识产权、商业秘密或国家机密的工作岗位的员工,要按照国家有关法律法规并结合企业实际情况,加强管理,建立健全相关规章制度,防止企业的核心技术、商业秘密和国家机密泄密,给企业带来严重后果。

第四节 社会责任

一、单项选择题

1. A 2. C 3. D 4. C

二、多项选择题

1. ABC 2. BCD 3. ABCD 4. ABCD 5. ABD

三、判断题

1. × 2. √ 3. × 4. × 5. √

四、简答题

1. 企业应承担的社会责任主要包括安全生产、产品(或服务)质量、环境保护、资源节约、员工权益保护。

2. (1)企业创造财富的本质要求。企业通过创造财富,以缴纳税收、股东分红、发放工资等方式为国家、股东和员工做出了贡献,这在本质上属于履行社会责任。(2)增加企业经济效益,提升企业形象。如果一家企业把履行社会责任作为发展战略的重要部分,在切实履行社会责任的前提下实现了发展目标,那么这样的企业必然会得到社会的认可,经济效益也自然会随之增长。(3)促进企业可持续发展。履行社会责任是企业提高发展水平的重要标志。企业履行社会责任可以形成良好的企业文化,增强企业的社会影响力,有利于企业转变发展方式,形成企业发展的良性循环,实现长远发展的目标。

3. 企业保证产品质量安全的管控措施包括:第一,建立健全产品质量标准体系。企业应当根据国家有关生产安全的法律法规,结合企业自身特点,建立产品质量标准,为社会提供优质、安全、健康的产品和服务,对社会和公众负责。第二,建立严格的质量控制和检验制度。企业应当在生产销售的各个环节加强对产品质量的检验,未经检验合格或检验不合格的产品禁止从企业流入市场。第三,提高产品售后服务。售后服务是企业与消费者沟通的桥梁,企业通过优质的售后服务,使企业和消费者的联系更加密切,可以通过消费者的反馈,发现产品质量存在的问题,及时采取补救措施并不断改进,从而增强企业信誉,提高客户的忠诚度。

4. 企业环境保护与资源节约的管控措施包括:第一,转变经济发展方式,发展低碳经济和循环经济。企业应当调整产业结构,加大在环保方面的资金和技术投入,加强节能减排,降低能耗和污染物排放水平,实现清洁生产。加强对废弃物的回收和循环利用,提高资源利用效率,以最小的环境代价来换取最大的经济效益。第二,依靠技术进步和创新,开发利用可再生资源。企业应当提高自主创新能力,依靠技术进步开发可再生资源,保护不可再生资源。第三,建立健全监测考核制度,加强日常监控。企业应当建立环境保护和资源节约监测考核制度,严格落实岗位职责。强化日常的监督管理,发现问题及时解决,遇到重大环境污染事件,应立即启动应急预案并及时上报。

5. 企业重视并切实履行社会责任,既是为企业前途、命运负责,也是为社会、为国家、为人类负责。企业应当高度重视履行社会责任,积极采取措施促进社会责任的履行。

第一,建立健全社会责任运行机制。企业应当把履行社会责任融入发展战略,在生产经营的各个环节落实,逐步建立和完善企业社会责任指标统计和考核体系,将社会责任纳入管理体系框架,通过合理有效的运行机制为企业履行社会责任提供坚实的基础与保障。

第二,建立健全企业社会责任报告制度。发布企业社会责任报告可以使股东、员工、社会等各方面知道自身在承担社会责任方面所做的工作及取得的成就,使企业的管理能力提高,有助于企业更加深入透彻地审视和社会的密切关系,从而提高企业服务能力和水平,提升企业的品牌形象和价值。

第三,建立责任危机处理机制。在遇到社会责任危机时,企业应当主动向利益相关者和媒体社会说明真相,真诚认识自己的错误,认真检讨和承诺,以求公众的谅解与支持。对尚未发生但可能发生的问题主动采取补救措施。只有建立这样的危机处理机制,才能更好地得到社会的信任,从而顺利度过社会责任危机。

五、案例分析题

X公司将未达到排放标准、检验不合格的汽车投入市场,违反了产品质量的原则。企业保证产品质量安全的控制措施包括:(1)建立健全产品质量标准体系。企业应当根据国家有关生产安全的法律法规,结合企业自身特点,建立产品质量标准,为社会提供优质、安全、健康的产品和服务,对社会和公众负责。(2)建立严格的质量控制和检验制度。企业应当在生产销售的各个环节都加强对产品质量的检验,未经检验合格或检验不合格的产品禁止从企业流入市场。(3)提高产品售后服务。售后服务是企业与消费者沟通的"桥梁",企业通过优质的售后服务,使企业和消费者的联系更加密切,通过消费者的反馈,可以发现产品质量存在的问题,及时采取补救措施并不断改进,从而增强企业信誉,提高客户的忠诚度。

X公司生产的汽车尾气实际排放量高于法律规定的标准,对大气环境造成了污染。企业环境保护与资源节约的控制措施包括:(1)转变经济发展方式,发展低碳经济和循环经济。企业应当调整产业结构,加大在环保方面的资金和技术的投入,加强节能减排,降低能耗和污染物排放水平,实现清洁生产。加强对废弃物的回收率和循环利用率,提高资源利用效率,以最小的环境代价换取最大的经济效益。(2)依靠技术进步和创新,开发利用可再生资源。企业应当提高自主创新能力,依靠技术进步开发可再生资源,保护不可再生资源。(3)建立健全监测考核制度,加强日常监控。企业应当建立环境保护和资源节约监测考核制度,严格落实岗位职责。强化日常的监督管理,发现问题及时解决,遇到重大环境污染事件,应立即启动应急预案并及时上报。

第五节 企业文化

一、单项选择题

1. C　2. A　3. D　4. B　5. A

二、多项选择题

1. ABD　2. ABCD　3. BCD

三、判断题

1. √　2. ×　3. √　4. ×

四、简答题

1. 企业文化是指企业在生产经营实践中逐步形成的,为整体团队所认同并遵守的价值观、经营理念和企业精神。企业文化对于企业发展具有极其重要的作用。

2. 在良好的企业文化基础上所建立的内部控制制度必然会成为人们的行为规范,会有效解决公司的治理和会计信息失真的问题。内部控制与企业文化的有效结合,能从根本上解决企业经营中的不协调、不统一的问题,能够有效提升企业的管理水平。当然,企业的内部控制制度必须是科学合理的,企业文化必须是企业价值观和经营理念的表现,由此所实现的二者结合才能为企业的良性发展保驾护航。

3. 缺乏积极向上的企业文化,可能导致员工丧失对企业的信心和认同感,企业缺乏凝聚力和竞争力;缺乏开拓创新、团队协作及风险意识,可能导致企业发展目标难以实现,影响可持续发展;缺乏诚实守信的经营理念,可能导致舞弊事件的发生,造成企业的损失,影响企业的信誉;忽视企业间的文化差异和理念冲突,可能导致并购重组失败。

4. 企业内部控制制度的贯彻执行依赖于企业文化建设的支持和维护。企业文化影响着员工的思维和行为方式。在良好的企业文化基础上所建立的内部控制制度必然会成为员工的行为规范，会有效解决企业的治理和会计信息失真的问题。内部控制与企业文化的有效结合能从根本上解决企业经营中的不协调、不统一的问题，能够有效提升企业的管理水平。当然，企业的内部控制制度必须是科学、合理的，企业文化必须是企业价值观和经营理念的表现，由此所实现的两者结合才能为企业的良性发展保驾护航。

5. 打造优秀的企业文化是一个长期复杂的系统性工程，主要包括：(1)塑造企业核心价值观；(2)打造企业核心品牌；(3)充分体现"以人为本"的理念；(4)强化文化建设中的领导责任；(5)在并购与重组业务中注重企业文化的整合；(6)加强企业文化创新。

五、案例分析题

从该案例中可以得到关于企业文化方面的启示。

M公司通过向贫困地区赠送药品来激励公司科研人员的士气，并向员工展示了企业自身关于"保存和改善生命"的企业文化和企业价值，将企业的核心价值观和精神理念深深地印在了每一位员工的心中，形成了一股强劲有力的集体向上、向善的力量。根据塑造形成的核心价值观指导企业和员工的实际行动，让每个员工都具有强烈的使命感和责任感，有助于企业进一步实施发展战略，最终实现成功经营。

第三章 业务活动内部控制

第一节 资金活动

一、单项选择题

1. B 2. B 3. B 4. D 5. B 6. C 7. B 8. D

二、多项选择题

1. ABC 2. ABCD 3. ABCDE 4. ABCDE 5. AB

三、判断题

1. √ 2. √ 3. √ 4. ×

四、简答题

1. 资金活动内部控制的总体要求：科学决策是核心，制度建设是基础，风险控制点是重点，业务流程是关键，资金集中管理是方向。

2. 资金管理作为财务管理的重要环节，对整个集团企业的发展至关重要。一方面，通过实行资金集中管理，可以对集团下属企业的资金流入、流出进行控制，提高资金的使用效率，促进企业之间的相互沟通、交流，加强对下属单位生产经营的管理，从而有利于整个集团效益的提高。另一方面，通过资金集中管理，对下属单位资金的使用进行监督，能够保障资金的使用安全，强化集团的财务监控力度，避免资金流出现危机而导致经营风险。

3. (1)投资方案的提出与论证。该环节的主要风险是：投资方案与企业战略不符，使企业在同行业竞争中处于不利地位，另外，投资与筹资在资金数量、期限、成本与收益上不匹配，可能使企业面临财务风险。主要管控措施：企业投资活动应该以企业发展战略为导向，正确选择投资项目，合理确定投资规模，恰当权衡收益与风险。投资项目要突出主业，避免盲目投资，谨慎从事证券等高风险性投资项目。企业采用并购方式投资的，对目标公司要充分了解，注意严格控制并购过程中的风险。企业投资活动的资金需求很大程度上来源于筹资活动筹集到的资金，不同的筹资方式，可筹集资金的数量、偿还期限、筹资成本不一样，这就要求投资应与企业的筹资能力相匹配，尤其是在规模和时间上，要与筹资现金流量保持一致，以避免资金出现断裂等财务危机发生。另外，企业的投资收益要与筹资成本相匹配，确保投资收益在补偿筹资成本后实现最大化。

(2)授权审批。该环节的主要风险是：企业缺乏严密的授权审批制度，可能出现人员舞弊、投资活动不合法等问题，使企业面临内部管理风险，进而影响投资计划的实施。主要管控措施：企业应当按照职责分工、审批权限及规定的程序对投资项目进行审批,重点审查投资方案的可行性,包括是否符合国家相关法律法规的规定,是否符合企业的经营规划,收益是否能实现及风险是否可控等内容。另外,对于企业重大的投资项目,应按照规定的程序实行集体决策或联签制度,其中需要有关部门批准的,及时报请批准。

(3)投资计划执行。该环节的主要风险是:投资活动过程中由于资产保管与会计控制制度不完善,可能出现资金使用舞弊等问题。主要管控措施:企业要建立完善的投资资产保管制度和会计控制制度,加强对投资项目的会计控制,根据投资项目,合理确定会计政策,建立账簿体系,详细记录投资对象相关重要事项。企业财务部门要根据国家相关会计准则的规定,对被投资项目价值进行评估,如果发生资产减值的,应及时计提减值准备,并进行相关的会计记录。

4. 资金集中管理的方法有很多,常用的有统收统支模式、拨付备用金模式、内部银行模式、资金池模式、财务公司模式和结算中心模式等。

5. 筹资活动的主要业务流程:拟订筹资方案、筹资方案论证、筹资方案审批、筹资计划的编制与实施、筹资活动的会计系统控制。

6. 资金营运活动的主要风险点:资金平衡、预算管理、有效调度、会计控制。

五、案例分析题

J公司内部控制存在的漏洞如下:

(1)出纳员参与银行对账,提供了在编制银行存款余额调节表时擅自报销32笔支付现金业务的机会。

(2)印鉴管理失控。财务印鉴与行政印鉴合并使用并由行政人员掌管,出纳在加盖印鉴时未能得到有力的监控。

(3)未建立支票购入、使用、注销的登记制度。

(4)对账单由出纳员从银行取得,提供了伪造对账单的可能。

(5)凭证保管不善,会计已开好的7笔收汇转账单被李某隐匿,造成此收入无法记入银行存款日记账。

(6)发现问题追查不及时。在清理逾期未收汇时发现了3笔结汇收入未在银行日记账和余额调节表中反映,但由于人员较少未能对此进行专项清查。

针对以上漏洞,J公司在内部控制监督方面的补救措施有:

(1)复核银行存款余额调节表的编制是否正确,有无遗漏或收支抵销等情况。

(2)督促有关人员及时、全面、正确地进行账务处理,使收支业务尽早入账,不得压单。

(3)记账与出纳业务的职责相分离,对现金的账实情况进行日常监督和专项监督,查看库存的现金有无超出限额,有无挪用、贪污情况,保管措施如何。

(4)出纳与获取对账单的职责相分离。

(5)监督出纳移交工作的整个过程,查看移交清单是否完整,对于遗留问题应限期查明,不留"后遗症"。

第二节 采购活动

一、单项选择题

1. B 2. C 3. C 4. B 5. B

二、多项选择题

1. ABC 2. ABCD 3. ABCD 4. ABCD 5. ABCD

三、判断题

1. √ 2. × 3. × 4. × 5. √ 6. √

四、简答题

1. 没有建立采购申请与审批制度,可能出现请购审批不当或者越权审批的情形,由此会造成库存短缺或积压,导致企业生产停滞或资源浪费的情况出现。

2. 对于大宗商品的采购,应该采用招标的方式,明确招投标的范围、标准、实施程序和评估规则。其他商品的采购,应该参照市场价格变动制定参考价格。价格谈判是采购决策最关键的环节,也是最终确定供应商,进而签订采购合同的依据。

3.(1)对供应商的主体资格、履约能力、信用状况等进行风险评估,确保供应商具备履约能力。(2)根据选择的供应商、采购价格等情况,订立采购合同。合同条款要清晰、准确,明确双方的权利、义务和违约责任,按照规定权限签订采购合同。对于影响重大、专业技术要求较高或法律关系较为复杂的合同,应当组织企业的法律、技术、财会等专业人员或聘请外部专家参与合同的订立过程。(3)对重要物资验收量与合同量之间存在的差异,应当对其允许范围做出统一规定。

4. 采购人员对于每一个采购项目都应当根据需要确定进度管制点,预定采购业务进度,严密跟踪供应的详细过程,如有异常,及时反馈,需要变更的,采取必要措施立即解决。对于加工时间长或重要的物资,应当向供应商派驻代表进行监督检查,帮助发现问题,提出改进措施。掌握好本企业的商品库存量,避免企业库存短缺或挤压;同时,要做好采购供应过程的相关记录,综合采取各方面的措施,以此来保证需求物资的及时供应。

5. 企业应当对办理采购业务的人员定期进行岗位轮换;对于重要的和技术性较强的采购业务,企业应当组织相关专家进行论证;对于重要和技术性较强的采购业务,企业应当实行集体决策和审批。

6. 采购流程包括收集信息、询价、比价、议价、评估、索样、决定、请购、订购、协调与沟通、催交、进货验收、整理付款。

7. 采购业务都是从编制计划开始的,包括需求计划和采购计划。需求计划是需求部门为配合企业年度销售预测或生产数量,对所需求的物资数量及成本编制的计划。采购计划是采购部门在了解市场供求情况,熟悉企业生产经营活动和掌握物资消耗规律的基础上,对物资采购活动编制的计划。

在实际操作中,由需求部门根据生产经营的实际需要向采购部门提出物资需求的计划,采购部门根据需求计划和现有库存情况,统筹安排采购计划,经过审批后执行。

8. 企业应当建立采购业务评估制度,加强对购买与审批、验收与付款过程的控制,定期对物资需求计划、采购计划、供应商、采购价格、采购质量、合同履行情况等采购活动进行评估和分析,及时发现采购业务薄弱环节。对于供应商情况、采购价格形成机制以及采购过程中的风险等要及时披露,优化采购流程,不断防范采购风险,促进物资采购与生产、销售等环节的有效连接,全面提升采购效能。

五、案例分析题

(1)由采购部职员王某选择并确定供应商的做法不当。供应商的选择和审批是不相容职务,应当相互分离。(2)验收中如果发生异常,验收人员应在验收完毕后及时通知相关部门进行处理的做法不当。对于验收过程中出现的异常情况,验收人员应当立即向相关部门报告,由相关部门及时查明原因并进行处理。(3)会计部门根据只附供应商发票的付款凭单进行账务处理的做法不当。如果会计部门只根据付款凭单和供应商发票记录存货和应付账款而不同时核对验收单和订购单,就无法核查材料采购的真实性,可能导致存货的数量和金额记录错误。(4)出纳人员李某登记现金和银行存款日记账,并在月末编制银行存款余额调节表的做法不恰当。记录银行存款收支和编制银行存款余额调节表的工作不相容,应当相互分离。

第三节 资产管理

一、单项选择题

1. C 2. A 3. A 4. A 5. B 6. C 7. A 8. D

二、多项选择题

1. AD 2. ACD 3. ACD 4. CD

三、判断题

1. √ 2. √ 3. × 4. × 5. √ 6. √ 7. × 8. × 9. √ 10. √

四、简答题

1.(1)存货积压或短缺,可能导致流动资金占用过量、存货价值贬损或生产中断。(2)固定资产更新改造不够,使用效率低下,维护不当,产能过剩,可能导致企业缺乏竞争力、资产价值贬损、安全事故频发或资源浪费。(3)无形资产缺乏核心技术、权属不清、技术落后,存在重大技术安全隐患,可能导致企业法律纠纷、缺乏可持续发展能力。

2. 企业生产部门领用材料,需填写"领料申请单"并办理相关的审批手续,凭借经过审批的"领料申请单"

到仓库领料。仓储部门需要对"领料申请单"中载明的材料用途、领用部门、数量以及相关的审批签字信息等进行审核,审核无误后方能发料,并与领用人当面点交清楚。另外,对于大批存货、贵重商品或危险品等特殊项目的发出,还应当履行特别授权程序。

3. 企业应建立固定资产清查制度,至少每年全面清查一次,保证固定资产账实相符、及时掌握资产盈利能力和市场价值,对于固定资产清查中发现的问题,应当查明原因,追究责任,妥善处理。固定资产的清查工作需要财务部门会同资产使用部门和管理部门共同完成,在清查之前要编制清查计划,并且需要管理部门审批,定期进行清查,明确资产权属,确保实物与卡、财务账表相符。在清查结束后,清查人员需要编制清查报告,管理部门需就清查报告进行审核,确保真实性、可靠性。清查过程中发现的盘盈(盘亏),应分析原因,追究责任,妥善处理。

4. 一般生产企业的存货业务流程可分为取得、验收、仓储保管、生产加工、盘点处置等环节。不同的企业其存货业务流程也存在差异,可能会不包括上述所有环节,甚至有更多、更细的流程,也有的企业生产经营活动较为简单,其存货业务流程可能只涉及上述某几个环节。总的来说,无论是生产企业还是其他类型的企业,存货取得、验收入库、仓储保管、领用发出、盘点清查、销售处置等是其共有的环节。

5.(1)取得与验收。该环节的主要风险是:无形资产使用与验收制度不完善,未及时办理产权登记手续,造成权属关系不明确,进而导致资源浪费或者发生法律诉讼等问题。主要管控措施:根据无形资产的取得方式,对于企业外购的无形资产,必须仔细审核有关合同协议等法律文件,及时取得无形资产所有权的有效证明文件,同时特别关注外购无形资产的技术先进性;企业自行开发无形资产,应由研发部门、无形资产管理部门、使用部门共同填制无形资产移交使用验收单,移交使用部门使用;企业购入或者以支付土地出让金方式取得的土地使用权,必须取得土地使用权的有效证明文件;当无形资产权属关系发生变动时,应当按照规定及时办理权证转移手续。

(2)使用与保护。该环节的主要风险是:无形资产保护制度不完善,导致利用效率低下、商业秘密泄露、侵权等损害企业利益等问题。主要管控措施:企业应该加强对品牌、商标、专利等无形资产的管理,分类制定无形资产管理办法,促进无形资产的有效利用,充分发挥无形资产的重要作用;要建立无形资产核心技术保密制度,严格限制未经授权人员直接接触技术资料,对技术资料等无形资产的保管及接触应保有记录,实行责任追究,保证无形资产的安全与完整。

(3)技术升级与更新换代。该环节的主要风险是:无形资产的更新改造不符合企业发展战略、改造成本不经济、技术投入不足等问题,对企业的可持续发展造成不利影响。主要管控措施:企业应当定期对专利、专有技术等无形资产的先进性进行评估。发现某项无形资产给企业带来经济利益的能力受到重大不利影响时,应当考虑淘汰落后技术,同时加大研发投入,不断推动企业自主创新与技术升级,确保企业在市场经济竞争中始终处于优势地位。企业还应该重视品牌建设,加强商誉管理,通过提高质量产品和优质服务等多种方式不断打造自主品牌,提高企业的社会认可度。

(4)无形资产的处置。该环节的主要风险是:无形资产的处置审批程序不规范、处置价格不合理等造成企业的资产流失、影响企业的健康发展。主要管控措施:企业应当建立无形资产处置的相关管理制度,明确无形资产处置的范围、标准、程序和审批权限等要求。无形资产的处置应由独立于无形资产管理部门和使用部门的其他部门或人员按照规定的权限和程序办理;应当选择合理的方式确定处置价格,并报经企业授权部门或人员审批;重大的无形资产处置,应当委托具有资质的中介机构进行资产评估。

五、案例分析题

(1)授权审批控制失效。按照《企业内部控制审计指引》的规定,企业对于重大决策、重大事项、重要人事任免及大额资金支付业务等,应当按照规定的权限和程序实行集体决策审批或者连签制度。江龙控股公司的权力集中在董事长手中,导致决策失去合理性、科学性,影响企业的生产经营。

(2)筹资、投资活动缺乏战略规划尤其是财务规划。企业在进行融资、投资等大额资金活动时应当遵循企业的资金战略,结合企业资金使用现状,合理确定融资规模,避免盲目筹资。该公司采用激进的融资方式,导致筹资活动内部控制出现薄弱环节,最终导致企业出现债务危机。

(3)资金营运方面会计系统控制不到位。会计账簿等会计档案应该由专门的档案部门管理;而该公司却完全由陶寿龙夫妇控制,导致会计账簿在缺乏监管的情况下被全部烧毁。

第四节 销售业务

一、单项选择题

1. D 2. A 3. D

二、多项选择题

1. ABC 2. ABCD 3. ABCD 4. ABCD

三、判断题

1. × 2. √ 3. × 4. √ 5. √

四、简答题

1. 企业应对销售业务流程进行全面的分析和评价,健全各项销售业务管理制度,查找各环节存在的主要问题和风险,落实以风险为导向、以效益为原则的管控措施,有效控制和防范风险,从而实现销售目标。

2. 销售流程是整个企业流程的一个部分,企业从内到外的主旋律是研究开发、生产制造、物流运输、市场和销售、技术支持和服务等流程。在这个主流程外,人力资源、财务管理等是支持性的流程。

3. 因为选择资质良好、信誉度高的客户不但有利于降低企业的相关经营成本,也有利于树立企业形象、增强企业影响力。企业应当根据自身经营状况和市场情况,建立自己的客户信用评价体系,根据该体系标准对有销售意向的客户进行资信评估,从而选择出信誉程度高的客户。同时建立客户档案,积极开发新客户,这样不仅能了解现有客户情况,稳定现有客户,还有利于开发潜在的市场客户,从而促进企业持续稳定发展。

4. 因为良好的售后服务是下一次销售前最好的促销;售后服务,是名牌产品、名牌企业的素质标志;售后服务本身也是一种盈利点;售后服务可以提供决策数据,监督其他制度。

5. 企业应当根据自身经营状况和市场情况,建立自己的客户信用评价体系,根据该体系标准对有销售意向的客户进行资信评估,从而选择出信誉程度高的客户。同时建立客户档案,积极开发新客户,这样不仅能了解现有客户情况,稳定现有客户,而且有利于开发潜在的市场客户,从而促进企业持续稳定发展。

6. 订立销售合同时可能面临的风险有:合同内容存在重大疏漏或欺诈、合同的订立没有经过相关授权,导致合同内容与企业销售意愿不符,使企业利益受损。

7. (1)建立和完善客户服务制度。做好市场调查,结合客户需求和市场服务情况,从服务的方式、标准、内容等方面提高服务的质量和水平。(2)设立专门的客户服务中心,加强售后服务的管理,了解商品的售后情况。建立客户投诉制度,分析问题出现的原因并及时解决。有计划地开展客户满意度调查,根据商品的市场反馈情况,不断改进商品和服务。(3)加强商品退回的管理和控制。分析退回原因和相关责任,经审批后妥善处理。

五、案例分析题

(1)生产部经理一人控制委托加工交易的全过程,可能存在的舞弊风险有:生产部经理可能会通过控制外协加工的数量、价格,甚至通过虚假委托的方式操纵公司利润;或者利用委托价格、委托数量、退货索赔等环节的内部控制漏洞获取不正当利益,甚至在本公司生产能力允许的情况下,将生产订单对外委托,浪费本公司生产能力。

(2)公司应在以下环节进行改进:①所有委托外协事项由独立于生产部的部门和人员决定;②委托事项应报财务部门备案;③收回委托加工商品应经过独立的检验部门检验;④总经理审批前应将发票、检验单、入库单一同报财务部门审核,财务部门应将上述资料与备案的委托资料进行核对;⑤发生退货时应及时报财务部门和委托部门备案,以便及时向外协加工单位索赔。

第五节 研究与开发

一、单项选择题

1. D 2. A 3. D 4. B 5. B

二、多项选择题
1. ABC 2. AD 3. ABCD 4. ABC 5. ABCD
三、判断题
1. √ 2. √ 3. √ 4. ×
四、简答题
1. 企业应当重视研发工作,根据发展战略,结合市场开拓和技术进步要求,科学制订研发计划,强化研发全过程管理,规范研发行为,促进研发成果的转化和有效利用,不断提升企业自主创新能力。

2. 研究与开发流程主要包括立项、研发过程管理、验收、核心人员的管理、研究成果开发、研究成果保护、研发活动评估几个主要环节。

3. 因为研发计划有利于研发团队明确职责从而提高团队工作效率;有利于确定研发工作总目标,控制开发进程;有利于量化研发工作,获得关键路径,合理调配资源,反映项目状态信息;有利于规范研发项目活动,进行研发活动的约束与协调,进行问题的预警与防范。

4. 研发活动评估是指在项目验收通过一定时间后,全面系统地评估和检查项目的各个环节,评价项目的研发价值和应用效果,对项目进行客观评估和总结。这一过程不但有利于企业技术水平的不断提高,对日后新项目的开展也有着参考和借鉴意义。

5. 自主研发所面临的风险包括:(1)研发人员的配备不合理,出现研究成本过高、人员舞弊的情况,甚至导致研究失败。(2)没有对项目进行有效监督管理,导致出现成本超支、期限延误或产品质量不合格等问题。

6. 研发外包的内容:由于外包程度的不同,研发外包还可以分为委托研发和合作研发。委托研发是指企业委托具备研发资质的外部机构来进行项目的研究与开发,由委托人承担全额经费,受托人提供研究成果。合作研发是指与其他企业合作,共同进行项目的研究与开发。合作各方共同参与和出资,获得的利益共享,遇到的风险共担。

研发外包所面临的风险包括:(1)外包单位选择不当,外包单位不履行合同、泄露机密等职业道德缺失,或者与外包单位意见不合、产生冲突甚至更换单位,都会给企业造成损失。(2)合同约定不明确或合同内容存在漏洞或欺诈,产生知识产权纠纷和诉讼风险。高效的研发绩效管理,需要制定科学的核心研发人员激励体系,注重长效激励。

7. 企业应当具备产权意识,充分利用法律法规维护自己的合法权益和研究成果;同时,企业自身还应当建立完善的内部控制制度,规范知识产权的管理,加强对知识产权的保护。

五、案例分析题
A公司在研发问题上存在的风险主要有两方面:一是公司在未对整个研发计划的背景、技术方案、预计经费、完成时间、预期目标等方面做出筹划的情况下,研发团队就急于启动项目开发工作,导致研发费用超支,陷入困境;二是A公司对于自身不熟悉的领域的技术风险估计不足,导致在开发的过程中面临诸多技术难题,项目完成时间不能保障,整个项目面临失败风险。

第六节　工程项目

一、单项选择题
1. D 2. B 3. C 4. B 5. D 6. C
二、多项选择题
1. ABCD 2. ABD 3. AC 4. CD 5. AB 6. ABCD 7. ABCD
三、判断题
1. √ 2. × 3. √ 4. × 5. √ 6. × 7. √ 8. √ 9. √ 10. ×
四、简答题
1. 根据业务流程的相关性和风险管理的要求,工程项目的基本流程包括工程立项、工程设计、工程招标、工程建设、工程验收和项目评估六大环节。

2. 工程初步设计环节的主要风险是:设计单位不符合项目资质要求;初步设计未进行多方案比选;设计

深度不足,初步设计出现疏漏,导致施工组织不周密、工程质量存在隐患、运行成本过高等问题。主要管控措施:第一,企业要根据项目特点选择具有相应资质和相关经验的设计单位,可以引入竞争机制,尽量采用招标方式确定设计单位。第二,应当向设计单位提供开展设计所需的详细的基础资料,并进行有效的技术经济交流,在此基础上,形成最优的技术方案,其中,重要的技术方案需要进行技术经济分析,选择最佳方案。第三,当项目由几个单位共同设计时,要指定一个设计单位为主体设计单位,主体设计单位对建设项目设计的合理性和整体性负责。第四,建立严格的初步设计审查和授权批准程序,通过严格的复核、专家评议等制度,确保评审工作质量。

施工图设计环节的主要风险是:施工图预算脱离实际,导致项目投资失控;工程设计与后续施工未有效衔接导致技术方案未得到有效落实,影响工程质量,给企业带来经济损失。主要管控措施:第一,建立严格的概预算编制与审核制度。概预算的编制应严格执行国家、行业和地方政府有关建设和造价管理的各项规定和标准,完整、准确地反映设计内容和当时当地的价格水平。企业应当组织工程、技术、财会等部门的相关专业人员或委托具有相应资质的中介机构对编制的概算进行审核,重点审查编制依据、项目内容、工程量的计算、定额套用等是否真实、完整和准确。第二,建立严格的施工图设计管理制度和变更管理制度。重点审查施工图的设计深度是否符合要求、设计质量是否合规等方面。同时,设计单位应当提供全面、及时的现场服务,避免设计与施工相脱节的现象发生,减少设计变更的发生,对确需进行的变更,应尽量控制在设计阶段,并进行相关授权审批。因设计单位的过失造成设计变更的,应由设计单位承担相应责任。

3. 工程项目的基本流程包括工程立项、工程设计、工程招标、工程建设、工程验收和项目后评估六大内容。

4. 工程招标一般包括招标、投标、开标、评标和定标五个具体环节。

工程招标环节的主要风险:招标人肢解建设项目,致使招标项目不完整,或逃避公开招标;投标资格条件因人而设,未做到公平、合理,可能导致中标人并非最优选择;相关人员违法违纪泄露标底,存在舞弊行为。

主要管控措施:第一,建设单位应当按照《招标投标法》《工程建设施工招标投标管理办法》等相关法律法规,结合本单位实际情况,本着公开、公正、平等竞争的原则,建立健全本单位的招标投标管理制度,明确应当进行招标的工程项目范围、招标方式、招标程序,以及投标、开标、评标、定标等各环节的管理要求。第二,工程立项后,对于是否采用招标,以及招标方式、标段划分等,应由建设单位工程管理部门牵头提出方案,报经建设单位招标决策机构集体审议通过后执行。第三,建设单位确需划分标段组织招标的,应当进行科学分析和评估,提出专业意见;划分标段时,应当考虑项目的专业要求、管理要求、对工程投资的影响以及各项工作的衔接,不得违背工程施工组织设计和招标设计方案,将应当由一个承包单位完成的工程项目肢解成若干部分发包给几个承包单位。第四,招标公告的编制要公开、透明,严格根据项目特点确定投标人的资格要求,不得根据"意向中标人"的实际情况确定投标人资格要求。建设单位不具备自行招标能力的,应当委托具有相应资质的招标机构代理招标。第五,建设单位应当根据项目特点决定是否编制标底;需要编制标底的,标底的编制过程和标底应当严格保密。

5. 该环节的主要风险:施工单位对工程项目进度把握不合理,出现质量不达标、费用超支以及监管不到位,造成安全问题。

主要管控措施:第一,监理单位应当根据合同规定的工程进度计划,结合建设过程中的实际情况,对工程的进度进行监督和检查,需调整进度的,必须优先保证质量,并与建设单位、承包单位达成一致意见。第二,监理单位要按照国家相关法律法规规定的标准并结合建设单位的实际,对承包单位的建设质量、施工工艺等方面进行检查,发现工程质量不符合要求的,应当要求承包单位立即返工修改,直至符合验收标准为止。第三,工程监理单位应当按照法律、法规和工程建设强制性标准实施监理,并对建设工程安全生产承担监理责任。在实施监理过程中,发现存在安全事故隐患的,应当要求施工单位整改;情况严重的,应当要求施工单位暂时停止施工,并及时报告建设单位。

五、案例分析题

企业在招投标过程中需要注意以下几点:

(1)采用公开招标方式,择优选取具有相应资质的承包单位和监理单位。

(2)依法组织工程招标的开标、评标和定标,并接受有关部门的监督。

(3)组建评标委员会,成员包括企业代表和有关经济、技术方面的专家。

(4)评标委员会成员和参与评标的有关人员不得透露对投标文件的评审和比较、中标候选人的推荐情况以及与评标有关的其他情况。

(5)按照规定的程序和权限从中标候选人中确定中标人,及时向中标人发出中标通知书,在规定的期限内与中标人订立书面合同,明确双方的权利、义务和违约责任。

第七节 担保业务

一、单项选择题

1. B 2. A 3. D 4. A 5. C 6. B 7. D

二、多项选择题

1. ABCD 2. ABCD 3. ABC 4. ABCD

三、判断题

1. √ 2. × 3. √ 4. √

四、简答题

1. 担保业务流程主要包括受理申请、调查和评估、审批、签订担保合同、日常监控、会计控制、代为清偿和权利追索等环节。

2. 担保业务审批存在没有建立有效的担保授权审批制度,担保业务的审核和批准不够规范;由于审批规范不严,存在没有审批权、越权审批或审批过程舞弊等现象,容易使担保决策出现失误给企业造成损失等风险,所以要严格执行担保业务的审批工作。

3. 担保合同是审批机构同意办理担保业务的直观表现形式,根据对被担保企业财务和经营状况的调查,以及本企业的担保政策和担保条件,获得审批后即可与被担保企业签订担保合同。担保合同一般一式三份,一份交被担保人,一份交会计部门,一份交经办部门存查。合同签订后,经办人员还要及时登记担保业务台账。签订担保合同标志着企业的担保权利和担保责任进入法律意义上的实际履行阶段。

4. 受理申请环节的主要风险:企业制定的担保管理制度和担保政策不健全,难以初步评价和审核担保申请;或者是尽管制定了相关管理制度和担保政策,但对担保申请的审查不严,从而使担保申请的受理流于形式,并未发挥真正作用。

主要控制措施:(1)依法制定和完善本企业的担保管理制度和担保政策。受理担保事项时,要让被担保企业提供完整的资料,同时明确担保的程序、条件、限额及禁止担保的事项。(2)严格按照担保制度和担保政策审核被担保企业提出的担保申请。如果被担保企业是本企业的子公司或存在控制关系,或者与本企业有密切的业务往来或潜在重要业务关系,都可以考虑提供担保;如果担保申请企业财务状况良好、经济实力较强、信用程度较高,可以考虑接受申请;如果担保申请人准备的申请资料齐全,内容真实、有效,也可以考虑受理申请。

5. 企业在调查评估环节应当关注下列风险:对担保申请人的资信调查不够深入、彻底,对担保风险的评估不够系统、科学,导致企业在进行担保决策时出现失误或受到欺骗,给担保企业留下了很大的风险隐患。

6.(1)企业应当设定专门岗位,对被担保人的财务状况与经营状况进行定期监测,监督项目的执行、资金的使用、资金归还日期等情况,保证担保合同能有效执行。

(2)对于被担保人在担保期间出现的财务困难、负债严重或违反合同等异常情况,企业监测人员要及时汇报给管理人员,以便管理人员及时采取相关举措、处理相应问题。

五、案例分析题

为有效防范担保业务风险,维护企业自身利益,甲公司应采取的内控措施主要有:

(1)指定相关部门负责办理担保业务,对担保申请人进行资信调查和风险评估,评估结果应出具书面报告。也可委托中介机构对担保业务进行资信调查和风险评估工作。

(2)建立担保授权和审批制度,规定担保业务的授权批准方式、权限、程序、责任和相关控制措施,在授权范围内进行审批,不得超越权限审批。甲公司为关联方提供担保的,与关联方存在经济利益或近亲属关系的有关人员在评估与审批环节应当回避。

(3)根据审核批准的担保业务订立担保合同。担保合同应明确被担保人的权利、义务、违约责任等相关内容,并要求被担保人定期提供财务报告与有关资料,及时通报担保事项的实施情况。

(4)担保经办部门加强担保合同的日常管理,定期监测被担保人的经营情况和财务状况,对被担保人进行跟踪和监督,了解担保项目的执行、资金的使用、贷款的归还、财务运行及风险等情况,确保担保合同有效履行。

(5)加强对担保业务的会计系统控制,及时足额收取担保费用,建立担保事项台账,详细记录担保对象、金额、期限、用于抵押和质押的物品或权利以及其他有关事项。

(6)建立担保业务责任追究制度,对在担保中出现重大决策失误、未履行集体审批程序或不按规定管理担保业务的部门及人员,应当严格追究相应的责任。

第八节 业务外包

一、单项选择题

1. B 2. D 3. B 4. A

二、多项选择题

1. ABC 2. BC 3. BCD 4. ABC

三、判断题

1. × 2. × 3. √ 4. √ 5. √

四、简答题

1. 业务外包的基本流程包括制定业务外包实施方案、方案审批、选择承包商、签订业务外包合同、业务外包的实施与监控、验收等环节。

2. (1)外包范围和价格确定不合理,承包方选择不当,可能导致企业受损;(2)业务外包监控不严、服务质量低劣,可能导致企业难以发挥业务外包的优势;(3)业务外包存在商业贿赂等舞弊行为,可能导致企业相关人员涉案。

3. (1)充分调查候选承包方的合法性,即是否为依法成立、合法经营的专业服务机构或经济组织,是否具有相应的经营范围和固定的办公场所。(2)调查候选承包方的专业资质、技术实力及其从业人员的职业履历和专业技能。(3)考察候选承包方从事类似项目的成功案例、业界评价和口碑。(4)综合考虑企业内外部因素,对业务外包的人工成本、营销成本、业务收入、人力资源等指标进行测算分析,合理确定外包价格,严格控制业务外包成本。(5)引入竞争机制,按照有关法律法规,遵循公开、公平、公正的原则,采用公开招标等适当方式,择优选取承包方。(6)按照规定的程序和权限从候选承包方中择优做出选择,并建立严格的回避制度和监督处罚制度,避免相关人员在选择承包方过程中出现受贿和舞弊行为。

五、案例分析题

宝洁公司将人力资源服务进行了外包。通过外包,宝洁公司成功实现了业务转型,集中精力专注于产品的配送和公司资源的重组上,把更充足的资源放在开发核心业务上。IBM专业的外包服务使宝洁公司通过流程改造、技术集成和最佳实践来改进服务和减少人力资源成本,为高层管理人员提供统一、精确和标准化的实时员工报告,进一步改善决策质量;此外,还能够以更加实时、灵活和随需应变的方式提供各种员工服务。

第九节 财务报告

一、单项选择题

1. D 2. A 3. D 4. D 5. B 6. B 7. A 8. C 9. C

二、多项选择题

1. ABCD 2. ABCD 3. AB 4. ACD 5. ABC

三、判断题

1. √   2. ×   3. √

四、简答题

1. (1)合法性。企业编制和对外提供财务会计报告应符合有关法律法规的规定。

(2)真实性。企业的财务会计报告应如实地反映企业的生产经营情况及其成果,提供经济事实,而不应该弄虚作假,勾抹粉饰。使财务会计报告真实地反映企业的财务状况、经营成果和现金流量。

(3)完整性。企业财务会计报告必须完整地反映企业的生产经营情况及其成果,不能残缺不全,更不能故意隐瞒、遗漏。

2. 财务报告内部控制流程主要包括:制定财务报告编制方案;确定重大事项的会计处理;查实资产债务;结账;编制个别财务报告;编制合并财务报告;财务报告对外提供和财务报告分析利用;等等。

3. 企业负责人要对财务报告的真实性和完整性负责,因此制定财务报告的编制方案时应严格按照法律法规规定,明确编制流程和编制责任,保证财务报告的真实性和有效性。

4. 财务报告对外提供环节的主要风险点是:对外提供财务报告的编制基础、编制依据、编制原则和编制方法不一致,影响外界对企业的经济判断和经济决策;没有及时对外报送财务报告违反法律法规规定;财务报告在对外提供前泄露,导致内幕交易等,给投资者或企业造成损失。主要管控措施:第一,企业应当严格遵循财务报告审批程序,由各级负责人逐层把关,确保提供给外部的财务报告的编制基础、编制依据、编制原则和方法完全一致。第二,企业应当按照会计准则对报送时间的要求及时对外报送财务报告,对不能按时完成的人员进行相应处罚。第三,企业应当设置严格的保密制度,对财务报告的相关人员进行权限设置,并对财务报告信息的访问情况进行记录,以便查找泄密责任人。

5. 个别财务报告的主要风险是:提供虚假财务报告,误导财务报告使用者,造成决策失误,干扰市场秩序;报表数据不完整、不准确;报表种类不完整;附注内容不完整等。而合并财务报告的主要风险是:合并范围不完整;合并内部交易和事项不完整;合并抵销分录不准确。

6. 企业编制年度财务报告前,在日常定期核对信息的基础上,完成了对账、调账、差错更正等业务后,才能进行结账业务的处理。企业的结账工作必须在会计期末编制报表前进行,不能预先编制财务报表而后结账,更不能为了赶编财务报表而提前结账。

7. 财务报告能综合反映企业的经营状况,财务报表的编制是会计信息准确性的重要保证,也是企业控制风险的重要依据。企业编制财务报告时,应当按照登记完整、核对无误的会计记录和其他有关资料,根据国家会计准则规定的财务报告格式和内容对资产负债表、利润表、现金流量表等报表进行编制,保证报表的内容和金额真实、完整。

8. 主要风险:财务报告对外提供前未进行审计或审计机构不符合法律法规的规定,审计机构与企业串通舞弊。

应对措施:(1)企业应当按照法律法规的规定,选择具备相应资质的会计师事务所对财务报告进行审计,并将出具的审计报告随财务报告一起对外提供。(2)企业不能干预审计人员的独立性,应认真听取审计意见并及时落实。

五、案例分析题

"莲花味精"在编制财务报告的过程中存在多处风险,包括年报中相关公司名称披露错误,销售费用和预付账款的会计处理不符合会计准则,虚增利润等,违反了法律法规。"莲花味精"在编制财务报表的过程中要注意以下几点:

(1)企业财务报告列示的资产、负债、所有者权益金额应当真实、可靠。资产计价方法不得随意变更,如有减值,应当合理计提减值准备,不能虚增或虚减资产;不能提前、推迟或不确认负债,从而虚增或虚减负债;做好所有者权益的保值增值工作,不能虚假出资、抽逃出资,导致资本不实。

(2)企业财务报告应当如实列示当期收入、费用和利润。收入的确认应当符合规定标准,不能虚列或者隐瞒收入,更不能推迟或提前确认收入;不能随意改变成本费用的确认标准或计量方法,虚列或少列成本费用;不能随意调整利润的计算和分配方法,编造虚假利润。

(3)按照国家统一的会计准则和制度编制附注。对报表中反映企业财务状况、经营成果和现金流量的相关事项做出真实、完整的说明。

(4)进行财务报告的校验和审核,包括财务报告内项目的对应关系审核、报表前后勾稽关系审核、期初数的核对、期末数与试算平衡表和工作底稿的核对等。

第十节 全面预算

一、单项选择题

1. A 2. A 3. B 4. C 5. C

二、多项选择题

1. ABCD 2. ABCD 3. BCD 4. BCD 5. BCD 6. ACD 7. ABCD

三、判断题

1. √ 2. √ 3. × 4. × 5. √ 6. √ 7. × 8. √ 9. × 10. √ 11. √

四、简答题

1.(1)预算调整应当符合企业发展战略、年度经营目标和现实状况,重点放在预算执行中出现的重要的、非正常的、不符合常规的关键性差异方面;(2)预算调整方案应当客观、合理、可行,在经济上能够实现最优化;(3)预算调整应当谨慎,调整频率应予以严格控制,年度调整次数应尽量少。

2.(1)预算编制全面性控制;(2)预算编制依据和基础控制;(3)预算编制程序控制;(4)预算编制方法控制;(5)预算目标及指标体系设计控制;(6)预算编制时间控制。

3.(1)预算考核要以各责任中心承担的预算指标为主,同时本着相关性原则,增加一些全局性的预算指标和相关责任中心的预算指标;(2)考核指标应以定量指标为主,同时根据实际情况辅之以适当的定性指标;(3)考核指标应当具有可控性、可达到性和明晰性。

4. 预算分析环节的主要风险点是:预算分析不够科学合理,可能导致预算考评不客观、不公平,导致预算差异未能及时解决,削弱预算执行控制的效果。主要管控措施:企业应当定期召开预算执行分析会议,根据预算执行过程中遇到的问题,提出解决措施。加强对预算分析流程和方法的控制,确保预算分析结果准确、合理。同时,企业应当采取恰当措施处理预算执行偏差。企业应针对造成预算差异的不同原因采取不同的处理措施;因内部执行导致的预算差异,应分清责任归属,与预算考评和奖惩挂钩,并将责任单位或责任人的改进措施的实际执行效果纳入业绩考核;因外部环境变化导致的预算差异,应分析该变化是否长期影响企业发展战略的实施,并作为下期预算编制的影响因素。

五、案例分析题

该公司首先明确了全面预算的范围,以财务为中心,在二级单位年度生产计划和成本费用预算的基础上编制预算,保证了预算的综合性;在预算执行环节上进行了较好的控制,通过内部结算中心对资金流动进行全过程监控,对公司资金进行集中管理,统一平衡调度,加强资金收付业务的预算控制,严格控制资金的收入和支出,防范支付风险;同时,严格把控对外付款审批权限,明确责任的归属,加强了资金业务的审批控制,及时制止不符合预算目标的经济行为。

第十一节 合同管理

一、单项选择题

1. B 2. C 3. B 4. C

二、多项选择题

1. ABC 2. ABD 3. ABCD 4. AB 5. ABC

三、判断题

1. √ 2. × 3. √

四、简答题

1. 合同管理流程：合同调查→合同谈判→拟订合同文本→合同审核→合同签署→合同履行→合同结算→合同登记。

2.（1）审查对方当事人的相关证明原件，验证其真实性和合法性，查明授权代理人的权限范围，在充分掌握相关证据的基础上评价是否具备主体资格。（2）获取对方当事人审计后的财务报告及其他相关财务信息，分析其盈利能力、营运能力和偿债能力。（3）进行现场调查，实地了解其生产能力、技术水平、产品质量等情况，并与对方当事人的供应商、客户、开户银行、主管税务机关等部门进行沟通，了解其生产经营状况和履约情况，评估其财务状况和资信水平，并建立对方的商业信用档案，在合同履行的过程中持续关注其资信情况。

3.（1）企业应当认真研究合同条款和细节，尤其是合同中存在的重大问题，如合同标的物的数量、质量、价格、履约期限、合同变更或解除条件等，如果条款内容不符合企业发展目标或可能给企业带来重大损失，在谈判时坚决不予以让步。（2）企业应当研究国家相关法律法规、行业政策、同类产品价格等与谈判相关的信息，同时收集谈判对手资料，充分了解对手的谈判方式，从而制定出正确的谈判策略。对于专业性较强或法律关系复杂、影响重大的合同，企业应当指定技术、法律、财会等专业人员参加谈判，必要时聘请外部专家参与相关工作。（3）加强保密工作，严格实行责任追究。对谈判过程中的重要事项和相关谈判人员的主要意见进行记录和保存，一旦发现合同舞弊，可以此为依据追究相关人员的责任。

4.（1）审核人员应当对合同文本的合法性和严密性进行审核，重点关注合同的主体、内容和形式是否合法，合同内容是否符合企业的经济利益，对方当事人是否具有履约能力，双方的权利、义务和违约责任是否明确等。

（2）实行联合审核制度，对法律关系复杂或影响重大的合同文本，组织法律部门、财务部门、审计部门及其他相关部门进行联合审核并出具书面意见。

5. 合同调查是订立合同的准备阶段，是合同管理的首要步骤，也是至关重要的一步。企业订立合同前应当进行合同调查，对合同订立方的企业性质、主体资格、经营状况、信用状况等进行充分的调查和了解，确保合同订立方具备履约能力，避免在签订合同时因为信息不对称而遇到风险或损失。

6. 企业经审核同意签订的合同，应当与对方当事人正式签署并加盖企业合同专用章。正式订立的合同应当采用书面形式，如果有紧急情况或限制条件不能及时签订书面合同的，应当在事后进行相关手续的补签。合同订立后，合同协议的正本交由相关业务管理部门负责保管和履行，合同协议副本及相关审核材料交由档案管理部门整理归档。同时，企业应当做好合同的保密工作，防止合同中涉及的商业机密外泄。

7. 合同结算环节的主要风险是：违反合同约定，没有按照合同的相关规定付款；没有及时收到期欠款；没有合同根据就盲目付款。主要管控措施：第一，财务部门应当在审核合同内容后办理结算业务，按照合同约定付款，并及时催收到期欠款；第二，对于没有履行合同条款或应签订但未签订书面合同的情况，财务部门有权不予付款，并及时向上级汇报。

五、案例分析题

（1）B公司对签订合同的授权管理不当，没有在授权委托书上注明委托时限，也没有在开除张某后及时收回授权委托书，使张某有机可乘，利用这一漏洞骗取供应商货品，给公司造成了损失。（2）B公司未能有效执行合同专用章的管理制度，合同未经审批，也没有法定代表人签字就直接在空白合同上盖了合同专用章。

第四章 信息活动内部控制

第一节 内部信息传递

一、单项选择题

1. B　2. D　3. D　4. D　5. B　6. C

二、多项选择题

1. ABCD　2. ABC　3. BCD　4. ABCD

三、判断题

1. × 2. × 3. √ 4. √ 5. √

四、简答题

1. 企业各职能部门将搜集的有关资料进行筛选、抽取,然后根据各管理层级对内部报告的需求和先前制定的内部报告指标提取有效数据并进行汇总、分析,形成结论,提出建议,编制提交报告。编制完成的内部报告要经过有关部门和人员的审核,只有经过审核的内部报告才能传递。

在编制及审核内部报告的过程中,主要风险点可细分为以下三个方面:第一,内部报告内容不完整或难以理解;第二,内部报告编制不及时;第三,未经审核即向有关部门传递。

可采取的控制措施:第一,及时取得指标计量信息,获取符合分析模型要求的信息,确保报告信息的完整性。增强人员出具内部报告的能力,使报告的可理解性更强。第二,提高工作人员的信息敏感性以及工作能力,确保内部信息报告编制及时有效。第三,建立独立于报告编制岗位的报告审核岗位,严格审核报告,确保报告的高质量。

2. 内部报告又称内部管理报告,是企业在管理控制系统中为企业内部各级管理层以定期或者非定期的形式记录和反映企业内部管理信息的各种图表和文字资料的总称。这是企业最为重要的、最普遍的信息传递形式。

内部报告在企业内部控制中起着非常重要的作用:一方面,内部报告可以为管理层提供更多的企业生产、经营和管理信息,为管理层合理、有效地制定各种决策提供支持和服务;另一方面,内部报告还可以反映检查和反馈管理层决策的执行情况,帮助管理层监控和纠正政策执行中出现的错误。

3. 内部信息传递内部控制设计是一个复杂的系统工程,基本流程包括设计准备、设计实施、试行及完善等。根据设计操作需要,在基本流程的基础上,还要有多层次具体的流程,每个具体流程中需明确工作内容、方法、步骤以及相应的表单等,要突出内部信息传递内部控制设计的特色。

4. 内部报告评估环节的主要风险点是:企业缺乏完善的内部报告评价体系,对各信息传递环节和传递方式控制不严;缺乏相应的惩戒机制。主要管控措施:建立并完善企业对内部报告的评估制度,定期对内部报告进行全面评估,考核内部报告在企业生产经营活动中的有效性和经济价值;根据评估结果对内部报告体系和传递机制进行及时调整;实行执行奖惩机制,并与绩效考核体系挂钩,落实责任追究制度,确保信息传递及时、准确。

五、案例分析题

金家岭煤矿在内部信息传递和沟通方面存在不合理的地方:(1)物探员王某在发现探测数据异常后没有和技术人员商量,而是草率地填写处理意见,这违反了内部报告传递程序。企业应当制定规范的内部报告传递制度,根据信息的类型、重要程度等特征确定不同的流转环节,严格按照设定的传递流程流转。(2)部长、工程师没有进行分析,做出"可以掘进"的水害预报,地质技术员监理代表也没有建议停工,这反映出内部报告未得到正确、有效的利用。企业各级管理人员应当充分利用内部报告进行有效决策,做出风险评估,准确识别和分析企业生产经营中的风险,确定风险应对策略,实现对风险的有效控制。此外,企业内部各管理层级均应指定专人负责内部报告工作,重要信息应及时上报,并可以直接报告高级管理人员。企业应当建立内部报告审核制度,确保内部报告信息质量。

第二节　信息系统

一、单项选择题

1. D 2. A 3. C 4. C 5. D 6. A

二、多项选择题

1. ACD 2. ABCD 3. ABC 4. CD 5. BD 6. ABCD 7. ABCD 8. AB

三、判断题

1. √ 2. √ 3. √ 4. × 5. √ 6. × 7. √

四、简答题

1. 信息系统的开发建设方式主要有自行开发、外购调试、业务外包三种。自行开发的方式一般适用于企业本身技术力量雄厚,并且市场上没有合适的、能够满足企业需求的软件和解决方案。外购调试的方式一般适用于企业的特殊需求较少,市场上已经有成熟的商品化软件和实施方案。业务外包的方式一般适用于企业本身技术力量薄弱或为了节约成本不愿维持庞大的开发队伍,并且市场上没有合适的、能够满足企业需求的软件和解决方案。

2. 系统设计环节的主要风险:(1)设计方案不能满足用户需求,无法实现需求文档的既定目标;(2)设计方案不能有效控制开发成本,无法保证开发进度和质量;(3)设计方案不全面,后续变更频繁;(4)设计方案没有考虑对内部控制的影响,系统完成后出现新的风险。

3. 日常运行维护主要是为了保证系统的正常运作,包括系统的日常操作、巡检和维修、监控、异常事件的报告和处理等。

主要控制措施:(1)制定信息系统管理制度及操作规范,切实做好系统运行记录和备份,及时发现和处理系统运行中出现的问题,确保信息系统持续平稳地运行。(2)重视系统运行的日常维护和例行检查,维护工作和检查工作都由专人负责。(3)将系统运行中的突发事件交由专业人员处理,必要时与系统开发人员或供应商一起协商解决。

4. 信息系统的开发建设方式主要有自行开发、外购调试、业务外包三种,每种开发方式有各自的优缺点和适用条件,企业应根据自身情况合理选择。

自行开发的方式一般适用于企业本身技术力量雄厚,并且市场上没有合适的、能够满足企业需求的软件和解决方案。

外购调试的方式一般适用于企业的特殊需求较少,市场上已经有成熟的商品化软件和实施方案。

业务外包的方式一般适用于企业本身技术力量薄弱,或企业为了节约成本不愿维持庞大的开发队伍,并且市场上没有合适的、能够满足企业需求的软件和解决方案。

5. 安全管理的主要风险是:第一,硬件设备种类繁多且分布广泛,安全管理的难度较大,导致设备的生命周期缩短;第二,企业缺乏信息安全意识,对信息安全没有进行有效的监管;第三,对系统程序的安全防护不到位,系统存在病毒或漏洞,容易受到恶意攻击,致使信息泄露;第四,没有对系统操作人员的有效监督,可能出现舞弊甚至犯罪行为。

主要管控措施:第一,建立健全信息系统的设备管理制度,建立专门的电子设备管控机制,保证电子设备的安全。第二,建立信息系统安全保密制度,对重要岗位员工进行信息系统安全保密培训。成立专门管理信息系统的安全机构,由信息主管部门负责具体实施,对信息安全做出全面严格的管理。第三,按照国家法律法规及安全标准,制定信息系统安全管理细则。建立不同等级信息的授权使用制度,采取技术手段对信息系统进行严格控制,保证信息系统有效运行。第四,加强网络的安全防护,综合运用技术手段提高网络安全,防止信息系统受到感染和破坏,确保信息传递完整、准确。第五,建立信息系统开发、运行和维护等岗位不相容分离制度,防止发生计算机舞弊和犯罪行为。第六,定期对信息系统进行安全评估,及时发现和解决系统安全问题。

五、案例分析题

三泰集团信息系统内部控制的风险点包括:(1)在战略规划阶段,缺乏战略规划或者规划不合理,可能导致形成信息的不完整、重复建设、资源浪费。(2)在信息系统开发阶段,系统开发不符合内部控制要求,授权管理不当,可能导致无法利用信息技术实施有效控制。(3)在信息系统运行与维护阶段,系统运行、维护和安全措施不到位,可能导致信息泄露或毁损,系统无法正常运行。

相应的控制措施主要有:(1)根据企业每年的经营计划制定年度信息系统建设规划,保持经营管理活动与信息系统的一致性;战略规划要与企业的组织架构、业务范围、技术能力等条件相适应,避免相互脱节;信息系统战略规划、重要信息系统政策等重大事项应当经由管理层审批通过后方可实施。(2)明确系统开发和变更过程的不相容岗位和职责,开发或变更、立项、审批、编程、测试环节要分离;系统访问过程申请、审批、操作、监控不相容岗位和职责要分离。(3)成立专门的信息系统安全管理机构,并制定信息系统安全实施细则来规范信息的使用和管理。

第五章　内部控制评价与审计

第一节　内部控制评价

一、单项选择题
1. A　2. D　3. A　4. B　5. C

二、多项选择题
1. ABCD　2. ABC　3. ACD　4. ACD　5. ABCD　6. ABC　7. BCD　8. ABCD　9. ABCD　10. ABCD　11. BD　12. ABC　13. ACD　14. BCD　15. ABCD

三、判断题
1. ×　2. ×　3. √　4. √　5. ×　6. √　7. √　8. √

四、简答题
1. 第一，有助于企业自我完善内控体系；
第二，有助于提升企业市场形象和公众认可度；
第三，有助于实现与政府监管的协调互动。

2. (1)全面性原则，强调的是内部控制评价的涵盖范围应当全面，具体来说，是指内部控制评价工作应当包括内部控制的设计与运行，涵盖企业及其所属单位的各种业务和事项。

(2)重要性原则，强调内部控制评价应当在全面性的基础之上，着眼于风险，突出重点，具体来说，主要体现在制定和实施评价工作方案、分配评价资源的过程之中。

(3)客观性原则，强调内部控制评价工作应当准确地揭示经营管理的风险状况，如实反映内部控制设计和运行的有效性。

3. 内部控制评价程序一般包括制定评价工作方案、组成评价工作组、实施现场检查测试、汇总评价结果、编报评价报告等。具体包括以下内容：

(1)制定评价工作方案。内部控制评价机构应当根据企业内部监督情况和管理要求，分析企业经营管理过程中的高风险领域和重要业务事项，确定检查评价方法，制定科学合理的评价工作方案，经董事会批准后实施。

(2)组成评价工作组。内部控制评价部门或机构在评价方案获得批准后，需要组建评价工作组，具体承担内部控制检查评价任务。

(3)实施现场检查测试。评价工作组需要通过了解公司基本情况、主要业务流程及可能存在风险，确定检查评价的范围和重点，开展测试内部控制运行的有效性工作。

(4)汇总评价结果。评价工作组汇总评价人员的工作底稿，记录评价所实施的程序和有关结果。

(5)编制评价报告。内部控制评价机构汇总各评价工作组的评价结果，对工作组现场初步认定的内部控制缺陷进行全面复核、分类汇总，对内部控制缺陷的成因、表现形式及影响程度进行综合分析，提出认定意见。

(6)报告反馈与追踪。对于认定的内部控制缺陷，内部控制评价机构应当结合董事会和审计委员会的要求，提出整改建议，要求责任单位及时整改，并跟踪其整改落实情况；已经造成损失的，应追究相关人员责任。

4. 设计有效性的判断标准是所设计的内部控制是否能为内部控制目标的实现提供合理保证。具体如下：(1)对于财务报告目标而言，所设计的相关内部控制是否能够防止或发现并纠正财务报告的重大错报；(2)对于合规目标而言，所设计的相关内部控制是否能够合理保证遵循适用的法律法规；(3)对于资产安全目标而言，所设计的内部控制是否能够合理保证资产的安全、完整，防止资产流失；(4)对于战略、经营目标而言，由于其实现还受许多不可控因素（尤其是外部因素）的影响，因此，判断相关内部控制的设计是否有效的标准是，所涉及的内部控制是否能够合理保证董事会和经理层及时了解这些目标的合理性和实现程度，从而调整目标和改进控制措施。

5.财务报告内部控制缺陷的严重程度取决于:(1)控制缺陷导致账户余额或列报错误的可能性;(2)因一个或多个控制缺陷的组合导致潜在错报的金额大小。

下列迹象可能表明企业的内部控制存在重大缺陷:(1)注册会计师发现董事、监事和高级管理人员舞弊;(2)企业更正已经公布的财务报表;(3)注册会计师发现当期财务报表存在重大错报,而内部控制在运行过程中未能发现该错报;(4)企业审计委员会和内部审计机构对内部控制的监督无效。

6.内部控制评价工作组应当对被评价单位进行现场测试,综合运用个别访谈、调查问卷、专题讨论、穿行测试、实地查验、抽样和比较分析等方法,充分收集被评价单位内部控制设计和运行是否有效的证据,按照评价的具体内容,如实填写评价工作底稿,研究分析内部控制缺陷。

7.(1)董事会对内部控制报告真实性的声明;(2)内部控制评价工作的总体情况;(3)内部控制评价的依据;(4)内部控制评价的范围;(5)内部控制评价的程序和方法;(6)内部控制缺陷及其认定情况;(7)内部控制缺陷的整改情况及重大缺陷拟采取的整改措施;(8)内部控制有效性的结论。

五、案例分析题

(1)在评价内容上,"从内部环境、风险评估、信息与沟通、内部监督要素入手,对内部控制设计与运行进行全面评价"不当。

理由:内部控制评价应包括内部环境、风险评估、信息与沟通、内部监督、控制活动五要素。控制活动本身也是评价的内容。

(2)甲公司与村民发生纠纷并被起诉,评价工作组据此认定甲公司存在非财务报告重大缺陷。

理由:常见的重大缺陷有管理者舞弊,企业在财务会计、资产管理、资本运营、信息披露、产品安全、环境保护等方面发生重大违法违规事件或责任事故,或者遭受重大行政监管处罚等。从上述事项性质看,认定为重大缺陷不当。

(3)×会计师事务所认为QY公司不存在重大缺陷,出具了报告期期末内部控制整体有效的审计报告。

理由:企业董事会对内部控制整体有效性发表意见。注册会计师则对财务报告内部控制的有效性发表意见;对内部控制审计过程中注意到的非财务报告内部控制的重大缺陷,应在内部控制审计报告中增加"非财务报告内部控制重大缺陷描述段"予以披露。

(4)在提交审计报告的同时,×会计师事务所以书面形式与QY公司经理层、董事会对审计中发现的重要缺陷和一般缺陷进行了沟通。

理由:注册会计师应该在出具审计报告前与企业沟通在审计过程中识别的所有控制缺陷,重大缺陷和重要缺陷须以书面形式与经理层和董事会沟通。

第二节 内部控制审计

一、单项选择题

1. A   2. D   3. A   4. D

二、多项选择题

1. ACD   2. BCD   3. AD   4. BC   5. ABCD   6. ABCD

三、判断题

1. ×   2. ×   3. ×   4. √   5. ×

四、简答题

1.内部控制审计,是指会计师事务所受企业委托,对特定基准日企业内部控制的设计和运行的有效性进行审计。

2.审计报告有标准无保留意见、带强调事项说明段的无保留意见、否定意见和无法表示意见四种类型。

标准无保留意见的内部控制审计报告的出具条件是企业按照《企业内部控制基本规范》《企业内部控制应用指引》《企业内部控制评价指引》及企业自身内部控制制度的要求,在所有重大方面保持了有效的内部控制;注册会计师已经按照《企业内部控制审计指引》的要求计划和实施审计工作,在审计过程中未受到限制。

带强调事项说明段的内部控制审计报告是指注册会计师认为财务报告内部控制虽不存在重大缺陷,但仍有一项或者多项重大事项需要在内部控制审计报告中增加强调事项段予以说明,用来提醒内部控制审计报告使用者注意。

否定意见的内部控制审计报告是指注册会计师认为财务报告内部控制存在一项或多项重大缺陷,除非审计范围受到限制,否则需要对财务报告内部控制发表否定意见。

无法表示意见的内部控制审计报告是指当注册会计师因为审计范围受到限制而无法表示意见时,在审计报告中说明工作范围不足以为发表意见提供保证,只有实施了必要的审计程序,才能对内部控制的有效性发表意见。

3. 内部控制审计要对所有重要账户、各类交易和列报的相关认定进行了解和测试的内部控制。财务报告审计只有在以下两种情况下强制要求对内部控制进行测试:一是在评估和认定重大错报风险时,预期控制的运行是有效的,即在确定实质性程序的性质、时间安排和范围时,注册会计师拟信赖控制运行的有效性;二是仅实施实质性程序并不能提供认定存在层次充分、适当的审计证据。

4. 注册会计师在进行内部控制风险评估时要考虑的因素包括:(1)交易数量和性质是否发生变化,是否会对特定内部控制的设计和执行产生不利影响;(2)内部控制是否已经变化;(3)特定内部控制的执行是依靠人工还是电子设备;(4)特定内部控制的复杂程度;(5)特定内部控制对其他内部控制有效性的依赖程度;(6)特定内部控制目标的实现是否依赖于多项内部控制;(7)执行或监控内部控制的关键人员是否发生变动。

5. 企业层面的内部控制有效性测试内容主要有:(1)与内部环境相关的控制。包括治理职能和管理职能,以及治理层和管理层对内部控制及其重要性的态度、认识和措施;(2)针对管理层凌驾于控制之上的风险而设计的控制;(3)企业的风险评估过程,包括识别同财务报告相关的经营风险和其他经营管理风险,以及针对这些风险采取的措施;(4)对内部信息传递和财务报告流程的控制;(5)对控制有效性的内部监督和自我评价。这些可以在企业层面上实施,也可以在业务流程层面上实施,包括:对运行报告的复核和核对、与外部人士的沟通、对其他未参与控制执行人员的监控活动以及将信息系统记录数据与实物资产进行核对等。

6. 表明企业的内部控制可能存在重大缺陷迹象的有:(1)注册会计师发现董事、监事和高级管理人员舞弊;(2)企业更正已经公布的财务报表;(3)注册会计师发现当期财务报表存在重大错报,而内部控制在运行过程中并没有发现该错报;(4)企业审计委员会和内部审计机构对内部控制的监督无效。

五、案例分析题

发言1:注册会计师仅对财务报告内部控制的有效性发表意见,对于审计中注意到的非财务报告内部控制的重大缺陷,仅在内部控制审计报告中增加"非财务报告内部控制重大缺陷描述段"予以披露。

发言2:由于内部控制审计与内部控制评价可能依赖同样的证据、遵循类似的测试方法,所以注册会计师可根据实际情况确定是否利用内部审计人员及内部控制评价人员的工作以及利用的程度,以减少本应由注册会计师执行的工作。

发言3:虽然财务报表审计和内部控制审计均关注财务报告质量和审计风险,且审计证据可以相互支持,但是两者的审计目标不同。前者是对财务报表是否按照国家统一的会计准则制度的规定编制、是否在所有重大方面公允反映被审计单位的财务状况、经营成果和现金流量发表审计意见;后者是对被审计单位内部控制设计与运行的有效性进行审计,并重点就财务报告内部控制的有效性发表审计意见。财务报表审计不能代替内部控制审计。

发言4:注册会计师应与企业沟通审计过程中识别的所有控制缺陷,重大缺陷和重要缺陷须以书面形式与董事会和经理层沟通。

发言5:基准日之后发生的事项可能会对基准日内部控制的有效性产生影响。注册会计师应当询问,在企业内部控制评价基准日并不存在,但在该基准日之后至审计报告日之前内部控制可能发生变化,或出现其他可能对内部控制产生重要影响的因素,以确定对基准日内部控制有效性的影响。

发言6:风险管理不仅对风险(产生负面影响的事件)进行管理,也对机会(产生正面影响的事件)进行管理。

参考文献

[1]中华人民共和国财政部:《企业内部控制规范讲解(2010)》,经济科学出版社2010年版。
[2]企业内部控制编审委员会:《企业内部控制配套指引讲解》,立信会计出版社2015年版。
[3]方红星、池国华:《内部控制》,东北财经大学出版社2014年版。
[4]中国注册会计师协会:《公司战略与风险管理——2015年度注册会计师全国统一考试辅导教材》,经济科学出版社2015年版。
[5]杨有红:《企业内部控制系统——构建、运行与评价》,北京大学出版社2013年版。
[6]企业内部控制编审委员会:《企业内部控制配套指引解读与案例分析》,立信会计出版社2010年版。
[7]贺志东:《企业内部控制实务》,电子工业出版社2015年版。
[8]刘胜强:《企业内部控制》,清华大学出版社2014年版。
[9]池国华:《内部控制学》,北京大学出版社2013年版。
[10]胡为民:《内部控制与企业风险管理——案例与评析》,电子工业出版社2009年版。
[11]COSO编,方红星译:《内部控制——整合框架》,东北财经大学出版社2008年版。
[12]李晓慧:《内部控制与风险管理:理论、实务与案例》,中国人民大学出版社2012年版。
[13]企业内部控制编审委员会:《企业内部控制主要风险点关键点控制点与案例解析》,立信会计出版社2015年版。
[14]侯其锋:《企业内部控制基本规范操作指南(图解版)》,人民邮电出版社2016年版。
[15]宋方红,高立法,王士民:《企业内部控制手册》,经济管理出版社2015年版。
[16]张玉,邱胜利:《企业内部控制规范性操作实务》,企业管理出版社2013年版。
[17]张俊民:《内部控制理论与实务》,东北财经大学出版社2012年版。
[18]郑洪涛:《企业内部控制学》,东北财经大学出版社2015年版。
[19]普华永道内部控制基本规范专业团队:《〈企业内部控制基本规范〉管理层实务操作指南》,中国财政经济出版社2012年版。
[20]程新生:《内部控制理论与实务》,北京交通大学出版社2008年版。
[21]刘华:《内部控制案例研究》,上海财经大学出版社2012年版。
[22]刘岳华,魏蓉等:《玩转内部控制——内部控制习题与案例》,中国财政经济出版社2012年版。
[23]罗勇:《企业内部控制规范解读及案例精析》,立信会计出版社2009年版。
[24]池国华,樊子君:《内部控制习题与案例》,东北财经大学出版社2014年版。
[25]傅胜,池国华:《企业内部控制规范指引操作案例点评》,北京大学出版社2011年版。
[26]龚杰,方时雄:《企业内部控制:理论、方法与案例》,浙江大学出版社2006年版。